ちくま文庫

定本 後藤田正晴

異色官僚政治家の軌跡

保阪正康

JN258691

筑摩書房

定本　後藤田正晴　異色官僚政治家の軌跡【目　次】

定本　後藤田正晴

異色官僚政治家の軌跡

序章　峠の記憶

寂として物音ひとつしない。視野にはいってくるのはいく重にもかさなる峰々である。四国を横断する山脈、四国山地は徳島県にはいると、剣山地《つるぎさんち》と呼ばれるようになる。その剣山地に連なる山々が十月の深緑で埋めつくされている。緑はスギ、ブナ、クヌギなどの樹木で、なかには二十メートルを超す大木も少なくない。

私は、標高八百メートルといわれる峠の一角に立ち、その深い緑と背後に広がる紺碧《こんぺき》の空を眺めていた。東、南、西の三方の山々は屛風絵《びょうぶえ》のように峠をゆるりと囲んでいる。

北側にむきをかえて二、三十歩進んでみる。峠の下には水墨画に似た風景が一望できる。吉野川がゆったりと大きな弧をえがいて蛇行しながら、はるか河口にむかって次第に霞《かす》んでいく。「四国三郎」と別称されるこの大河は、日本の「三大荒れ川」のひとつに数えられ、流域の人びとには暴れ川として恐れられてきた。かつては雨季のたびに人びとを震えあがらせたという。その川も度かさなる川岸工事によって飼いならされ、いまは温和《おとな》しい流れにかわっている。

吉野川沿いの平野部には、幾つかの街がある。川岸は砂利で、その灰色の帯が川水や街並の色彩とは対照をなして目に映る。眼下の山裾の平野部に広がっているのが川島町だ。この川島町から山ひとつ隔てた山間に旧東山村（現・吉野川市）の古土地《こどち》地区がある。大正時代には百戸近くあった家も、いまは戸数二十戸足らずしか残っておらず、なかには斜面に張りつくように建っている家屋もあり、日本のもっともありふれた過疎の山村のひとつである。

川島町と古土地地区を結ぶ道は、山々の斜面を縫うように走っている。昭和四十六年に国道に指定され、やがて舗装されて、ようやく車を乗り入れることができるようになったが、それ以前は幅わずかに二メートルほどの馬車道で、昭和三十年代には自衛隊の山中行軍演習に利用されたこともあった。

私の立つ峠の一角は川島町と古土地地区を結ぶほぼ中間点にあたる。川島町の人びとはこの峠を川島峠と呼び、古土地地区では奥丸峠と呼んでいる。古土地から来ると、それまで四方を樹木に覆われた山間を走っていたのが、この峠にいたって急に北側が開け、広々とした吉野川流域がいきなり目に飛び込んでくる。それからはつねに右側に絶壁をみながら、曲がりくねった道を川島町にむかって下っていくことになる。

私は、タクシーを道路脇に停めてもらい、しばらく峠で時間を過ごしていた。そして、かつてこの峠で演じられたある光景に思いを馳せていた。いま（平成四年）から数えて七十年前、つまり大正十一年五月十二日のことになるのだが、ここで七歳の少年が「父親の死」を初めて実感として味わったのか、と考えていた。後藤田正晴やその姉井上好子、そして兄の後藤田英治朗などが話してくれた光景、それは私の脳裏にセピア色の写真のように焼きつけられている。

そのセピア色の写真に着色し、そして少しずつ現実の光景としてえがいてみることにした――。

七歳の後藤田正晴少年は、二歳年上の兄英治朗や縁者の人びとに連れられて、この日の早朝に古土地の家を発った。父、増三郎が徳島市の病院で腎臓病のために死去したという連絡がはいったのは前日のことであった。息せききった電報配達人がこの知らせを伝えてきたのだ。七十歳になる増三郎は、三年前から患っていた病いが高じてしばしば身体の不調を訴え、五月の初めに徳島市の田中病院に入院した。だが容態は快方にむかわないまま、十日後には帰らぬ人となった。後藤田家の当主の死は、すでに物心ついている子供たちには覚悟のことであった。だが九人兄弟の末っ子の七歳の少年には、まだその覚悟はできていなかった。

増三郎の遺体は棺《ひつぎ》に入れられ、徳島から川島まで列車ではこばれた。それから川島町に住む縁者の若者たちが棺をかついで、この峠の一角まではこんでくる手筈《てはず》だった。増三郎の妻ヒデや他家に嫁いでいた娘の好子らが、その棺に付き添ってくることになっていた。

古土地地区からこの峠に辿《たど》りついた後藤田家の遺族、それに地区の親類縁者は、道端の斜面に思い思いの格好で腰をおろして、棺の到着を待っていた。十数人の誰ひとりとして声を発する者もなく、悲しみを胸に秘めたまま疲れを癒《いや》していた。やがて峠の下のほうから、かつがれた棺を中心にやはり十数人の一団がしずしずと登ってきた。棺のかつぎ手がここで入れ替わることになっていた。ふたつの集団は出あうと互いに悼みの言葉と慰労の言葉を交わし、しばらくそこで休みをとった。

増三郎の棺に付き添ってきたヒデが、迎えの人びとのなかでひときわ幼さの目立つ少年を手元に引き寄せた。夫の臨終からこの峠まで気丈にも涙ひとつみせなかったヒデは、

「正晴、お前を父親のいない子にしてしまった。ごめんね……」

と言って、強く息子を抱きしめ、初めて泣いた。九人の子供の末っ子への詫びの言葉であった。

七歳の少年はこのとき初めて「父の死」を実感として味わった。心のなかに大きな穴が空いたことを子供心に感じた。と同時に、少年の顔は母親の腹部にあり、強く抱きしめられるたびに母の温《ぬく》もりを頬に感じていた。その温もりを、少年は七十年を経たいまも忘れてはいない。

私は峠の三方を覆う連山の屏風絵を眺めながら、七歳の少年にとって、この日の光景が、そしてこのときの記憶が、彼のその後の人生の土台になったのだ、と感じていた。後藤田について書かれた記事、あるいは、彼の回想談や自伝風の文章を集めてみればすぐに分かることだが、それらのなかで後藤田は必ずこのときの思い出に触れている。そしてそれを解説する人びとの筆調は、いずれも父親を失った少年の悲しみとしている。だがそれだけではない、と私は峠で感じていた。その後、後藤田本人に会うたびに、そうした感じをいよいよ深くすることになる。

七歳の少年は、このときに「悲しみ」を超えた何かを感得したように思う。父親の遺体と少年の頬からはなれない母親の温もり。生と死の差、その差をこの寂とした空気のなかで感じとったに違いない。「生」とはこの寂とした外界を超えた自らの心の中の戦いという漠然とした感情を持ったに違いなかった。

二年後、その母親も父親と同じ腎臓病で喪《うしな》うことになる。

東京・永田町の第一議員会館五二七号室。南側に面したこの部屋の窓ガラスからは、空が一望できる。この部屋からは新宿や丸の内はみえない。三十六階建て、百四十七メートルの霞が関ビルなど三棟の高層ビルが窓の左側に佇立《ちよりつ》しているのがみえるだけである。

私が後藤田と会ったのは、いつもこの五二七号室であった。

夕方に会って一時間、二時間と話を聞いているうちに、しだいに闇がこの窓ガラスに広がっていく。後藤田の机はいつも整然としていて、書類などはのっていない。秘書によれば、ほとんどの資料は一度読むと頭の中に入れてしまうという。あとは重要な書類をファイルするだけだ。窓ガラスの闇のなかに後藤田の姿がシルエットのように浮かぶときがある。そのシルエットからは巷間《こうかん》「カミソリ」と呼ばれて恐れられている警察官僚出身の政治家の面影はみえてこない。

回転椅子に身体を深く沈めながら、手には禁煙用のパイプを握り、ときどきそれを唇にあてたり掌のうえでころがしたりしながら、後藤田は表情を和《やわ》らげて話す。

平成三年から四年、五年と、私は後藤田に話を聞いていくたびに幾つかのことがわかってきた。そのひとつは、後藤田は短時間では決して他人に心を許さないということだった。互いの会話の波長を整えあうための鬩《せめ》ぎ合いに似た時間が必要なのだ。この鬩ぎ合いの時間は、後藤田にとっても真剣な時間である。だから相手にも同様の真剣さを要求する。しばしば後藤田は「怖い人」と評されるが、それはこの鬩ぎ合いに敗れた者の繰り言ではないかと思われる。「人」と「人」の出会いはまず真剣な「鬩ぎ合い」から始まるというのが、後藤田の土台にある考え方である。

この鬩ぎ合いの一刻が過ぎて、波長が通じあうようになると、後藤田の人間的な地肌が姿をあらわす。その地肌に触れたとき、図らずも後藤田の七十九年の人生の折り折りの光景が浮かんでくる。——私はそれを本書で語っていくのだが、その地肌のもっとも深いところにあるのが七歳のときの峠のあの記憶であった。その記憶の底に沈んでいる七十年前のあの光景と議員会館の自室のなかでみせる後藤田の像には、一本の芯が貫かれていることがわかるのだ。

あるとき、私は後藤田と次のようなやりとりをした。

——尊敬する歴史上の人物、あるいは先達は誰ですか。

「よくそういう質問を受けることがあるんだけどね、実は僕にはいないんだよ。尊敬する、畏敬するっていうのはどういうことか、わからないんだ。同じ人間だろう。そりゃあ人の能力には差があるかもしれない。でも尊敬するっていう感情まで高まるのは、僕にはわからないんだな。僕は人を採用するときとか面接するときは、決してその質問をしないようにしているんだ」

——「座右の銘」はありますか。

「その質問も困るんだね。それがないんだよ。僕は特定の思想とか宗教を持っていないからね、こういう質問も答えようがない。ただ、官房長官時代（中曾根内閣）にね、この種の質問を数多く受けるんで、秘書に、君、申しわけないが何かさがしてくれよって頼んだんだ。すると、『一日生涯』というのはどうですか、って言うんだな。僕もまあいい言葉だ、と思って人に聞かれるたびにそう答えるようにしている。ところが、この言葉は福沢諭吉の書の中にあるらしいね。ある人から、福沢諭吉翁を尊敬されているんですか、と問われて困ったことがあったよ」

私は、後藤田のように尊敬する人物も座右の銘もあけすけに否定する人をそれほど多くは知らない。処世の一法として、歴史上の誰かの名をあげ、その人物に仮託して何事かを語ろうとすることは世間では一般的である。だが後藤田はそのような仮託を強く拒否している。

自分は自分であって、他人を範にしたり、畏敬したりするものではない。人間、完全な存在なんてありはしない、自分と同じ目の位置にいるのじゃないか、他人を尊敬するなんて安易に口にするのは少し甘ったれているのじゃないか、自分が確立していないのではないか、というのが後藤田の考えの中軸にある。座右の銘、なんて口にするのも自分の弱さの表現ではないのか、そういうものは自分でつくりだすものではないか、その努力もしないできれいな言を口にするのは、自分の弱さではないのか、といった確固たる信念を持っているように思えるのだ。

だが、後藤田との話のなかで意外な面も出てきた。後藤田はお中元とかお歳暮といった日本的慣習を拒んでいるのだが、これまでの人生で「三人の人物」にだけはお世話になった、あるいは教えられた、という意味で、毎年、お歳暮を贈っているという。それは誰か、と私が尋ねたときに、「それは他人《ひと》には言えないよ」とはねつけた。「三人の人物」は尊敬するというより、「教えられた」という意味が強いようであった。

平成四年十一月のある日、議員会館の一室で私は何回目かの取材をつづけていた。

いま、どのような書を読んでいるのか、という私の問いに、後藤田はすぐに手元に電話を引き寄せダイヤルをまわした。自宅への電話であった。侑子夫人が出たようであった。書斎の机のうえに頁を開いたままの本がのっている、その本の正確なタイトルを教えてほしい、と言うのであった。しばらくして夫人から返事が返ってきた。現代政治史の翻訳書であった。受話器を握ったまま後藤田は、その題名を私に伝えたあと、今日は午後八時ごろに帰る、家で食事をする、といった内容を夫人に告げた。その口ぶりは、後藤田の表向きの話し方と異なって、夫人を思いやる、相手の立場に立つ、といった家庭人のニュアンスがあふれていた。

自宅では読書に熱中するらしい。それも書斎の机に座り、まるで受験勉強風に生真面目に読書するらしく、つねに読みかけの頁を開いておき、家に戻って机に座ればすぐにそこから読むことができるようにしてあることが窺《うかが》えた。

その後藤田と、また七歳の少年のときの思い出話になった。私はすでに二回、この話を確かめていた。だが、後藤田はそのときの様子を少しずつ話しながら、

「君、父親や母親に死なれるというのは、子供にとっては辛《つら》いことだよ。僕は、これは

なんども言うけれど、あのときの記憶は鮮明なんだ。年をとってもますます思いだす。母親が僕を抱きしめて、お父さんのいない子にしてしまってごめんね、と言うんだな。……僕の頬がおふくろのお腹《なか》の付近に当たって、顔に温もりが伝わってきたことをいまでも忘れていないんだよ」

と述懐した。語尾が潤んでいくのがわかった。そして、少年時代に学校に提出する書類の「尊敬する人物」という欄には、「母親としか書けなかった」とも洩《も》らした。

後藤田には父親の定かな記憶はない。何をしていたのか、どういう日々を過ごしていたか、明確な姿はない。ただ後藤田が小学校から帰ってくるころに、いつも門の前に出て待っていた。着物姿の懐にときには猫を抱えながら、坂道をかけあがってくる少年を待っていた。その少年を目を細めてみつめている、充分に老人といっていい父親の姿、それが後藤田の記憶の中に焼きつけられているだけだった。

私は、後藤田の話を聞きながら、あの峠の一角に座りこんで七十年前の光景をなぞっていたときに感じた「寂」という語を、あるいは「孤」といってもいい語を、なんども胸中で反芻《はんすう》した。紺がすりに草履ばきの少年が心に刻みつけた原点をかみしめた。

後藤田は「寂」や「孤」という感情を克服しつつ、人生を積み重ねてきたように思えてならなかった。

第一章　現実をみる少年の目

徳島県の中央部に位置する麻植郡美郷村《おえみさと》（現・吉野川市美郷）は、昭和三十年一月一日に三カ村が合併して誕生した村である。東西十三キロ、南北八キロにわたり、四囲を四国山地の連峰に囲まれている、典型的な山村であった。

三カ村とは、東山、中枝、三山を指すが、それぞれの村には幾つかの集落があった。これらの集落は山間に点在し、独自の気質や風習を守ってきた。もともと天正十三（一五八五）年に蜂須賀氏が阿波国にはいり、「御国村山定め」を行なったときに、剣山地の山間部の地区を十カ村に分割したが、藩の支配を強化するたびに十カ村を分離・併合させていき、幕末には六カ村（中村山、別枝山、桁山、川田山、種野山、東山）に減じていた。明治二十二（一八八九）年の町村制実施で三カ村ができ、それが昭和二十八（一九五三）年十月に施行された「町村合併促進法」によって美郷村となったのである。

美郷の意味には、「自然に恵まれた美しい故郷を忘れない」の願いがこめられていた。

蜂須賀藩の時代には米、麦、雑穀以外に、染料の藍《あい》作が奨励され、阿波藩特産の商品作物として栽培されるようになった。商品的農業の色合いが強い地域であった。後藤田家は東山など数村の庄屋を務める傍ら、藩から公認の鑑札を与えられ、多数の買子を雇って藍の買い付けを行なった。ときには藍作の資金提供なども行ない、東山の農民の生活向上に尽くしている。

東山村の農民は、自らの作物や生糸、綿布などの手工業品をかついで山を降り、忌部《いんべ》の市《いち》にまで出かけ、そこで海浜に住む町人や漁民（これらを海部《かいふ》と呼んだ）と交易を行なっている。この市は、麻植郡一帯に勢力を張っていた阿波忌部氏の一族が起こした交易市で、源平の時代からつづいていたといわれる。こういう交易をとおして、忌部と海部の人びとの気質の違いが口伝《くでん》として昭和の初期まで語り継がれてきた。忌部は生真面目で融通がきかず、世わたりも上手ではない。反して、海部は口が達者で世わたりもうまいというのである。

「海部には嫁にだしても嫁をもらうな」

というのが、忌部の人びとの言い分だった。実直な青年も海部の娘にかかっては手玉にとられてしまうから注意しろというのである。

私が後藤田を取材しているときにも、後藤田はこのような語り伝えを子供のころになんどか聞かされたが、忌部のほうの血が自分には流れているのかもしれない、と言って笑った。

古土地という山間部に住んでいる限り、この地の農民には平穏な日々があった。蜂須賀藩内でも幕末には百姓一揆が発生したが、この地にはそのような騒動は起こらなかった。一般作物の収穫が悪くても換金作物の藍の生産があったし、緊急時になれば山野の自然が食物を恵んでくれたからだ。わらび、ぜんまいなどは、農民にとってまさに「山の幸」だった。

後藤田家の屋敷は、古土地の平野部をみおろす山の中腹にあった。藩から庄屋を命ぜられた江戸時代初期に建てられたもので、庄屋建築の典型といわれた。坂をあがると門があり、その門をくぐると二百坪の庭が広がっている。庭には草木が茂っていた。井戸も掘られている。母屋の玄関までは石が敷かれていて、玄関のなかには駕籠《かご》置き石と呼ばれる大きくて平らな石が据えられていた。藩主が訪れたときのための用意であった。玄関をはいると、上がり框《がまち》の正面に一枚板を丸くくり抜いた壁があり、その奥に祭られた古びた仏像が目にはいる。

玄関の左手に台所があり、そして十畳間が二部屋ほど並ぶ。右手には六畳ほどの部屋がある。玄関脇の階段を上ると、二階には四部屋がある。いずれも天井が高い。

二階からながめると、すぐ下は山の断崖のようになっている。そして二階の廊下からは、百メートルほど下に古土地と川島町を結ぶ一本道が見渡せた。屋根は茅葺《かやぶ》きだが、それは近在の農家と異なり丹念に葺かれている。こうした庄屋建築の威容が人びとに畏敬の念を抱かせることにもつながっているようだった。

この後藤田家に嘉永五（一八五二）年六月二十五日、次男が生まれた。増三郎と名づけられた。兄豊次郎が戸主であったが、この豊次郎が明治四十四年十月十二日に病死したため、のちに増三郎が戸主となり、第十五代目当主を継いでいる。

増三郎は、長じて藍作に手を染めたり、「太物《ふともの》」と称した反物類、岡山産の筵《むしろ》や備後《びんご》表《おもて》などの売買に携《たずさ》わった。商才があったのだ。また、増三郎には独得の嗅覚もあったらしい。次男としての身の軽さもあったろうが、十代の半ばには長崎に出かけ蘭学を身につけて帰ってきた。時代が大きく変わろうとしているのを予感する能力を持っていたようで、長崎から古土地に戻ると、村の有力者に教育の重要性を熱心に説いて、学校の設立を働きかけた。

明治初期、東山村にも寺子屋風の塾があったが、そこでは読み書きなどを教えるだけであった。増三郎は、そのような私塾よりも小学校を設立し、村の子供は誰もがここで学ぶべきだと説いた。明治五年八月に太政官布告「学制被仰出書《おおせいだされ》」が公布され、明治政府は近代教育制度の土台づくりを始めたが、東山村では早くもその二カ月後の十月一日に、東山小学校が設立されている。

政府はこの布告のなかで、「自今以後、一般ノ人民華士族卒農工商及婦女子必ズ邑《むら》ニ不学ノ戸ナク家ニ不学ノ人ナカラシメン事ヲ期ス」と言っている。誰もが義務教育を受けなければならないというわけだが、自費就学を原則としていたために、教育を受けられる子供は必ずしも多くはなかった。

増三郎は、小学校設立に自らの財をはたいただけでなく、不就学の者に対しても私費で教育の機会を与えた。増三郎にとっては、新しい時代に生きる子弟が新しい知識を身につけることで、自らの人生の可能性を広げることができるはずだ、という信念があった。自らが長崎で修得した学問をもって、東京に出ていってその可能性を試すことができなかったという無念さがあったようで、その分、自らの出身地に新風を吹きこもうとの意欲が旺盛だった。

東山小学校の講堂には、二〇〇一年の廃校まで羽織姿の増三郎の写真が飾られていたが、その写真をみると、目の鋭い何事かの信念にあふれている容貌である。

増三郎は明治十年代の半ばに、新たに醸造業も興した。自宅の庭の一角に醸造設備をしつらえ、古土地を流れる川田川の水を引き、使用人を多数雇って酒造りを始めた。この酒は、広島県尾道市に販売員を置いて、中国地方で売ったという。増三郎はこのようにして得た金を地元の教育や自らの政治活動につぎこんだのである。

明治二十二年に明治政府は、町村制施行後の第一回村長選挙を行なうよう命じた。増三郎は周囲の者にかつがれて当選したにも拘わらず、その職に就くことを拒《こば》んだ。拒んだ理由は定かでない。増三郎自身が徳島県知事酒井明に提出した「村長当選拒辞之義ニ付上申」という文書によれば、「藍商営罷在《いとなみまかりあり》何分山村僻地ニシテ自宅ニテ該業ヲ行ヒ得不中《もうさず》物ニテ為メニ徳島市及其他各村へ常ニ往来シ加ヘテ本年ヨリ大阪市へ該商品ヲ売《うり》捌度《さばきたき》次第ヲ以テ……」とあり、いつも村内にいるわけにはいかないために辞退すると申し出ている。

だがこれは表面上の理由とも思われる。

当時、増三郎は三十七歳の働きざかりで政治に対する関心は強くないはずはなかった。にも拘わらず辞退したのは、あるいは明治政府への何らかの反撥《はんぱつ》があったのかもしれない。増三郎についての印象（すでに直接知る者は肉親のみで、美郷村でも伝聞が残っているにすぎないのだが）を集めてみると、十代の長崎での体験と商業人として各地をまわった折りの見聞、さらに村の教育に注いだ熱意などからして、明治十年代には自由民権運動に深い関心を寄せていたようだ。明治初年代、旧東山村は高知県に編入されていたこともあり、増三郎は土佐の自由党との関わりを持っていたという。後藤田によれば、「自由党の壮士」として東京に出ることを希望していたが、一族に引きとめられこの地に残ったというのである。あるいは増三郎は、明治政府の藩閥体質を嫌ったのかもしれないし、この期にはまだ東京に出たいとの希望も残していたのかもしれない。

村長を辞退してから二年後、郡会議員となり、その後県会議員も務めている。とくに郡会議員生活は明治二十四年から大正八年十月に病いで倒れるまでつづけていた。郡会、県会のいずれでも議長職を務めるなどして、有力な地方政治家の地歩を築いていた。

後藤田正晴はこの増三郎を父として、大正三年八月九日に東山村の古土地で生まれた。母ヒデは増三郎の後添えである。ヒデとの間には六人の子供が生まれたが、後藤田は四男で末っ子にあたる。

後藤田が生まれたころ、増三郎は郡会議長であった。事業はほとんどたたんでいて、わずかに醸造を営むていどであった。しかしこれもさほど大規模なものではなく、二、三人の使用人の手で細々とつづけていたにすぎなかった。増三郎はすでに還暦をすぎていたし、ヒデも四十二歳になっていた。老齢に達しつつあったこの夫婦にとって、末っ子の男児はひときわ愛らしく映っていたはずである。

ヒデはやはり吉野川沿いの鴨島町《かもじま》（現・吉野川市）西麻植から嫁《とつ》いできた女性だが、増三郎のお眼鏡に適《かな》うだけあって、気丈で、そしてひときわ教育に熱心であった。自らの一生を次代に生きる息子や娘に託すという女性がいるものだが、ヒデもまたそのようなタイプの女性であった。

後藤田はこの両親と兄姉、それに使用人やお手伝いたちに囲まれて、とくべつに不自由のない幼児期を過ごした。後藤田を連れ歩くのはもっぱら二歳年上の兄英治朗であったが、そのあとを追いかけては遊びまわった。きかん気の英治朗は、遊び仲間と取っ組み合いをしたり、ときには度のすぎた悪戯《いたずら》をすることがあったが、おとなしかった後藤田はいつも腰ぎんちゃくのように兄のあとをついて歩く子供であった。

後藤田は子供仲間では、「正《まさ》ちゃん」と呼ばれていた。旧庄屋の後藤田家の威光もあっただろうし、英治朗の支えがあったかもしれないが、正ちゃんという呼ばれ方には、お坊ちゃんという響きがあった。温和だが根は気の強い子だったというのが、いまでも旧東山村に行くと七十代、八十代の老人から聞かされる、後藤田の子供時代の思い出である。

当時、小学校入学年齢は満六歳であった。だから後藤田は本来なら大正十年四月に入学するはずであったが、大正九年四月に入学している。つまり同年齢の児童より一足先に入学しているのだ。この年の入学者は六十九人いたが、後藤田のように一足先に入学している者はいなかった。

これには村の教育に貢献した父増三郎の後押しもあった。それに英治朗の教科書をみて独りで字を覚えてしまったこともある。増三郎やヒデに促されるまま、この幼児は次々に小学校の教科書を読んでしまい、教育勅語も覚えてしまったという。それならということで、小学校に入学することになった。

その小学校三年生のときに、父親を喪ったのである。心の隙間を埋めるのは母親との触れ合いであった。

先妻の子である三人の姉のうち、長姉は明治四十年に、次姉は明治四十二年に嫁ぎ、そして三女は明治四十四年に死亡していた。つまり後藤田が生まれたとき家にいたのは、母親の産んだ姉と兄たちだけであった。長兄の六太郎（のち耕平と改名）は、明治三十六年七月二十二日の生まれで、増三郎が死亡したときは東京の慈恵会医科大学で学ぶ医学生だった。四女の好子は明治三十四年六月十五日生まれで、徳島高等女学校を卒業したあと、那賀郡富岡町（現・阿南市）の素封家井上家に嫁いでいた。耕平や好子に教育を受けさせたのも、増三郎やヒデの意思の反映であった。東山村には、後藤田家の子女以外に旧制中学に進んだ者がもうひとりいたが、東京にまで出して医学を学ばせるような家はほかになかったのである。

次男の次郎は明治三十九年一月二十九日に生まれたが、生後二カ月で夭折した。五女の花恵は、明治四十一年九月十日に生まれたが、やはり二歳を迎えようとするころに病死してしまった。当時の日本の農村部の医療は恵まれているとはいえず、病気をわずらうことはそのまま死につながった。とくべつに後藤田家だけのことではなかった。長兄の耕平が医学を志した動機のひとつには、このような肉親の死があったと思われる。

大正十一年五月に父親を喪ってからも、後藤田は相変わらず英治朗のあとをついて歩き、その証言によると、「川で魚をとったり、木に登ったり、メンコやベーゴマ遊びに興じたりという日々だった。家で勉強などしなかった。学校から戻るなり外にとびだして遊んだ」という生活をつづけていた。ただ、以前はあまりみせなかった負けず嫌いな一面が表に出るようになった。

英治朗の証言によれば、当時（大正時代末）子供たちの間でメンコ遊びが流行《はや》っていて、後藤田はその遊びに凝って遊び友達との勝負では必ず勝って帰ってきたという。いや、勝つまで相手に勝負を挑みつづけるというやり方だった。

「私も驚いたんだが、弟のメンコが毎日ふえていく。昨日まで、並べてみると十センチほどと思っていたのに、今日はとみると二十センチにもなっている。ついには近所の遊び仲間のメンコをほとんどとってしまって五メートル以上にもなりましたかね」

英治朗は、徳島市の自宅で、弟の負けず嫌いな性格には子供心にも感服した、いまもそれが忘れられないと話した。

寂しさをまぎらわすためか、後藤田がしばしば以前になかった饒舌《じようぜつ》ぶりをみせるようになったのもこの頃からだった。大人の会話に口を挟むこともあったし、英治朗と些細《ささい》なことで言い合いもするようになった。しかも、いったんこうと言うと、自説をなかなか曲げなかった。

「お前は口が達者すぎる。だから弁護士になるといいんじゃ」

と英治朗に言われたりもした。弁護士という語が何をあらわすのか、と後藤田に質《たず》ねられて、英治朗は、「白を黒と言いくるめるんじゃ」とからかったこともあったという。

父増三郎が死んでから二年後の大正十三年八月二十七日に母ヒデがやはり腎臓病で死んだ。

腎臓病で身体がむくんでいる、というのは後藤田にもわかった。一度は徳島市に出て病院に入院したが、もう助からないという診断を受け、自宅に戻った。そして自宅の十畳間で死亡した。後藤田が十歳になってまもないころで、尋常小学校の五年生のときだった。母親の死は後藤田には父親の死にもまして大きな衝撃を与えたはずであった。だが、後藤田は母親の臨終に立ち会っていたにも拘わらず、そのことをこれまで決して口にしていない。

後藤田は十歳までに両親を喪ったことで、他人には語ることができないほどの寂寥感《せきりょうかん》を味わったはずである。しかし、その寂しさが逆に後藤田のその後の人生のバネになっているように思われた。私のインタビューでも次のように話していた。

「なんとなく孤独になって悲しくなったときがあったが、〝負けるものか〟と言ってがんばったものだ。三つ子の魂百まで、というが、子供のころの辛い思い出は生涯ついてまわるものだ、とつくづく思うときがある。負けず嫌いの強い性格は、両親を早く亡くしたためだろうな」

幼くして両親を亡くした寂しさ、孤独感を癒す術は、たぶん人によって異なるのだろう。十歳の後藤田少年が選んだのは、両親のいないことを自分の努力不足や他人に負けたときの言いわけにしない、逆に孤独感をバネにして強く生きるという道であった。誰にも負けたくない、自らの志は必ず貫徹するという意思を持つことと考えることであった。

むろん十歳の少年は、その年代ではっきりそう自覚したとは言えないかもしれないが、少なくともそうした道にむかう出発点に立つことにはなったのである。

父親を喪った後藤田家に長兄の耕平が戻ってきた。家督を継ぐのは長兄の務めであり、しかも親戚の人びとは、長兄に対して、村に戻って後藤田家を守り、その家業を再興してほしいと希望した。長兄はその要請に渋々と従う以外になかった。心から納得して医学をあきらめたうえでの帰郷ではなかった。

後藤田家は確かに代々庄屋としてつづいた東山村の名門であったが、かといって耕平が故郷に戻っても、地主の当主という以外とりたてて仕事らしい仕事はなかった。長兄に期待されたのは、母親と弟たちの面倒をみつつ、この地区に「存在」していることだった。

後藤田家は、明治三年九月に新政府が発した農民や町人も苗字をつけることという布告に応《こた》えて、村民の何人かに後藤田の姓を与えた。これには庄屋格の人物が世話役となって、自らの苗字を与えるという意味もあった。明治十九年の調査によれば、東山村には猪井姓が四十五戸、上野姓が三十三戸、そして後藤田姓が二十二戸とあって、この三姓が圧倒的に多い。後藤田姓は古土地だけでなく数地区に多かったと思われるので、ほぼ五戸に一戸の割合で後藤田姓を名のることになった。そのため古土地地区では、後藤田の姓を省いて名前で呼ばれることが多く、とくに後藤田の家は、「古庄《ふるしょう》」という屋号で呼ばれた。この地区の古老に確かめると、古庄は「古い庄屋」の意味を含んでいて、美郷村でももっとも重い屋号として語り伝えられていた、というのである。

長兄の耕平に期待されていたのは、古庄を守るという役割だったが、実際には耕平がこの地区に戻っても守るべき具体的なものはなかった。強いていえば、「家名」というものであっただろうが、そのためにのみ「存在」しているというのは向学心に燃える二十歳の青年には耐えられないことに違いなかった。小学校の代用教員を務めたり、村の行事に名誉職のようなポストで参加する以外になかった。

母親のヒデが病死すると、後藤田家は二十一歳の長兄と十二歳と十歳の少年、それに雇人が二、三人という構成で回転することになった。

当時、後藤田と同級生だった花桝サトミ（旧姓猪井）によると、後藤田は年齢では一歳年下なのに、成績はいつもトップクラスで郡長表彰を学年末ごとに受けていたというし、両親を喪った教え子を案じる教師たちは、校庭を英治朗や同級生たちと元気に走りまわって遊ぶ姿をみて安心したようだと述懐している（『郷土に輝く人々』徳島同友会刊）。
当時、東山小学校には数人の教師が赴任していたが、なかでも川人《かわひと》千代、後藤田高太郎という教師は、後藤田に目をかけ、事あるごとに励ましていた。いわば二人は学校内で後藤田の父親役、母親役を果たしていた。

その後藤田高太郎の息子明によると、

「正ちゃんは優秀だというのが父の口癖でした。私は正ちゃんより年齢が下だったのでそれほど遊んだわけではありませんし、それに正ちゃんは十一歳でこの地をはなれてしまいましたから、記憶も定かではないのですが、正ちゃんは一度聞いたことは忘れない、一度失敗したことは二度とくり返さない、というタイプだったというのが父の自慢でもありましたね」

と、後藤田に目をかけていた父親の言を紹介するのである。明は、現在（平成三年十一月）は七十四歳になり、勤めていた村役場を定年で退いて自宅で悠々自適の生活を送っている。後藤田家の墓は、屋敷の隣りの山腹にあり、そこには代々の墓石が二十近く並んでいるが、その掃除を念入りにするのが仕事と自らに課している。また、無人になっていた後藤田家の屋敷の庭掃除をしたり、家内に風をとおして老朽化を防ぐことに腐心してきた。

後藤田家では、無住屋敷を解体するという話もいく度か出たのだが、地元の郷土史家や徳島大学の研究者などがその解体を惜しむ声をあげた。これほど見事に、しかも二百数十年間も庄屋建築を守りぬいた例は数少ないというのであった。そのため一時は、村の財政で保存するべきだという声もあがったが、村の財政にはそれほどのゆとりはなかった。

平成三年十月の最初の一週間に、地元の建設業者がついに屋敷を解体することになった。

私は、十月五日の朝に徳島に飛び、そこから車で古土地にはいった。そして、後藤田家の解体作業を一日みつめつづけた。建設業者は大型クレーン車を持ち込んで、朽ちかけた門柱を倒し、二重屋根をはがしていった。家屋の中は、家具や畳などは片づけられていた。窓や障子もすでにとり払われていたが、内部は薄暗かった。私は、業者や明とともにその家の中を歩きまわった。

二階にあがると、天井からいきなり十数匹のこうもりが飛びたって、屋外に姿を消した。屋根の重しを失した二階は歩くたびに揺れたが、二百数十年を経ても土台が依然としてしっかりしているのに驚かされた。二階にあがって右側の六畳間に雑然と書物や雑誌が積まれていた。書物は昭和二十一年から二十二年ごろに刊行されたものや、戦前の『刑法研究』といった類の書であった。さらに雑誌の束をみると、同じころに発行された『警察時報』という、色あせた粗い紙質の専門誌であった。

ここに後藤田は昭和二十一年四月からわずか二カ月ほどだが、身を落ち着けている。台湾軍(第十方面軍)司令部の主計大尉で敗戦期を迎え、その後は台湾に進駐してきた中国の国民党軍の捕虜収容所に送られたが、昭和二十一年四月に日本に送還された。帰還船で和歌山県の田辺港につくと、後藤田はそのままこの故郷の家に戻ったのである。

そして二カ月ほど身を休めたあとに、妻侑子の徳島の実家の別荘に住んだ。そこで内務省の呼び出しを受け、新たに横浜で神奈川県庁の経済部に赴任している。そのわずかな期間に、後藤田は密《ひそ》かにここに積まれている書や雑誌に目をとおし、内務省に復職するための頭のトレーニングをしていたのであろう。本や雑誌の発行年月日がそれを物語っている。

私は、この六畳間から、四国山地に連なる峰々や川島町と古土地を結ぶ眼下の道路に目を走らせながら、終戦後の一時期ここに身を落ち着けることで、後藤田が敗戦の混乱から復興へと足早に急ぐ日本の状況を客観的にみつめようとしていたことを理解した。これからどう生きていくべきかを考えてもいたのであろう。後藤田は決して口にはださないが、人のみえないところで地味に努力をつづけるタイプである。そうした努力を他人に知られることを、後藤田は恥ずかしがるタイプの人間でもある。

解体から一年後の平成四年十一月、私は再び後藤田家の屋敷跡を訪ねた。すでに門はむろん、建物の片鱗《へんりん》さえも残っていなかった。かつての門の前に、「後藤田邸跡」という石碑が建っているだけであった。後藤田家の先祖がいつからこの地に住みついたのかは定かでないにしても、すでに後藤田家の姿は名実ともに消えていた。まだ真新しい石碑の中にひそんでいるのは、農村共同体が瓦解することによって「近代日本」が成立していったという証《あかし》のようなものであった。

後藤田家の三人の息子たちが、この地をはなれたのは、大正十五（昭和元）年三月である。

長兄の耕平は、目にみえない「家名」を守るためにこの地にとどまって時間を無為に過ごすより、東京に出て医学の道を究めたいとの感情を抑えることはできなかったのだ。その意を受けて、親族会議が開かれた。大勢はこの地にとどまって後藤田家を守るべきだ、と言うのであった。なぜ、自分がここにとどまらなければならないのか、どなたにも経済的に迷惑をかけるわけではない、自分の道を進みたいのがどうして悪いのか、私に学問をさせないのか、と耕平は譲らなかった。自分は学問をしたいのだ、それを押えるのはやめてほしい、と古庄の直系は主張しつづけた。

結局、それが受けいれられた。

耕平は東京に出て行き、次兄英治朗は川島町の親戚に身を置き麻植中学校にかようことなった。末弟の後藤田は姉の好子の嫁ぎ先である富岡町辰巳の井上晴巳のもとに身を寄せることになった。後藤田は小学校五年次を終えていたので旧制中学の試験を受けるつもりだったが、当時の徳島県はその段階で旧制中学を受験する制度になっていなかった。おまけに他人より一年早く就学していることもあって富岡町でもう一度五年次の教科を修学することになった。

井上家は富岡町の名家ともいうべき存在で、晴巳の父は、蜂須賀家の命を受けて明治初年に十年間イギリスに留学していた。帰朝後、私財を投じて太平洋に面した富岡町の海岸を埋めたて、地域住民に喜ばれていた。また好子の夫晴巳はのちに富岡町長を務めた。その長男明弥は現在（平成五年）徳島市で歯科医院を開業しており、好子は九十二歳の身を明弥のもとで過ごしている。次男の普方《ひろのり》は社会党の元代議士（平成五年七月の総選挙で落選）である。

後藤田は十一歳で姉の婚家先に寄寓《きぐう》したのだが、このとき明弥は五歳、普方は生まれてまもない乳児だった。後藤田はここで長男のような立場で過ごすことになった。

後藤田が井上家に身を寄せてきたとき、好子は弟の持参した荷物の中に小学校時代の試験答案が十センチ以上もの束になっているのをみつけた。何気なくめくってみると、九十六点が二枚、九十四点が二枚で、残りの百枚近くはすべてが百点であった。なるほど、この弟は勉強ができると聞いていたが、それは事実なのだと改めて感心することになった。好子にすれば、弟が小学校にはいるころはすでに井上家に嫁いでいたから、その小学校の成績など詳しくは知らなかったのだ。正晴という名は、大正にはいって生まれたから、「正」という一字を盛りこんだと両親から聞かされたときに、そうか、この子は新しい時代の子供なのだと思ったにすぎなかった。

好子は徳島高女時代に、夏休みや冬休みになると、古土地に帰ったが、川島駅を降りて山道を辿っているときに、なんどもこれほど遠いのならこのまま徳島に戻ってしまいたい、と思ったものだった。一時間も歩いて峠に出て、ああまだやっと半分か、と思った。だが、十三歳も年齢がはなれた末弟の顔をみたいという思いもあって、峠の道を歩きつづけたのである。家に帰るや「正ちゃん」と言ってあやし、そして背におぶうたびに弟を愛おしいと思った。よく泣く赤子で、好子の背を蹴って暴れたりもした。「お灸《きゆう》をすえるよ」と言うとおとなしくなった。

その好子が、後藤田が転校することになった富岡町の西路見小学校（現・富岡小学校）の開講日に合わせて黒色の学生服を何日かかけて仕立てた。夜なべをすることもあった。開講日にまにあい、後藤田に着せて小学校に送り出した。ところが、家に帰ってきた後藤田は、好子をみるなり泣きだした。

「みんなが……みんなが、この服をみて、郵便屋さん、郵便屋さん、と言ってはやしてるんだ」

「……」

「僕はこの服を着て行くのが嫌《いや》だ。これまでのように紺がすりでいいんだ」

そのころ、小学生はほとんどが紺がすりであった。好子は転校生の晴れ着として、夜なべをしてつくったのに、と思った。黒の学生服は確かに郵便配達人の制服とも似ていたのである。ずっと着つづければそのうちに同級生も慣れてくれるのに、と好子は言いかけたが、その言葉を止めた。後藤田は口をとがらせ（好子は私の取材時にその真似をするのであったが、いまも弟が愛《いと》しくてたまらないという表情であった）、目に涙をため、そして好子に訴えるように、「みんなが、郵便屋さん、郵便屋さん、と言うんだ。僕はこの服は嫌だ」とくり返すのであった。

好子が後藤田に対して、母親がわりというよりも、母親になろうと決めたのはこのときであった。この弟の心の底に沈んでいる寂しさを埋めるのは、自分なのだ、という強い覚悟を固めた。その覚悟は、現在に至るもつづいている。

私が好子に会ったのは、平成四年十一月のことであった。井上歯科医院の応接間に、好子は小柄な身であらわれた。胃も大腸も小腸も摘出したというが、実際、内臓がないためか小柄な身体がなおさら小さくみえた。応接間のドアを開けてはいってきたとき少しとまどいをみせ、次に深々と一礼をして、「正晴がいつもお世話になっております」と言うのであった。私はその言葉に、母親役に徹しきった女性のニュアンスを感じた。

確かに月並みな挨拶といえば月並みともいえるが、「正晴が……」と言うときのアクセントには、〝親〟以外が持ち得ないような響きがこもっていた。

長男の井上明弥はすでに七十歳を超しているが、髪はまだ黒い。そして話しぶりも話の内容も後藤田を心底兄と慕っている様子が窺えた。「兄さんが、あまりにも成績がよかったので、私ら、正晴兄さんのようによう勉強せなあいかん、とよく母に叱られたもんです」と笑った。そしてつけ加えた。

「世間では怖い人と言うけれど、兄さんって涙もろいんだ。テレビのドラマをみても小説を読んでも、すぐに泣くからね。本当によく泣く人なんですよ」

井上家に後藤田が身を置いたのは、小学校五年生から富岡中学時代の六年間で、大正十五（昭和元）年三月から昭和七年三月までである。ちょうど十一歳から十七歳までの多感な年頃にあたる。ひとの性格形成はこの期になされるという見方にならうとすれば、後藤田は晴巳、好子夫妻、明弥や普方という甥たちがかもしだす空気に触れて、家庭面では恵まれていたと言うべきであった。

だが後藤田がこれまでに雑誌や新聞のインタビューなどで、たとえば井上家では長男として扱ってくれて何ひとつ不自由のない生活をさせてくれたと言いつつも、同時に心のなかでは「なんとも寂しい気持をいだきつづけた」と語っている。井上家の人びとの温もりに触れながら、しかし同時にそれに触れれば触れるほど、両親を早くに亡くした寂寥感が胸中にふきだしてきたに違いなかった。自らの心の隙間をどのように埋めるかといった心の動き、そのことを意識しなければならないことで、後藤田の言動は、外にあっては思いきりのいいものとなってあらわれたように思う。後藤田自身もしばしば述懐するが、「負けず嫌いで、言いだしたら引っ込まぬ性格」は、中学校時代には顕著にあらわれたというが、それは、自らとの戦いのひとつでもあったのだ。

県立富岡中学は県内では徳島中学、脇町中学に次いで三番目に歴史をもつ中学であった。

旧制中学への進学は当時（後藤田の入学した昭和二年ごろ）、高等小学校を終えた生徒の十人に一人（全国平均）が進むていどであった。旧制中学は旧制高校や専門学校へ進学するための基礎的な学問を学ぶ期間でもあったが、人格を陶冶《とうや》する以前の社会にむかって目を開く時期、あるいは教師をとおして学問体系のとば口に立つという時期でもあった。

同時にこの当時、旧制中学は立身出世の入り口に位置していた。富岡中学は県内では富岡町という、どちらかといえば徳島市と張りあう地域にあった。この中学には、旧制高校や陸軍士官学校、海軍兵学校などへの進学者をふやし、名門の徳島中学に負けまいという意気込みがさかんであった。

後藤田と入学をともにした同学年生は百五十人であったが、校長の方針で、成績が一定の水準に達しない者は次々に落第させられて、五年後の卒業時には、九十四人に減っていたという。

後藤田の旧制中学時代の成績は、いわゆる優秀なグループに属していたが、しかしだからといって秀才というわけではなかった。課目によってバラツキがあり、数学や歴史は得意だったが、英語は苦手であった。なぜこれほどのバラツキがあったのか、後藤田自身は直接には語ったことがない。そのために正確な理由はわからないが、私の推測では英語教師に好感を持たなかったのが原因だったようだ。英語教師は大学を卒業したての若い教師で、その教え方はどこかぎこちなく、そして知識もあやふやだったらしい。教師のその自信のなさを生徒たちは敏感に見抜いた。ある生徒は独自に学習したり、また別な教師に問い質《ただ》すという方法を採った。

しかし、後藤田はそうはしなかった。その教師への軽侮を胸中に抱えこんだようであった。私がなぜそのような推測をするかといえば、旧制中学のときに印象に残っている教師はいるか、と尋ねたときの後藤田の回答の中にあった。後藤田は五二七号室の回転椅子の身を一回転させて、「君、それがあまりいなかったね。ひどい教師もいてね、教育にこれっぽっちも情熱を持っていない連中もいたよ」と吐き捨てるように言ったのだ。

これはのちに後藤田が応召して、台湾軍司令部の主計中尉だったときのことだが、中学時代の英語教師が転職し、台湾総督府の官吏になって赴任してきた。かつての教師と教え子の関係での交際が始まった。そうした折りにこの元教師は「君らにはかなり多く誤ったことを教えてしまったよ。それなのに君らは、よく旧制高校や士官学校に合格したものだ」と言いだした。それはどういう意味か、と後藤田は問い質した。元教師はさらにつけ加えたという。

「あのころ英語を教えている教師というのは、それほど自信を持って教えていたわけではない。まあ間違いを教えるほうが多かったんだ。僕自身、君らに済まないと思っているけれど……」

この告白を聞いたときに、後藤田はそんな態度で中学生に知識を教授することが許されるか、と思ったという。そして後藤田はこのような不誠実なタイプの人間を決して認めないという掟《おきて》を自らに課すことになった。

姉の好子によると、後藤田は家に帰ると机にむかっていることが多かったというが、とりわけ試験前には終日机をはなれなかった。後藤田の勉強法は、教科書、参考書、それにノートのすべてを徹底的に復習し暗記してしまうという方法であった。「すべて覚えてしまわなければ、自分で自分が許せない」と後藤田が話していたことを好子は覚えている。

好子の夫晴巳の友人が、たまたま後藤田の中学の数学教師でもあった。

その教師が晴巳に、「あの子は教えづらいよ。とにかく数学的才能がある。一度で覚えてしまうからなあ。数学教師の間では、開校以来の数学ができる生徒といわれている」とこっそりと洩らした。後藤田にとって、答えは一つであり、その答えは一定の手順を辿っていけば必ず正確に得ることができる、というのが数学の魅力だったらしい。

後藤田の中学時代の友人に会って話を聞くと、「数学の成績がずばぬけていた」ということと「負けず嫌いだった」という点が、後藤田評で共通している。同級生の小川信雄が幾つかのエピソードを語る。

「後藤田と私は同じ柔道部に属していた。といっても私は身体をこわして一年ほど遅れていたから、年齢的には後藤田の兄貴分のような立場だった。彼はあまり冗談も言わず、黙々と練習するタイプだったね。まだ身体は小さかったが、対校試合になると日ごろの実力以上の力をだしていた。相手をぐっとにらみ、胸ぐらをつかんで勝負を挑んでいくんだ。気迫がすごかったよ」

小川は、平成五年当時「後藤田正晴後援会」の会長を務めていた。それでは一年に何回も会って、いろいろ後援会活動の打ち合わせをしているのか、という私の問いに小川は、「いや後藤田とは、この十年間会ったのは数えるほどだ。私は、後藤田と会うことによって何がしかの恩恵をこうむっていると思われるのは嫌なんだ」と言う。確かに誰に遠慮することなく思ったことを口にする硬骨漢タイプで、後藤田との間にケジメの一線を引いていることがこの同級生の誇りである。

現在（平成五年）、小川は自ら興した日亜化学工業（本社、阿南市）の会長職にある。蛍光灯、テレビ、それにレーザー光線機器の特殊な部品を開発、商品化しており、その技術力は日本だけでなく世界的に知られているという。小川は貧しい家の出だったために、富岡中学で抜群の成績をあげながら、旧制高校に進まず、地元の徳島高等工業にはいり、そのあと陸軍の軍医学校で薬学を学び、軍医として戦場に出た体験を持っている。ブーゲンビルでの戦いに従軍したが、その折りの悲惨さを語るときにはあるところで口をつぐむのであった。そういう体験が自らの後半生の親友との交際の中にもあらわれている。あるいは後藤田は、小川のそこを信頼しているのかもしれないと、私は思った。

柔道部で小川と後藤田は互いを認める間柄になった。小川は貧しさをバネとし、負けるものかという反撥心を養った。後藤田は心中の孤独感を負けん気の土台に据えているという点で、二人の間には終生の友情ができあがったようにも思えたのである。

これはすでに幾つかの後藤田論にも引用されていることであったが、後藤田は柔道の練習の折りにその性格をあらわす次のようなエピソードを持っている。この中学にも未解放部落の同級生がいたが、当時はそうした差別意識がもっとも激しいときで、彼に近づく者がいなかった。誰もが彼の練習相手になるのを嫌がった。だが後藤田だけは彼の相手になった。この同級生の相手は、つねに柔道の教師と後藤田の二人だけだったという。当時を知る後藤田の友人たちは、後藤田はこの同級生とか身体が大きくすでに段を持っている先輩などとの練習を好んだという。投げつけられるのが嫌さに敬遠される有段者が相手のときの後藤田は、投げられても投げられても起き上り、またむかっていった。

授業時間では、疑問点は必ず質した。納得するまで教師へ疑問をぶつけた。「あの男ははっきりものを言う。曖昧《あいまい》なことを嫌う」というのが仲間内の後藤田観だった。と同時に、小心翼々としていない、あいつは度胸の据わった男だとも評価されていた。この期に後藤田の親しくなった友人は、タイプが似かよっていて、大体が努力型の勉強家でなにかしら一家言を持っているタイプの生徒であった。

後藤田が五年生のとき（昭和六年）、満州事変が起こった。ところが一年、二年に習ったときの英語教師とは別の教師が、授業の副読本にリットン調査団の報告書を使った。国際連盟は、日本が起こした満州事変に批判的で、イギリスのリットン卿を団長とする調査団を満州に派遣し、事変の実情を日本側と中国側から聴取させた。リットンがまとめた報告書は、日本に対しては冷淡な内容であったが、その全文は日本でも紹介された。この英語教師は、これを副読本に使ったのだ。

後藤田は、当時は気づかなかったが、後年になって、この教師が、事変を起こした関東軍に対して批判の意をこめて報告書を教材に使ったことを納得したという。

卒業が近くなって、それぞれ進路を決めなければならなくなると、後藤田の数学の能力を買う教師が、海軍兵学校を受けてみろ、と熱心に勧めた。海軍兵学校は数学や物理の問題がむずかしいので、理数系の能力のある者は兵学校の試験に挑む例が多かった。

昭和七年といえば、五年にロンドン海軍軍縮条約が調印されて、日本の海軍力は艦艇がアメリカやイギリスの七割におさえられることになっていた。艦艇が制限されればそれにみあうだけの士官しか必要でなくなるために、兵学校の入学定員もおさえられるだろうといわれていた。「今年の兵学校は難しい」という敬遠のムードが全国の中学生の間に流れていた。にも拘わらず、後藤田の理数系の実力なら大丈夫だと、教師たちは判断していたのである。

「将来は官僚になってみたいと思っています。自分にはそれがむいていると思います」と後藤田は答えつづけた。官僚になるためには旧制高校、そして帝大のコースを歩まなければならない。

当時、後藤田は、自分と成績の似かよった、親しい同級生のひとり、岡本武義とこんなやりとりを交わしている。

「おまえはどうするつもりだ」と後藤田に質《たず》ねられた岡本が、「陸軍士官学校を受けるよ」と答えると、「軍人になるのか」と後藤田が言った。さらに岡本が「おれは陸軍が好きだから」と言うと、「軍人か。おれは好かん」と後藤田が断言したという。

後藤田は、すでに内心では中学時代から軍人に対して距離を置いていた。

長兄の耕平は、昭和六年三月慈恵会医科大学を卒業したが、このころに軍医として満州事変に従軍している。「軍人にはなるな」という長兄の示唆もあったと思われるが、そのことは後藤田が語っていないのではっきりとはわからない。いずれにせよ後藤田家の係累には、軍人になった者はいなかった。

旧制高校の受験にしぼった後藤田は、全国の旧制高校の問題集を買ってきて、どこの問題が自分にはむいているか、つまり入試に合格する可能性を確かめてみた。数学はどこの高校でも簡単に点数がとれた。だが英語はそれぞれの高校によって点数にバラツキが出た。そこで、得意の数学の問題がもっとも難しく、英語の問題が比較的易しい八高（名古屋）と水戸高校に的をしぼった。名古屋か水戸か、の選択の答えはすぐに出た。水戸高校に決定した。水戸といえば徳島から遠い茨城県だが、とくべつに躊躇《ちゅうちょ》することはなかった。故郷をはなれればどこに住もうが同じだと思ったし、それに次兄の英治朗が隣りの栃木県にある宇都宮の高等農林専門学校にいたからだ。次兄は当初、早稲田大学を希望したが、私立の慈恵会医科大学を出た長兄が自分の経験から国立でなければだめだと主張したため、もともと興味を持っていた農業経済を学ぶことにして宇都宮に行ったのである。

後藤田と英治朗の父親がわりは、長兄の耕平であり、後藤田の進路についてもいろいろ口をはさんだ節がある。後藤田が水戸高校に的をしぼったのも、直接は口にしていないが、長兄の諒解や次兄の示唆もあっただろう。

昭和七年四月、後藤田は旧制水戸高校文科乙類の一年生となった。ドイツ語を第一外国語とするクラスである。そして水戸という地は、後藤田の人格形成にもっとも大きな役割を果たす地になる。

後藤田は、私の取材でも、「人生のなかでもっとも影響を受けたのは何か」という問いに、ためらわず「水戸での高校時代だよ」と言った。「それに水戸という土地柄も好きだった。水戸人は駆け引きのない純粋な気質の人が多いからね」とつけ足した。昭和四十四年に警察庁次長の折りに、過激派の学生が大学封鎖、大学解体を叫び、大学の建物を破壊したが、後藤田は親しい新聞記者に、「東大を壊すなどというのはまあどうぞと思うが、旧制水戸高校（現在の茨城大学教養部）の建物に手をつけたら許さない」と冗談まじりに洩らしたことがある。それほど旧制水戸高校には深い愛着を持っている。

水戸高校には東京出身者が多かった。それに東北、東海、関西などの出身者もいたが、四国の出身者は少なかった。後藤田はやがて、弁も立つ、手も早い、それにむこうっ気も強いというので、「土佐犬」という渾名《あだな》をつけられることになった。だが後藤田にすれば、こっちの奴らは土佐と阿波の区別も知らんのか、と思ったが、別にその渾名にむきになって反論しなかった。これはこれでいいと思ったのだ。

入学して一カ月ほどあとに、五・一五事件が起こった。海軍の士官と陸軍士官学校候補生、それに民間側から農民有志が加わり、首相官邸や内大臣邸、変電所などを襲撃した事件である。首相の犬養毅は海軍士官らによって殺害された。この事件に連座した農民有志とは、水戸の農本主義団体「愛郷塾《あいきようじゆく》」の塾頭橘孝三郎とその門下生たちであった。

すでにこの年二月、三月の血盟団事件（前蔵相井上準之助、三井財閥の番頭団琢磨《だんたくま》へのテロ行為。犯人は水戸の青年たちで、首謀者は僧侶で民間右翼の指導者だった井上日召）で、水戸出身の青年たちの行動は全国にとどろいていた。五・一五事件にもまた水戸の青年たちが参加していたために、「水戸は右翼青年のたまり場か」と言われたほどであった。この事件のあと、東京市内では水戸出身の青年に部屋を貸さないという家主がふえたともいわれている。

だがこの事件は、当時の人びとには義挙と受け止められた。農業恐慌による農村の荒廃は行き着くところまできていた。愛郷塾の橘は、「農村にはペンペン草が生えているのに、東京ではネオンが光り、人びとの生活は退廃の極に達している」と怒った。橘は大正四年に旧制一高を中退して——つまり官位栄達の道を捨てて——水戸に戻り、農業こそもっとも人間にふさわしい営みだという信念で、愛郷塾をつくった。大正末期には、「西の新しき村（武者小路実篤）、東の文化村（橘孝三郎）」と並び称されたトルストイアンであり、人道主義者であった。

それが昭和にはいっての農業恐慌に怒り、軍人と接するなかでこの行動に走ったのである。

五・一五事件は国民の同情を呼び、昭和八年から始まった裁判では、百万通もの助命嘆願書が殺到した。決行者たちの行動は、国民の気持を代弁しているといわれた。

水戸高校の学生の間にも、事件そのものを義挙として賛える声が多かった。まだ入学して一カ月、友人間のコミュニケーションも充分できあがっていないときであった。文科乙類のクラスで事件の翌日に次のような光景がみられた。そしてこの光景は、このクラスの大半の者が現在に至るも記憶しているほど鮮烈であった。

授業が始まる前、教室の中にもこの事件に対する興奮が渦巻いていた。「義挙だ」と考えた生徒のひとり、古村幸一郎が後ろの席の後藤田に話しかけた。

「この事件は、国を想う軍人や農民が一途な気持でやったことだ。彼らは立派だ……」

古村は興奮を隠さない口調で言った。当然、後藤田も同意すると思ったのだ。ところが後藤田は、「おまえ、何を言っているんだ」と言いだした。

「海軍の軍人が、昼日中軍服を着たまま首相官邸に侵入して、首相を殺害することが、なんで立派な行動なんだ。そんなことが許されると考えるほうがおかしい」

「行動は確かにそうかもしれない。でも動機は純粋なのだから、おおいに推奨すべき行動だ。その純粋さを認めなければ……」

「とんでもないこと言うな。動機はわからんでもない。でも彼らの行動はまったくの誤りだ。あんなの認めるわけにはいかん」

「動機は純粋ではないか。現下の情勢は疲弊そのものだ。農村には食えない連中がいっぱいいる。僕は長野県出身だけど、農村はめちゃめちゃだ。誰かが救わなければいけないときなんだ」

「だからといって、首相を殺していいのか。法を破っていいのか」

二人の論争は堂々めぐりだった。実は、古村の意見と後藤田の見解は、当時の日本を二分する見方なのだが、双方とも自説を譲らなかった。激しい言い合いとなった。声も大きくなった。四十人のクラスの者が二人の周りに集まり、一言も発せず、その論争に耳を傾けていた。動機がよければ行動も正当化される、では動機がよければ何をやってもいいのか、法を破っていいのか、というのが論争の中軸になった。

このときの論争は、教師が教室にはいってきたためにそのままで終わった。

「後藤田と私は出席簿順でいうと、どちらも『こ』で始まるから、僕のうしろが後藤田だった。僕の前が小林静一でね、この三人は入学してすぐに親しくなった。五・一五事件についても、いまにして思えば、後藤田の見方のほうが筋がとおっていたね。水戸高校は政治運動がさかんで、右も左もいた。左の側は僕らの入学した秋にストライキをしていたけれど、僕は剣道部で、後藤田は陸上競技部だったから、そんなことに関心は持たなかったな。賛成とか反対というのではなくて、自分らとは関係のないところで行なわれていると受け止めていたよ」

古村とは東京・本郷三丁目の地下鉄駅で会ったが、どこか喫茶店にはいろうということになり、歩を進めているときに、小声で「土佐の、高知の、播磨屋橋で、坊さんかんざし買うをみた……」と歌いだした。「君、この歌、知っているかい」「ええ、知っています」――。

旧制高校生は、まだ二十歳に達していないが、酒や煙草を口にするのは大目にみられていた。「末は博士か大臣か」という風潮もまだ残っていて、水戸の住民もいずれはエリートになるのだろうと大目にみていたのである。それで高校生たちも、酒を飲んでは高歌放吟していた。後藤田はそれほど酒を飲んだわけではなかったが、酔ってくると、楽しくなるタイプだった。そして、「土佐の、高知の……」と「よさこい節」を歌いだす。後藤田は幾分太い声で、歌詞の最後まで朗々と歌った。それが評判になり後藤田が上級生になったころは、後藤田を真似て歌う者も出てきた。古村もそのひとりで、それこそいつも聴かされていたために、歌詞も節回しもすっかり覚えてしまい、いまも気づくと口ずさんでいるというのであった。

水戸市内で酒を飲み、高歌放吟しているときに、街の青年と喧嘩になった。後藤田は、相手と殴り合いをして、警官につかまり、一晩留置場に泊められた。翌日、陸上部の仲間がもらい下げにきてくれて釈放された。口よりも先に手が出てしまった、というのである。それ以来、「土佐犬」と渾名されることになったという。

旧制水戸高校は水戸郊外の常磐村（現・水戸市）にあった。この高校は大正九年に第一次世界大戦後の特需ブームで利益を得た船成り金の内田信也（岡田内閣の鉄道相）が寄附した百万円で設立された。四万坪の敷地に本館と校舎、それに八つの学生寮が建っていた。一年生と二年生は全員が寮生活を送る全寮制であったが、三年生からは下宿に移るのも自由で、なかには学校周辺に下宿して大学受験のための勉強に明け暮れる学生もいる。八寮のうち、一寮が柔道部、二寮は剣道部、以下水泳、バスケット、サッカーと弓道、ラグビー、陸上競技、野球部と割りふられていた。このほかの部員の少ない運動部の部員や部にはいっていない学生は、八寮のどこかにはいることになっていた。各寮とも六畳間が一階に十二室、二階に十二室あった。

後藤田は陸上競技部の寮に入り、二年時もそのまま寮生活を送ったが、三年生から下宿に移り勉強に集中した。

後藤田はなぜ陸上競技が好きかと問われれば、個人競技であり自らの努力がそのまま数字にあらわれるから、と答えたに違いなかった。他人と関わりなく個人で没頭できるというのが、後藤田には似合っていたというべきかもしれない。棒高跳びと槍投げを選んだのも、後藤田のそういう考えをあらわしていた。

私は、この旧制高校時代の同窓生名簿を頼りに八人の同窓生を訪ね歩いた。すでに七十八歳前後（平成四年時）であり、社会の第一線を退いてはいたが、往時の記憶は鮮明であった。少年期の三年間の高校生活は自分の人格形成の重要な土台となった、と皆一様に回顧する。彼らに共通していたのは、旧制高校時代がもっとも思い出が多く、かつ自分の眼を開くのに役だったことと、後藤田に関しての印象では大体が「気軽に人と話すし、いろいろな情報を持っていて、休み時間はいつも彼の周囲には人が集まっていた」ということであった。

陸上競技部の一年先輩にあたり、後藤田と親しかった高久泰憲（タカキュー会長、平成四年当時）の言は次のようなものであった。高久は紳士用品のチェーン店を興し成功させた実業家である。

「後藤田には古武士的なところがあって、一見近寄りがたい雰囲気があった。でもいったん口をきいて、彼の笑い顔をみると印象がいっぺんに変わってしまう。破顔一笑といえばいいんだろうか、笑ったときの顔がいい。あれはいまもかわっていない。別れ際の印象がとても爽《さわ》やかで、だから誰とでもすぐに親しくなれるんです。私なんか先輩扱いされなくても憎めなかった」

後藤田の顔は確かに笑顔がいい。邪気のない、爽やかさを絵にかいたような顔になる。そのために相手に与える印象がソフトになる。だが当時の同級生たちは、その顔と同時にひとたび議論になり自説を主張するときの厳しい顔もみている。そのふたつの顔のコントラストが、かえって同級生にとっては人間的な魅力と映った。

誰とでも気軽に話せるということは、自然に情報が集まるということでもあった。同級生のひとり小林静一は、「情報を集める能力があるから誰とでも話すことができたということです。学校の前に、われわれがよく食べに行くうどん屋があってね、そのうどん屋のおばさんとも後藤田はよく話していましたね。当時のわれわれにはなかなかできないことだった。多分それで世間のことなどもよく知っていたんでしょうね」と感心している。

衆議院選挙のときには、水戸から立候補した候補者がどんな人物でどんな考えか、民政党や政友会がどういった政策を掲げているか、といった情報も話題にした。当時は制限選挙で誰にでも選挙権があったわけではない。もちろん旧制高校生にも選挙権などないから総選挙に関心を持つ者も少ない。それなのに後藤田はどこから聞いてくるのか、いろいろ的を射た候補者の品定めまでしたという。

やはり同級生のひとり、米丸忠之（元大和銀行幹部）は、「授業と授業の十五分の休み時間にも、後藤田が話の中心にいましたね。なにしろ彼の声は大きかったし、皆がけっこう楽しんでいた。先生の噂話から世間の動きまでさまざまだったが、政治運動の話はしなかったと思う。それに猥談《わいだん》だけはまったくやらなかった。これは徹底していたな」と言う。井戸端会議のリーダー的存在だったのである。

しかし、当時の後藤田の心理を反映していたのは、実は次のような光景に象徴されていたというべきではないかと思う。

水戸高校には四百メートルのトラックがあった。最終講義は毎日午後三時には終わるから、陸上競技部員やサッカー部員などがこのグラウンドを使う。陸上部員は、自分の種目の練習をする前にトラックを走る。後藤田はランニングシャツにパンツ姿で決まったように真っ黒になった手ぬぐいの鉢巻きをして走っていた。二、三周すると、後藤田はグラウンドの片隅にある棒高跳びの練習場で練習を始めた。

棒高跳びを選択していたのは、後藤田ひとりであった。短距離や中距離などのトラック競技は中学時代からすでに選手だった者が多い。後藤田のように旧制高校にはいってから始めてもなかなか追いつけるわけではない。だから後藤田はトラック競技ではなく、棒高跳びを選んだのだろう、と陸上競技部の仲間たちは噂をしあった。

後藤田はバーを自分ひとりで調節し、そして棒を抱えて助走し跳んだ。跳越しに失敗してバーを落とすと、後藤田は自分でそのバーを戻し、また跳んだ。バーが落ちるとそれを拾い、再び三たびまた自分でかけ直して挑むのであった。一、二年生のとき、後藤田は毎日たったひとりで棒高跳びに熱中していた。

日が暮れ、周囲がみえなくなり、ほかの部員が練習を切り上げて寮に帰っても、相変わらず後藤田は自分よりはるかに高いバーに挑戦しつづけた。

当時、後藤田と同級でサッカー部員だった米丸忠之は、同じ動作を黙々とくり返している後藤田のこの練習風景を、感嘆の目で眺めていたひとりである。

「サッカーボールもだんだんみえなくなってくるでしょう。僕らはそこで切り上げた。グラウンドには人影がなくなったのに、後藤田ひとりだけが片隅で黙々と練習をつづけていました。暗くなればバーだってみえないわけだから意味がないと思ったけれど、それでも練習をつづけていましたね。後藤田が棒高跳びでどれほどの記録をだしていたのか、競技大会でどのていどの順位だったのか、僕はまったく知りませんし、ほとんどの者も知らないでしょう。でもひとり黙々とつづけていた練習の光景だけはいまも忘れられないですね」

高校時代、米丸は、後藤田とわりあいよく話をした。つきあいは現在に至るもつづいているというが、後藤田の真骨頂はあの練習の中にあり、その努力、根気、我慢強さといった語に結びつく姿勢が、現在の後藤田につながったのだろうと推測するのである。ひとりでバーに挑みつづける姿は求道者のそれであり、あたかも禅僧の修行でもあるかのようにみえた、と回顧する。

当時、東北・関東地区の旧制高校の陸上競技部が年に一回、集まって競技会を開くのが恒例になっていた。後藤田が二年生のときに、この競技会が水戸高校のグラウンドで開かれることになった。三年生は大学受験の勉強に忙しいので、競技会の運営には二年生があたることになっており、後藤田が中心になって準備が進められた。例年は有力選手が在部する高校も少なく、競技会は記録のうえでは低調で、あまり注目されてこなかった。だが、この年は短距離で日本記録を更新しそうな選手が、ある高校に在部していたため、にわかに競技会は学生や水戸市民の注目の的になった。

全国でも有名なこの選手が水戸にやってくる――水戸高校の陸上競技部以外の学生たちも運営に協力していた。

大会当日、グラウンドはこの選手の走りっぷりを一目みようとする人びとであふれた。ところが、肝腎のその選手は出走時刻になってもグラウンドに姿をみせなかった。皆に持ちあげられて増長し、時間を無視するほど天狗になっていたのだ。

彼があらわれるまで待って短距離走を行なうか、それとも彼抜きでスケジュールどおり競技を進めるか――その決断が運営責任者の後藤田に任された。

後藤田が示した結論は明快であった。

「競技の進行は予定どおり。あの選手が来なくても予定の時間に行なう」

ところが、周囲は全員が反対した。観客は皆あの選手をみたくて集まっているんだ、もしかしたら日本記録の更新が成るかもしれない、とにかくあの選手が来るまで待とうよ、と言うのであった。後藤田はそういう意見に、

「記録なんかどうでもいいんだ。そんなことより約束のほうが大切だ。規律のほうが大切なんだ」

と反論し、結局その選手抜きで、予定どおり競技を行なった。観客には不満だったろう。だが、後藤田の友人たちは、全員の反対を押し切って予定どおり競技を進めた後藤田に、しだいに畏敬の念を持つようになった。「あいつは勇気がある。あの場であんなふうに筋をとおすことはそう簡単にはできることではない」と評判になった。

後藤田が旧制高校の生徒だったのは、昭和七年四月から昭和十年三月までの三年間であった。ちょうど陸軍を中心としたファシズム体制が全国に浸透していく時期にあたる。

この三年間の時代の政治的な中心テーマは、天皇機関説問題にあった。

東京帝大教授の美濃部達吉の学説が、日本の国体論とは合致しない、という批判が貴族院でとりあげられ、これが陸軍の意図する方向と合致したために議会で執拗な反美濃

部演説がくり返された。陸軍の意図する方向とは、統帥権という大権を持つ天皇像を国民の前面に押しだすことであった。議会内では天皇機関説攻撃、議会外では在郷軍人会とそれに呼応する結社が国体明徴運動なるものを進め、美濃部攻撃に拍車をかけた。それに五・一五事件の被告たちへの減刑嘆願運動が起こっていた。被告たちの行為を義挙と賛え、刑を軽減させるべきだというのであった。

とくに水戸は、この運動が活発な土地であった。

水戸高校の生徒の中にも、この減刑運動に協力する者があり、愛郷塾に出むいて一席ぶつ者もあらわれた。動機が純粋であるというのは、青年の正義感のある部分を惹《ひ》きつけた。

ただ政治レベルでは、庶民のそういう歪《ゆが》んだエネルギーが政治勢力に巧みに組み込まれていった。陸軍の皇道派と称される一派は、そうした世論をバックに議会政治を形骸《けいがい》化《か》し、軍事独裁政権の樹立を目論《もくろ》んでいたのである。

皮肉なことに、後藤田の旧制高校の三年間は、知性よりも衝動、理性よりも感情に支配される時代であった。後藤田はそういう時代の雰囲気のなかでさまざまな情報に触れながら、格別に感情が軸になる運動には加わらなかった。

一方、共産主義運動は、内務省警保局によって弾圧されていたが、しかし、知識人のなかにはやみくもにその論理に傾斜する空気があった。水戸高校は、学生の自主性に任せて、たとえば寮の運営などはすべて学生が管理する自治寮システムになっており、寮内で共産主義関係の文献が目に触れるのも日常のことだった。寮内に共産主義青年同盟（共青）の細胞も存在していた。たとえば、のちに映画監督になる今井正（後藤田の一年先輩）などがその一員であった。後藤田はそうした運動にも身を委ねることはしなかった。

後藤田は二年生になって、七寮の一階端の13号室に住んだ。この部屋は誰もが敬遠する。二階への階段脇にあり、廊下の音がうるさいからだ。部屋割りを決めるのは、二年生だが、後藤田は誰もがはいりたがらないこの部屋にはいった。同室になったのは、一年生の倉井潔であった。

倉井ものちに内務官僚となり、戦後は警察庁に身を置くことになるが、昭和八年四月から七月まで、倉井は後藤田と寝食をともにした。後藤田は、一年先輩として倉井に目をかけ、何くれとなく助言したり、自らの考えを洩らしていた。それだけに倉井の証言は、後藤田の当時の人間像をよく示している。

倉井もまた後藤田の人間性に惹かれた。いまも師のように思っている。昭和四十年代初めの全共闘運動が盛んなころ、後藤田は警察庁次長で、倉井は神奈川県警の本部長をしていた。新空港をめぐる成田での闘争に、神奈川県警もなんどか機動隊を応援に出した。そういうとき必ず後藤田からの指示がはいった。

「応援部隊というのは往々にしてやりすぎる傾向がある。とにかく締めつけておかなければならない。やりすぎることのないよう、本部長自ら強く訓示しておくようにせよ」

倉井は後藤田の指示どおりの訓示をした。実際、応援部隊というのは、自分たちの管轄ではないとつい過剰にふるまう傾向にあった。倉井もそのことはよく知っていたのだが、現場ではそのことを忘れてしまいがちになる。後藤田は、予《あらかじ》めそういう現場の心理を巧みに読んで、指示を出してきたというのである。

七寮の一階13号室で、倉井は、まず寮のルールや決まりを詳しく教わった。後藤田の説明は細部にわたっていて、禁じられている言動について語るときは厳しい口調になった。的確で、もってまわったような言い方をしなかった。倉井がとくに印象に残っているのは、

「陸上競技の部員にとっては、トラックは命のように大切なものだ。下駄履きでトラックにはいるようなことは許されない」

という注意だった。後藤田はこのことをなんども言った。

実際、グラウンドの入り口に「下駄履きの歩行は禁止」と書いた看板を掲げ、どうしてもとおらなければならない場合のために、渡り廊下用の古びたスノコ板を看板の傍らにおき、これを敷いてとおれるようにしたのも後藤田であった。当時の高校生は下駄履きが多かったから、このような心遣いは確かに神経の細かさを示しているともいえた。

それでもグラウンドに下駄履きではいる者がいた。すると後藤田は、

「おい、下駄履きはだめだ。そこに書いてあるだろう」

誰彼かまわず大声でどなった。後藤田が仲間内で一目置かれたのは、たとえそれが親しい友人や、目をかけている後輩であっても、見て見ぬふりをするようなことがなかったし、ほかの部の先輩であろうとも変わりなく同じように注意をしたからであった。

雨の降った夜など、寮の学生は読書にあけくれる。後藤田も例外ではなかった。倉井の記憶では、後藤田の読書は小説よりも人生書のほうが多かったようだという。倉井は当時の高校生がそうであったように、岩波文庫の小説、とくにゲーテやトルストイなどをよく読んだ。あるとき、後藤田から言われた。

「小説を読むときも、おれは勉強のつもりで読むんだ。お前もそうするといいぞ」

「どういったところをどんなふうに勉強するんですか」

「ストーリーを読んでいるときに、俺ならこうする、こうすればこうなったのではないか、とたえず判断しながら読んでいくんだ」

つまり後藤田にとって、文学作品とは人生のケーススタディの教科書だったということだろう。ストーリーの面白さに溺《おぼ》れたりしない、文学上の鑑賞などは関係がない、という態度を貫くという意味だった。後藤田は、感性より論理の人であり、その点では文学青年とは異なっていた。いかに生きて行くか、自分はどのような生き方をすべきかの

方に関心があったのだ。

倉井は後藤田から共産主義についても意見を聞かされたことがある。共青系の学生が「同盟休校（ストライキ）だ」「階級闘争だ」「労働者階級の解放だ」と囁《ささや》いているとき、後藤田は、それにのめりこまなかった。むしろ「左翼」主義や民間右翼の行動については、鋭い批判をくり返した。倉井が私に語った証言をそのまま引用すれば、次のようになるのだ。

「当時、共産主義に対する批判として、分配が平等である、という論に対して、これは個人の創意や努力を殺すことになるではないか、という論がありました。資本主義は個人のそういうイニシアティヴが存分に働くので、こちらのほうに合理性がある、というマックス・ウェーバーの論が引用されていたんです。ところが後藤田先生は、『その説はそのとおりだと思う。言っている意味はよくわかる。しかし、共産党内の地位争いがあるではないか、経済的には平等で、たとえ賃金が同じ額であっても、地位に対する権力闘争があるではないか、そこにはイニシアティヴが発揮される余地がある。一概にイニシアティヴが阻害されるというのは誤りだ』と言われていました」

「もちろんこれは、共産主義に賛成しているという意味ではありません。僕などが驚き、そして教えられたのは、共産党の一党独裁は必ず没落するといったことです。独裁が没落するという意味には、陸軍や民間右翼の独裁にも通じるということです。そんなふうに話していました。言論の自由は保障されなければならない。それを右翼の思想で統一してしまうというのはよくないとも言っていました」

「後藤田先生は、何事にも反対の議論を消してしまってはよくない、適当にあったほうがいい、といった考えを実にはっきりと言われていました。高校生世代でここまで言うのは珍しかったと思いますね。たいていは一方の側に走りますから……。同時に自分というものを持っていて、時代の流行に流されないという姿勢を堅持していたと思います」

　倉井は寮の同室だったときから、そしてそれ以後も、あるいは東京帝大に一年遅れて入学したあとも、後藤田を訪ねては会話を交わしている間柄である。その倉井が、現在も、後藤田の名を口にするときは「先生」と言い、敬語を使う。十七歳から七十八歳の今日までそれがつづいている関係であった。

　なぜこのような考えを持っていたのだろうか、という私の問いに、「それは禅哲学かもしれない」と答えた。後藤田は禅に関する書をよく読んでいたという。無の境地になるという、その心理を求めていたのではないか、ともつけ足した。倉井と会話を交わしているとき、彼は次のようなエピソードを思いだした。

　後藤田は三年生になって、寮から下宿に移って受験勉強に専念することになった。この折り、六寮の下級生が、後藤田を始め何人かの退寮者のために送別会を催した。退寮者のひとりとして、後藤田も挨拶をした。まず寮での楽しかった生活を話したあと、僕がもっとも感銘を受けたことを話そう、といって次のような意味の話をした。

「僕はドイツ語を第一外国語としていたから、ドイツ語の書をよく読んだ。君らも覚えているだろうが、ゲーテの詩集の中に、『死して成れよ』という一節がある。死して成れよ、というのは、死ぬようなつもりになって挑めば何事も必ず成就するという意味だ。僕はこの言葉にもっとも気持を打たれた……」

倉井に言わせれば、ここにも禅の境地につながる心理があるのではないだろうか、と言うのである。後藤田のこの言に、青年期特有の何事にも自信と不安が半ばする下級生たちは、頭を垂れて聞いていたという。だからこそ、倉井のように六十年近くの時間を経ても、後藤田が話した内容は記憶の底に焼きつけられている、と私には思えた。

後藤田がこのような考えに達したのには、むろん自らの幼児期、少年期の体験があったであろう。あらゆる思想や政治行動に対する距離の置き方は、自らの内部で育てた価値観から発していると言ってもいいはずだ。

青春期には、ある思想や政治行動への傾斜の契機は、正義感や他者への同情から始まる。当時、旧制高校生の家庭は大体が自作農や地主、あるいは都市の中産階級であった。それだけの経済力がなければ旧制高校に進学することはできない。水戸高校にしても、月謝、寮費、それに小づかいなどを含めて月に三十円は必要だったという。当時、この金額は農村にあっては、食糧の現物があり現金もそれほど使わない生活だったとはいえ、一家五人から六人の一カ月の生活を賄える金額でもあった。家に資産があり、将来もエリートとして保証されつつあるというのが、旧制高校生の大多数が置かれている立場だった。しかし、眼前には悲惨な現実がある。

〈自分はこれでいいのか、この社会の矛盾を救わなければならない〉

という正義感をもとに思想を持ち、政治行動に走ろうとする。だが、この正義感は真に〈解放されるべき労働者や農民〉の意識や考えと一体化できるだろうか。自らの正義感、それ自体が傲慢《ごうまん》ということもあるのではないか。

後藤田はそのような傲慢さに気づいていたように思う。単純な正義感などで、貧しい人びとの苦痛や苦悩を理解できるのだろうか。そういう状況を自らのものとして実感できるだろうか。後藤田は、自らの心の中にわく感情は自らの日々の生活のなかで自らが回答を出していく以外にない、と知っていた。そのことが他者との関わりに独自の処し方（それはきわめて理知的すぎるように思えるが）をつくりあげるようになったと思う。同級生たちは、そういう後藤田を評して、「自分自身をコントロールできる理知的なタイプだったが、それはいまも同じだ」と言うのである。十代の終わりに、後藤田はすでに自らの生きるタイプを固めていたと言っていい。

後藤田は夏休みや冬休みは、阿南市の姉の許に落ち着いたり、古土地の自宅に戻って過ごした。古土地の自宅には、休みごとに長兄の耕平や次兄の英治朗が戻ってきた。とくに後藤田が旧制中学の時代には、三人がつねに揃ってこの家で過ごすよう心がけた。水戸高校に進んでからは、長兄は軍医として陸軍にはいり、休みに戻ってくることがときどきしかできなくなった。軍をはなれてからは、日本赤十字の病院などで改めて研鑽《けんさん》を積み、医師としての技術を磨いた。収入にはこだわらず、つねに薄給の病院まわりをする医師であった。

耕平は、後藤田よりも十一歳年長である。

そのため二人の弟の父親がわりであった。後藤田は長じてからも、兄に対する敬慕の念は変わらず、自分や英治朗の目にみえないところで当主として苦労したはずだ、と述懐する。後藤田は耕平に対して父親に抱くような肉親愛を感じていて、たとえば、東大在学時に善通寺の師団にいた耕平を慰問にたずね、そこで開口一番、「わし、金を持ってないから出してくれ」と無心した話を好んで話す。耕平はあきれ返った表情で、「わしは軍隊にきているんだぞ。こんなところまで金の無心にくる奴があるか」と叱った。

この話には、しだいに兄の前で照れ臭さを感じていく弟が、素直に慰問にきたとは言えず、「金をくれ」と無心を装うことでその場をとりつくろった節がみてとれる。

耕平は、几帳面で合理的な性格の持ち主であった。

耕平は後藤田家所有の山林を、一年ごとに売り払って金にかえていった。徳島は国有林が全体の一割しかなく、その比率は全国でも極端に低かった。それは明治維新の直前に藩がそれぞれの村の有力者に売り払ったためで、後藤田家でも古土地周辺の山林を、後藤田自身の推測では十万ヘクタールも買って所有していたという。三人の学費や生活費、それに親戚づきあいの経費などを予め試算し、その額に応じて順次、所有の山林を売っていったのである。確かに売りつなぎ、食いつなぎであったが、その計画はきわめて緻密に練られていた。英治朗や後藤田の生活費は、姉の好子に託し、好子がそれぞれへの送金の手続きをとった。

山林を売るために、後藤田たち兄弟三人は業者とともに山にはいるのが、毎年夏の行事だった。耕平が軍隊にはいって古土地に戻ってこられなくなると、英治朗や後藤田が業者と売買の交渉をした。水戸高校でも後藤田が社会の一端に触れた話題を持ちだすのは、こうした社会体験が裏にあった。後藤田はいまでも、山林を目の先五寸でみると、ここには材木が何石何歳あるか、それはどの程度の値段で売れるか、おおよそ見当がつくという。旧制中学から東大卒業までの十一年間、後藤田は材木業者との折衝を通じて世間の一端、社会のからくりにも触れたのである。

後藤田の自信は、自分は十歳にしてすでに両親を喪ったが、経済的には誰の世話にもならずに育ったという点にある。

たとえば、私の取材でも、「経済的に誰かに負担をかけて育ったということになれば、何かと心理的な圧迫を受けるかもしれない。だが自分にはそれがなかった。つまり自分はどのようなところに行っても、何の負い目も持たずにスタート台に立つことができた」という言い方をした。このような言い方は、たぶんに後藤田の世代に特有のものだろう。誰かに経済的な負担をかけることによって、あるいは他者から面倒をみてもらうことによって、自らの人生が自らの意のままにならぬという友人たちのケースを幾つか目撃しているがゆえのことと理解できるのだ。

後藤田には、姉の好子が実の息子と変わらぬように現金や生活用品などを送った。当時は、米が貴重品であり、好子はそれをいつも五升ずつ送った。その五升を石油かんにいれ、木でくくり、丁寧に梱包《こんぽう》して送った。運送業者から米を布袋にいれるとねずみにかじられることはないと聞くと、そのとおりにした。後藤田から無事に届いたという葉書がくるたびに、好子は胸をなでおろした。

夏休み、冬休みには好子の許で何日間か過ごした。明弥や普方の勉強をみてやり、彼らの兄のようにいろいろな助言をした。

将来はどうするのか、と好子が尋ねると、「悪い奴をひっくくってやる。そんな仕事につこうかと思う」と答えたこともあった。だが、官僚になるという言い方は、高校時代にはしなかった。英治朗の話では、高校時代から大学にはいったころには、「正義を守るために検事になりたい」とか「新聞記者になろうか」と言ったりもした。正義という語に力がこもっているのが英治朗には印象に残った。

三年生になって、後藤田は常磐村の下宿に移ったが、受験勉強に専念する素振りはみせなかった。水戸高校では、生徒の間にてらいもあってガリ勉タイプは嫌われていた。学期末ごとに本館の事務室前に成績順に氏名が発表になるが、それでビリになったほうが人気者となる。とくに三年間、ビリをとおした者は英雄扱いされた。バンカラの代表になるのだ。もっとも、ビリでありつづけるのはトップでありつづけるよりも至難のことで、そういう生徒はいなかった。

後藤田は高校時代の成績について尋ねられると、決まって、「水戸での三年間は勉強しないでスポーツばかりに熱中していた」と言い、「成績が発表になる日には、寮にいる者が相談して代表を決め、貼り出された成績表を見に行ってもらう。私は、その代表にまちがっても上位の方からみないでくれよ。下からみろよといつも言ったものだ」と述懐する。だがこれは後藤田一流の照れ隠しというものだ。後藤田はトップグループではなかったにしても、それに次ぐ成績だったと同級生たちは証言している。

文乙はドイツ語が専攻だから、一週に十二時間はドイツ語の授業がある。熱心に予習をしないとついていけない。後藤田は予習は欠かさなかったと同級生は言うし、あの独得の大声でしばしば教授にむかって質問をしていた。「ああまた後藤田が質問しているな。奴は予習をちゃんとやっているんだな」と誰もが思ったという。

三年生の下宿時代、後藤田は密かに猛勉強をした節がある。当時、旧制高校生は学部さえ選ばなければ、どこかの帝国大学の学部に入学することができた。学部学科によっては無試験のところもあった。だが東京帝大の法学部など一部の帝国大学の学科は別だった。志願者が殺到するのである。東京帝大法学部に入学するのは容易なことではなく、とくに運動部に属していた者は一年の浪人を覚悟しなければならなかった。後藤田は下宿するや、陸上競技部の練習を控え目にして机にむかった。このとき寮で同室だった倉井がその下宿を訪ねたことがある。

後藤田は机にむかっていた。しかし倉井の印象に残ったのは、その座布団であった。それは禅僧が使うような大きな座布団で、しかも後ろの部分が厚く、前になるほど極端に薄くなっている変わった形をしていた。「風変わりな座布団ですね」と言うと、後藤田は表情を崩して答えた。

「うん、この座布団は長時間座っていても疲れない。そういう工夫をしてあるんだ。姉に頼んでとくべつにつくってもらったんだ」

後藤田は自分の生活のなかで、そのような合理的な工夫を至るところで試みていた。他人にはそう簡単には気づかせなかったが、自らの能力や能率を高めるためにはどういうことが役だつのか、という点では誰よりも貪欲であった。先に紹介した後藤田流の読書方法などもそうであった。そういうプラグマティックな生活信条は、後藤田が不合理なもの、納得しがたいもの、とは一線を劃し、むしろそのような曖昧さとはなじまない体質を身につけていることを物語っていた。

昭和十年四月、後藤田は東京帝大法学部法律学科に入学した。水戸高校の文乙の受験生のうち法学部の合格者は後藤田の成績のところで止まった。後藤田に言わせれば合格すれすれだったということになるが、正確にはわからない。本人の言とは別に、上位であったと思われるが、いまとなっては確かめようがない。水戸高校の同級生や陸上部員は、後藤田が浪人もせずに合格したのは三年生の折りに相当に勉強をしたからだと噂した。

東京帝大法学部は、旧制高校の秀才やそれに近い学生が集まってくる。彼らは大半が高等文官試験（高文）を受験し、ゆくゆくはエリート官僚の道をめざす。つまり日々勉強ばかりしている。それを苦痛と思わない学生ばかりの集団であった。東京帝大法学部の三年間は、教室、図書館、それに下宿を三角形に往復するのが彼らの生活パターンであった。

今回、私は後藤田と同じ期（昭和十三年十月合格、十四年入省組）に内務省に入省した元官僚を取材していて、彼らから東大時代にはただのひとりも友人をつくっていないと聞かされて驚いた。彼らのいう友人とは、すべて旧制高校時代の友人をさしていた。たとえば、同期入省の海原治（軍事評論家）は、「私は一高から東大法学部に進んだが、一高の友人の下宿で三高出身の友達を紹介された。彼だけが大学時代に新たにできた唯一の友人だった」と語っている。

厚生事務次官を務めた牛丸義留（社会福祉法人恩賜財団済生会理事長）は、東大法学部で後藤田と同期になるが、高文合格のためにすべてを犠牲にすれば、友人などつくる暇はなかったというのだ。

「大体、大学での友人関係は、旧制高校からのつきあいのある者ばかりでした。誰もがそうです。内務省にはいりたいための受験勉強ばかりです。図書館がよいにしても、いかに勉強のしやすい席を確保するかに苦労していて、図書館で席の近い者と顔見知りになり、それで挨拶するだけの友人になるというわけです」

高文に合格した者は、東大時代は灰色だった、のである。これほど味気ない生活もないのだが、それは内務省に入省し、官僚として栄達の道を歩むという自らの将来とのバーターでもあった。後藤田にしても、東大というのは「官庁のようなもの」と言い、高文の予備校という意味しかないという言い方をするのであった。

後藤田は高文受験を考えてはいたが、しかしそのためにどの課目を選択すれば有利かとか、この課目は不利だといった考えはなかった。入学したのは法律学科の独法であった。だが、授業に出てすぐに教授たちの要求の過酷なのに驚いた。三瀦《みずま》信三教授は「答案はつねにドイツ語で書いてもらう」と言った。ローマ法の原田慶吉助教授は、授業の最初の二、三回でラテン語の基礎を教え、そのあとはラテン語で授業を進めた。大半の学生は理解も困難だ。行政法、刑事訴訟法、と次々に新しい課目が始まるが、それはいずれも条文解釈が中心であった。なんだ、こんな学問は自分には向いていない、もっと法律の背景にあることを知りたいんだ、と後藤田は不満を持った。

そこで、一学期で政治学科に転科することにした。

法律学科から政治学科に転科する者は意外に多かった。もともと法律学科を卒業すれば、どのような分野にも役だつという実利的な面もあって、法律学科の志望者は多かったのだ。だが高文を受けて、政治や行政に進もうとする者は、法手続きのような単位をいくら取得してもとくべつに役だつわけではない。一学期が終わってそれがわかると、政治学科に転科してしまうのである。

先の牛丸にしても、同じだった。牛丸は、「実際に政治学科に移ってみると、面白い授業が多かった。とくに岡義武先生の『ヨーロッパ政治史』とかね、この教科書は、いまも持っています。ほかに大内兵衛先生などもいた。ちょうど人民戦線派が追放されていくときですが、政策論が面白かったように記憶しています」と回想するが、この意見は図らずも後藤田と同意見であった。

政治学科の授業で、印象に残っているのは何か――という私の問いに、後藤田はすかさず岡義武の名をあげた。岡は当時三十を超えたばかりの少壮気鋭の学者で、二年間のイギリス留学から戻ったばかりであった。岡は、第一次世界大戦に敗れたワイマール共和国に対する戦勝国側の過酷な賠償請求で国民が辛酸をなめている例をひき、その不満を背景にナチスが台頭してきた経緯を語った。ナチスがどのような方法で勢力を拡大していったか、岡はそれをイギリス側から見ての批判的な目で語っていた。

昭和十三、十四年といえば、ナチスが権力の中枢に座り、日本もまた日独防共協定にもとづき、ドイツとの枢軸体制を強めていた頃である。やがて昭和十五年九月には、イタリアを含めての三国同盟へと発展していく。岡の授業はその時代のまっただなかで行なわれたのだ。ナチス・ドイツの拡張主義に対する懸念、ナチスがやがて危険な政策を選択していくことに、岡は警鐘を鳴らす意味をもってこの授業をつづけたようであった。

「岡先生の授業は、私には大変興味深かった。現実が語られていたからだ。……実は、僕はいまでも岡先生の教科書の何頁にどのようなことが書いてあるか、詳しく覚えている。それほど熱中して授業を聞いた」

と、後藤田は私の取材でも語った。どの頁にどのようなことが書いてあったかを覚えているという言い方に、後藤田に与えた影響の大きさが窺える。このことはとりも直さず、後藤田が遠回しに昭和十年から昭和十四年三月までの大学在学中の時代背景に納得していなかったことを意味しているように思えた。直接話法で語るのではなく、間接話法で語ることに慣れている官僚の言い方ではないかと、私は推測した。

岡の講義と同様に印象に残った講義は、南原繁教授の政治学史だったという。

「正課の憲法は宮沢俊義さんでね、宮沢さんの憲法学説は美濃部達吉さんの流れを汲んでいたし、自由主義的傾向があった人です。でも、例の美濃部さんの天皇機関説排撃があったためか、問題になりそうなところは避けておられるようで、講義は遠慮気味であまり印象に残らなかった。憲法でいえばもうひとつ、正課ではなかったけれど筧克彦《かけい》さんの随神《かんながら》の憲法の講義があった。もともとは西洋哲学に造詣《ぞうけい》の深い先生が、帝国憲法を独得な随神の道で説いたものだが、僕はね、これをなんべん聞いても理解できなかったな」

大日本帝国憲法をふたつの側面からみつめたわけだ。ひとつは天皇機関説に与《くみ》する講義、もうひとつは神国日本の規範としての憲法といった見方、後者は言うまでもなく昭和八、九年の天皇機関説排撃のあとに学問の世界にも進出してきた神がかりの権威論議で、大学の中にも軍国主義追随の風潮が浸透しつつあった。

政治学科の興味のある授業以外、後藤田は図書館か下宿、それと仲間のたまり場にいた。仲間のたまり場というのは、本郷の一角にある「きよし」という食堂であった。そこに朝からたむろし、仲間と駄弁《だべ》っていて、興味のある授業には、そこから出かけていき、授業が終わるとまた戻ってくるのである。その仲間とは、東大法学部政治学科の友人ではない。すべてが水戸高校から東大に進んできた上級生、同級生、そして下級生ばかりであった。バスケット部や陸上競技部の仲間たちが多かった。


後藤田が大学一年の終わりに、二・二六事件が起こった。

昭和十一年二月二十六日。この日、後藤田は図書館にこもって教科書を開いていた。午前中のことで、正確な時間は忘れてしまったが、図書館長で英米法教授の高柳賢三が図書館のなかで机にむかっている学生たちに、

「君たち、今日は大きな事件が起こった。危険だから図書館は閉鎖する。すぐに家に帰りなさい」

と長靴姿で告げて歩いた。後藤田はそのときの高柳の緊張しきった様子をいまも記憶している。

後藤田は図書館を出ると、「きよし」に行ってみた。仲間も集まってきた。「大きな事件というのは何だい」「何だろう」と噂するだけだった。そこに、「陸軍が反乱を起こしているらしい。何人かの要人が殺されたそうだ」という情報を持ってくる者がいた。

「朝日新聞も襲撃されたそうだ。反権力ということでは、東大も同じだといって襲撃し

てくるという噂もある」と言う者もいた。

二・二六事件は、翌日には事件の概要が報じられたが、それも陸軍によってすぐに報道禁止になった。二月二十六日から二十九日までの四日間、国民はその真相を知ることがなかった。それでも青年将校たちが、千数百人の兵士を率いて永田町や三宅坂周辺を制圧し、首相や蔵相、陸軍の教育総監などを襲撃して、何人かを殺害したという噂は東大の学生の間にも流れてきた。

後藤田は当時二十一歳だったが、その年齢でこの事件についてどういう考えを持ったかを語ったことはない。五・一五事件のときに「公然と首相を殺害するということは許されない。動機はどうあれ法律を破るのはよくない」と考えたが、この事件についてもそれと同じような判断をしたのではないかと思う。

私の取材（平成四年七月）でも、後藤田は「二・二六事件はその後になって思えば、昭和最大の問題であり、あのときがターニング・ポイントになった」と語った。そして、「この事件でもっとも悪かったのは、事件の処理の仕方にあった。これは陸軍の横暴さをよく示した処理である。ああいう事件の処理というのは、よほど気をつけなければならないのに、そのときはそれで済んでも、後になってみると大きな過ちを犯していたことになった」と語気を強めて言った。

この事件の処理にあたって、陸軍上層部は巧妙な手法を用いた。それは一言でいえば、青年将校の情熱と不満（そのふたつとも偏頗《へんぱ》な側面を持っているのだが）を徹底して利用するという方法だった。軍内にあっては、青年将校に同情を寄せたり、その動きに好感を持っていた将校はすべて要職から追い払った。これはこれで筋がとおっていた。だが、軍外に対してはこのような不祥事が起こったことの責任をとるのとは反対に、この事件を利用して内閣の命運を握る手段をゴリ押ししたのである。その典型的な例が軍部大臣現役武官制であった。大正時代の政党政治のもとでこの制度は取り払われ、予備役軍人でも軍部大臣になれるとの内規に変わった。もっともそういう例が実際に行なわれたわけではなかったが、陸軍としては、この制度が政党側に利用されることを恐れた。そこで二・二六事件後に陸相になった寺内寿一と陸軍次官の梅津美治郎《よしじろう》は軍部大臣は現役武官でなければならないという制度に戻すように画策し、それを広田弘毅首相に認めさせた。表向きの理由は、現役の将官でなければ陸軍内部の事情がわからない、予備役の軍人が陸相になることによって、再び陸軍内部に摩擦が起きるのを防ぎたいというものであった。

この軍部大臣現役武官制によって、やがて陸軍指導部が陸相を推薦しなければ、その内閣は自動的につぶれてしまうという結果をもたらすことになった。後藤田の言う「事件の処理が悪かった」とは、この点を指すのであろう。

昭和十三年三月の卒業前に、後藤田は自分の将来にふたつの道を模索していた。友人たちから、

「お前、高文だけを狙うのか」

と問われるたびに、後藤田はうなずきながら、しかし内心ではどの道を選ぶべきかと迷っていた。後藤田自身の口を借りれば、そのふたつとは、「僕は内地よりも外地で働きたいという希望を持っていた。満州鉄道にはいって中国大陸に渡ること。もうひとつは官僚になることだった」と言う。本来、このふたつは並列できるものではない。どちらにするかという迷いは、卒業が近くなってもつづいた。

「高校では勉強しなかったが、大学時代は自分でも自信を持っていえるほど勉強に打ちこんだ」

と後藤田は述懐するが、それは高文合格をめざしてのことにしても、官僚になることだけが自らの人生にふさわしいのか、といった悩みを伴っていたのだ。外地で働きたいという気持には、新天地で新しい人生を切り拓《ひら》いてみたいとの思いが反映していた。

昭和十二年秋に高文試験の結果が発表になった。後藤田は不合格であった。一回目の不合格については、後藤田自身、あまり語っていない。推測するに相当の衝撃を受けたはずであった。

さらにこのときに、後藤田は満鉄の入社試験も受けた。東京帝大法学部学生は別格扱

いで面接を受けるのであったが、試験日をまちがえて満鉄東京支社を訪ね、失敗している。

後藤田は高文失敗、満鉄受験の失態をとおして、自らの進路については曖昧な気持でいてはだめだ、目標をしぼってすべてを犠牲にして全力を尽くさなければならない、と覚悟を決めた。昭和十二年から十三年にかけての一年間、後藤田の同級生や後輩も後藤田と接したという記憶はない、と語っている。この間、誰とも交流せずに、後藤田は高文合格をめざして、図書館にこもりっきりになったのだ。

姉の好子によれば、後藤田は東大時代に身体を悪くするのではないかと心配するほど勉強に明け暮れた時期があった、と言っていたが、それはこの期間をさしていた。

昭和十三年十月一日、翌年に採用される高文行政科試験の結果が発表になった。後藤田の名も合格者名簿にのっていた。法制局に合格証をもらいに行った。合格証は成績順に手渡されることになっていた。上位であればあるほど、栄達の道を保証されていることになるのが、日本における官僚社会である。後藤田は八番目に合格証を手渡された。

こうして後藤田は日本を動かす官僚への切符を手にした。このとき二十四歳であった。後藤田自身の軌跡のひとつの節目が終わったのである。

第二章　国家への素朴な問い

内務省は大日本帝国の内政の中枢的地位を占める官庁であった。それゆえ内務官僚は「官僚の中の官僚」と自他ともに認めていた。内務省出身者で組織する大霞会編の『内務省史』によると、その誇りを強く持つとともに「牧民官」として清廉と公平を求められていたという。

明治六年に大久保利通によって創設された内務省は、大蔵省、司法省、文部省などの職掌を除くすべての民政全体を掌握する官庁であった。その後、農商務省、逓信省、鉄道省、そして厚生省などが分離独立したが、国政全体を統轄する役割は変わらなかった。内務官僚が大蔵官僚を称して「金勘定屋」と言い、外務官僚を「高等通訳」と揶揄《やゆ》したのも、国政全体に携わる誇りからと言ってもよかった。なにしろ全国府県の知事を始め府県庁の幹部、警察幹部などはすべて内務省の官僚が占めていた。彼らの任免や政策遂行の指示は本省からの電話一本で行なわれたが、それは中央集権国家の態様を見事なまで示したものであった。

後藤田は高文試験に合格したあと、内務省と農林省に願書を出した。高文合格者で内務省への入省を希望しない者はいなかった。たとえどれほど栄達が遅れる者でも府県の知事になることが可能な内務官僚は、ほかの省庁よりもはるかに魅力的だったのだ。後藤田自身の証言では、内務省に魅力を感じたのは第一線の職場、つまり直接に国民と接する仕事をしたい、との希望があったからという。農林省は、自らの育った環境が農村だったために、農政に関心があったからだというのであった。

内務省の面接で、人事課長の新居善太郎から「君はなぜ内務省を受けたのか」と尋ねられたときに、

「内務省は全国の府県に知事を置いていますし、行政全般を遂行するうえで、県民と直接に接しています。私はそのような仕事をしたいと思っています」

と答えた。新居はそれにうなずき、ほかの役所を受けているのか、と尋ねた。高文合格者の中の成績上位の人材を早めにおさえておこうとの意図があったのだろう。後藤田が農林省を受けていると答えると、試験官のひとりがすかさず、

「君は農林行政というものを農林省が行なっていると思うのか」

と尋ねた。

「その名のとおり、農林行政を行なっていると思いますが……」

「それは違う。知事が第一線に立って、それに従ってそれぞれの県が行なっている。君は農家の出と言ったが、農民は農業についての問題をどこに持ち込んでいるか、それは県庁に話しているのではないか」

なるほど、そういえばそうだ、と後藤田は改めて内務省という官庁の権力の大きさに驚いた。人事課から、入省誓約書に署名を求められ、後藤田は農林省の受験には出かけないことにした。意外にすんなりとおったことに、後藤田自身が驚いた。そのときの採点官グループにいた町村金五（元参議院議員）は、「後藤田君の鼻っ柱の強い点が印象に残った」と述懐している。

昭和十四年四月、後藤田とともに内務省に入省した者は四十二人であった。彼らはまずそれぞれの部署に配属された。後藤田は俗にいう「本省見習い」といった枠にいれられた。本省見習いというのは、同期入省組の中の上位の者で、地方に出さず、本省に置いて鍛えるとの意味があった。内務省内部では、本省見習いグループにはいると、栄達が早いと噂されていたのである。後藤田の同期では七人が本省に残ることになった。

後藤田は土木局道路課兼港湾課見習いという立場だった。

当時の内務省本省には、大臣官房、計画局、地方局、警保局、それに土木局があった。もっとも優秀な者（高文合格者のトップクラスという意味）は、まず地方局に、次いで土木局、警保局、そして大臣官房の文書課に配属されると言われていた。この期では、平井学（のち建設省官房長）が地方局地方課に配属となった。

実際に配属される前に二週間ほど、四十二人は有栖川《ありすがわ》公園脇にある内務省の研修所でたっぷりと鍛えられた。この研修所にかんづめ状態になり、朝は太鼓の音で起こされ、廊下の雑巾《ぞうきん》がけをさせられる。内務省の幹部が次々に訪れては、「国家を動かす官僚の判任官」としての心がまえを説いた。「君らは畏《おそ》れ多くも天皇陛下から直々に任命された臣民の代表である。国家の将来に目をむけながら執務に励んでほしい。国民の側に立って中立公平な立場を貫いてほしい」という内容であった。

「内務官僚に大切なのは、先憂後楽ということです。国民は先楽後憂でもいいが、われわれにはそれは許されない。国民より先に憂え自らの楽しみは国民のあとに……ということを忘れてはならない」

後藤田の同期入省の海原治は、この言葉がもっとも印象に残っているという。公式の講義などではあからさまに言われないが、服装や言動、それにエチケットなどについてもその身分にふさわしくわきまえるようにと注意も受けた。二十代後半で府県庁に出れば課長職、部長職に就く。部下はすべて年長者である。そこで子供っぽい態度をとってはならないというのであった。すでに内務省で五年、十年と執務をとっている先輩のなかには「君らは人と接するのが仕事である。話すときは必ず相手の目をみて話すように」と言ったり、「会議に出る機会も多いだろうが、そのときも最初に発言して自分の考えをすぐに明かしたりしないように……」といった実際的な助言を授ける者もいた。

東京・永田町にある内務省庁舎に見習いとしてかよい始めて、後藤田がもっとも驚いたのは、省内の身分格差があまりにも大きいことだった。だが高文をとおった身では、その身分制の違いが日常の中に露骨にあらわれることに別に違和感は持たなかった。そうした格差が責任の重さに比例している、とさえ思えた。

「残念ながら当時は、正直に言ってこれはおかしいではないか、という反省はなかったな。いまにして思うと良くないことだといえるが……」

と後藤田は述懐する。

四十二人の同期入省組は、現在、「内務省昭和十四年会」という会合をもっている。その名簿をみると二十人が名を列《つら》ねている。戦死した者が七人いるし、連絡のとれない者もいる。この二十人は年に一、二回集まりを持つのだが、幹事の松本良祐（平成五年、日本クロス・エロン社長）に言わせると、まず初めに海原の時間の都合を確かめる。新聞、テレビ、雑誌などで活躍している海原の話がもっとも面白く、それに後藤田が加わると座は一気に盛りあがるのだという。この同期生会でも、身分制について、「戦後の社会ではとても考えられないほど徹底していたなあ」という思い出ばなしがしばしば出るという。

内務省内の食堂は高等官用と判任官用に分かれていた。その判任官用食堂の中も衝立《ついたて》てで仕切られていて、片側は高文試験の合格者用、もう片側は叩きあげ組の判任官用となっていた。便所さえもそれぞれ異なっていた。

当時は、判任官に使われる側の職員も、そういう身分差別を当然のこととしていた。本省見習いのあと後藤田は、昭和十五年一月から三月まで富山県の警察部労政課長に赴任を命じられたが、そのために富山県庁から職員がわざわざ東京まで迎えにきた。その職員は後藤田よりむろん年長であった。汽車が富山県内にはいると、各駅で停車したが、駅のプラットホームには沿線の警察署長が並んで敬礼をした。まだ二十代の青年にこういう扱いをするのだから、当人たちも、挨拶をする側の胸中はわからないにしても、自分は偉いんだなあ、と思ってしまうのも無理はなかった。

昭和十四年入省組は、翌年から兵役の義務を負っている。徴兵検査ではすでに甲種合格になっている者ばかりだから、二年間は入営していなければならない。結果的に彼らは、昭和十六年十二月八日に太平洋戦争が始まり戦場生活を経験することになるが、この段階ではまだその予兆はなかった。

「召集されて支那事変の戦場や満州に送られたら命はないかもしれない。おれたちの親はせっかく高文をとおって判任官になったのだから喜んでくれるだろうが、さらに欲をいえば高等官になってほしいと思っているはずだぞ」

「そうだな。どうせ戦死するなら、せめて高等官で死にたいもんだ」

本省に残っている七人は、しばしばそんな会話を交わした。残りの三十五人もそれぞれの見習い先でそう思っているに違いなかった。

高文をとおった官僚は、まず判任官に任命される。この判任官を一定期間経験してから、高等官に任命されるが、高等官はさらに細分化されていて、勅任官と奏任官に分かれる。高等官の一等、二等を勅任官と言い、三等から九等までを奏任官と言う。そのほか、内閣総理大臣、国務大臣、枢密院議長など二十五のポストは親任官と言い、親任式で天皇から直々に任命される。

勅任官は勅命により任命されるし、奏任官は内閣総理大臣が天皇に上奏し勅裁を得て任命される。

判任官は一等から四等に分かれていたが、いずれも天皇の大権を委任されている行政官庁が任ずるシステムになっていた。

昭和十四年入省組が、判任官から高等官へ格上げしてほしいというのは、四等から一気に一等になり、そして高等官九等に進みたいということである。確かに慣例を無視する無謀な願いであった。

しかし、無謀を承知で、海原が人事課の首席理事官にかけあった。首席理事官は、海原の言によれば、断固とした口調ではねつけた。

「あなたたちは高等官になることをそんなに簡単に考えてはいけません。それは任官権の干犯にあたります」

海原ももっともだと思った。内務省内部に精通してみれば、自分たちの要求はあまりにも無茶だった。昭和五年前後の入省組で五年ほどの見習い期間を勤めて初めて高等官に任じられると言われていた。日中戦争後の非常時体制だといっても、最低三年の見習い期間は必要と言われていたのだ。

判任官として見習いで地方に出されているとき、本省の人事課長から「○○は健在なりや」という電報がくる。それが判任官から高等官になって東京に戻れるサインであった。そのために高等官になれる時期が近づくと、地方の見習いのなかには不安感もあって、「○○は健在なり」と電報を打ちつづけたというエピソードまで語られているほどだった。

海原の報告を聞いても、六人はあきらめなかった。海原が、「だめだと言われて引きさがるわれわれではない。下から押し上げていってもだめなら、直接上にあたろうではないか」と提案し、その折衝役を後藤田が引き受けることになった。後藤田は弁も立つから、適役ではないかと、皆がおだてあげたという。

そこで後藤田が人事課長の町村金五のもとに進み出た。人事課長の前に任官まもない者が出ていくなどというのは内務省では例のないことだった。

「人事課長。内務省はわれわれを判任官で殺すんですか、それとも高等官で殺すんですか」

後藤田は仲間うちで話すような気軽な調子で話しかけた。町村は一瞬不快な表情になった。こいつ、とんでもないことを言いやがる、と思ったに違いなかった。だが町村は、「わかった」と答えた。このとき後藤田は、自分の口のきき方がいかに乱暴であり、むこうみずであったかを知った。町村はそれを注意せずに、「わかった」と一言で答えたことに、後藤田は重要なことを教えられた気になった。

この陳情が功を奏したのだろう、十四年入省組からは、入営するときに全員を高等官に任じて送り出すことになった。むしろ不運だったのは十三年組であった。彼らは判任官のまま入営していたので、陸軍内部ではその扱いが歴然と異なってしまった。

さらに後日談がある。

判任官の休職期間は一年間、高等官になると二年間である。その期間をすぎると退職扱いになる。陸軍もそう簡単には人材を手ばなさない。満期になると、すぐに予備役にし、そのうえで召集をかける。だから二年で帰してはくれなかった。しかも後藤田の入営は太平洋戦争が始まる直前だからなおさらのことだ。昭和十七年一月に満州の部隊に入隊していた海原が、たまたま出張で東京にやってきて、内務省に挨拶に行った。ところがその折りに、同期入省組の休職期限が切れ退職になるという書類が人事課に置かれ

ているのに気づいた。海原はその書類を指して、

「この制度はおかしいではないですか」

と人事課長にくいついた。退職にするのはひどいというのであった。この期までは入営してもほとんど一年以内に戻っていたから問題はなかったが、十四年入省組はこの規定にあてはまる第一号ともいえた。

海原は、二年が経過したら、また二年間自動的に延長するシステムにしてほしいと強硬に訴えた。

この申し出も結局受けいれられた。二年間で退職、そしてすぐに復職、そのまま二年間内務省に籍があるという内規にかわった。海原はさらに、内務省の判任官や高等官が送られている師団や連隊に、内務省幹部が一筆書いて送るように提言している。わが省のこういう者が貴師団、貴連隊に応召しているので、各方面にわたって御指導いただきたい、という内容である。この提言もさっそくとりいれられて、内務省の名で一斉に書簡が送られた。

そのために、海原は「軍隊内でも恩恵があったのは事実だった。私自身、初年兵といっても高等官だから身分のうえでは中隊長よりランクが上になる。ほかの兵隊より殴られる回数は少なかったように思う」と回顧している。陸軍の将校にとっても、内務省の高等官といえば、それほどムゲには扱えなかったのだ。

内務省内部では――これは戦後になって内務省が解体したあともそうなのだが――、十四年入省組の後藤田とか海原というのはすごい奴だ、あの町村さんを脅迫して高等官になったり、内規を改めさせた、という噂になって広がった。もっともこの噂は、決して不利ではなかった。町村は、後藤田や海原はできる連中だ、彼らは必ず立派な仕事をするはずだ、と激賞していた。

　昭和十四年入省組は、この年の十二月には一律に高等官に任官した。そのあと、すぐに召集される者もいた。

　後藤田は先に紹介したように、昭和十五年一月に富山県に赴任した。警察部労政課というのは、労働災害の認定や労務補償の査定などを行なう部門である。後藤田は課長といってもその業務内容を知っているわけではないし、どうせたいした仕事ではないのだろうから、下からあがってくる書類にはすべて印を捺《お》そうと考えていた。ところが、この地方は電源開発に携わる労働者が多く、労働災害も他県にくらべて多かった。書類が次々にまわってくる。次席のみた書類だからまちがいはないだろうと、後藤田は来る日も来る日も印を捺しつづけた。

　ところがそれが目にあまったのか、部長の細田徳寿に注意されてしまった。

「君、書類はきちんとみているかね」

「はあ、一応はみていますが……」

「なかにはこれはと疑問を感じる書類もあるよ。警察内部では昇任試験があるけれど、その試験官になるのは課長職だからね……。ふだんから書類をよくみておいて公正な試験ができるような心がまえをつくっておかなければいけないよ」

口頭試問のときの心がまえをかためておくように、と言うのであった。

この富山時代に、後藤田は労務報国会という組織を設立した。昭和十五年三月といえば、日中戦争が三年目をむかえて長期化し、加えて日本はドイツと手を結び、アメリカやイギリスとの対立を深めているときだった。前年の九月にドイツ軍がポーランドに進駐し、さらにフランス、オランダなどを制圧していた。そのドイツとの提携で、日本も戦時体制色が濃くなってきた。

昭和十三年二月、第七十三帝国議会に国家総動員法が提出され、四月に公布された。内務省はこの法律にもとづいて、内政を順次戦時体制に変えるという役割を課せられることになった。昭和十四年にはそれが一段と進み、米穀配給統制法、軍用資源秘密保護法などが成立し、幾つかの法律にもとづいて警防団令、国民徴用令などが施行された。内務官僚は、それまでの自由主義経済にかわって統制経済、平時から戦時への舵取りに手を染めていかなければならなかった。

労務報国会というのは、既存の労働組合を解消し、経営者と労働者が「報国」を合言葉に一体となって戦時に備えるための組織であった。

後藤田は県内の経営者団体や労働組合の代表などと会って、説得をつづけ、この組織をつくりあげた。

後藤田は人なつこい弁舌で、「まあ一緒にやっていきましょうや」という調子でまとめあげた。他人に対して物怖じしない、あるいはさまざまな例を引いて説得に努めたが、そうした駆け引きには、故郷での山林にはいって材木業者と交渉をつづけたときの体験が役に立ったであろう。

後藤田はわずか二カ月の間に部下の職員たちの暮しぶりも知った。

後藤田にスキーを教えてくれた直属の部下に、後藤田は月給の額を尋ねたことがある。後藤田より三歳年上であった。彼の答えは、「二十八円」というのであった。たぶん旧制中学を卒業して県警本部にはいったのであろうが、それにしても十年はその職についているはずである。彼らの給料はあまりにも安かった。五十歳を超えた職員が六十円ていどであることもわかった。

高文合格者は、判任官の間は月給制だが、高等官になると年俸制になる。後藤田は高等官になって年俸が千三百円であった。月給になおすと百十円近くになる。極端な格差に後藤田は愕然《がくぜん》とした。戦前のエリート官僚と一般職員は身分格差と経済格差があまりにも激しかったのである。後藤田はそのことを身を以て知った。わずか三カ月足らずの官僚としての第一線生活、それは後藤田に現実社会のヒエラルヒーを教えこんだ。

だが、エリート官僚たちはそのヒエラルヒーも、高文をとおるために払った自らの努力や苦労を考えれば当然かもしれないと考えた。彼らは、天皇から任命されて国家に奉仕をするのであり、そのような立場の者は国家に対して相応の責任を負っているのだからという自負のほうが強かったのである。

後藤田が富山を去ったのは、昭和十五年三月の雪の降る日であった。駅には二十五歳の青年官僚が去るにはあまりにも仰々しい見送りの人がいた。市内の警察署長がすべてホームに並んだのである。後藤田のわずか一年の内務官僚としての生活はこうして終わった。

後藤田や海原、それに後藤田らの二期下の中曾根康弘も含めて、内務官僚という言い方がされる。後藤田はこの言葉に猛然と反撥をする。「われわれはわずか一年いただけで、あとは徴用されて陸軍にいたんだ。内務官僚の何たるかまで吸収できたわけではなかった」と言うのであった。

この述懐は後藤田の同期生の多くに共通していた。海原に至っては、「十四年入省組以後を内務官僚というのは、ちょっと待ってくれと言いたい」とさえ反撥するのである。内務官僚という語がふさわしいのは、昭和十年入省組ぐらいまでというのが彼らの言い分だった。甘くみつもっても昭和十三年入省組までであるという。昭和十四年入省組からは陸海軍に徴用されることになったからで、十四年入省組のなかには海軍の短期現役士官（短現）の試験に合格してわずか一カ月で海軍の主計将校に転じてしまった者もいるのだ。そうしたひとりである堀秀夫（平成五年現在・財団法人雇用振興協会会長）は、

「私は四月に入省して五月には海軍の短現に行ってしまった。そういう者が何人かいました。後藤田は陸軍に行ったわけでしょう。なぜ彼が陸軍に行ったのかはわからないが、要領のいい者は海軍に行ったんです。短現という制度では二年やれば予備役に戻し、従来の仕事に復帰できるシステムでした。その点、陸軍は二等兵からやらなければならなかったんですよ」

という。内務官僚の真髄を知るより、軍隊に徴用される期間をどう軽減させるかに頭を使ったわけである。その意味では陸軍に徴用された者のほうが、内務官僚としての奥儀に触れたいとの希望は強かったと言うべきかもしれない。

昭和十年入省組までは、軍に徴用されることはなかった。十一年、十二年、十三年入省組も二年か三年は内務省で実務を覚えてから徴用された。その間、見習いという判任官生活で内務省の先輩から指導も受けた。十三年入省組の奥野誠亮に言わせると、一年間大臣官房の文書課で見習いを体験させられたあと、ある県に人事課長として出て、陸海軍には徴用されなかったケースもある。その奥野に内務官僚とはどういう特徴をもつのかと質したときに、奥野は次のような話をした。

県の人事課長時代に、各府県の人事課長会議が招集された。そこで、本省の人事課長町村金五が実に簡単に、「内務官僚は、武士は食わねど高楊枝ということを忘れないように」と訓示した。金には恬淡《てんたん》たれ、平然たれ、汚れた人間になるな、ということであった。奥野はこの言葉を引いて、「武士という語を役人と置きかえればいいんです。それが内務省の伝統ということになります。われわれは牧民官ですから、人間的に汚れていたり、お金に汚かったら、国民はついてこないということです。国家、国民の範になるという意味なんです」と言う。

さまざまな特権を与えられ、若くして強大な権力をふるうことができる内務官僚の職務倫理がそれであった。

後藤田や海原などはわずか一年足らずであったが、奥野の言う、そういう空気に多少なりとも触れている。内務官僚は金銭に恬淡としてつねに先のことを考えて勉強せよ、将来についての主義主張や政策というものがそこから浮かんでくる。ただしそれを実行するのは政治家である、という教えが語り伝えられた。

内務官僚とは、国家存立の基本プランをたて、それを政治家が立法化し、その法律にもとづいて行政面で実行する役割を持っているというのが、彼らの諒解でもあった。国家はわれわれの手にある、という言い方もできた。その内務官僚の系譜にわれわれを擬してくれるのは恐縮である、というのが後藤田の世代の見解のように思えた。だから中曾根康弘たちの世代（昭和十六年入省以降）のように、入省するなりすぐに陸海軍に応召した者は、「とても内務官僚とは言えない。もしそう言うのであれば、それはおこがましすぎる」という言い方になる。

後藤田が入営したのは、台湾歩兵第二連隊であった。四国や九州の出身者は、普通は香川県の善通寺にある第十一師団に入営する。台湾歩兵第一連隊と第二連隊は台湾軍の隷下《れいか》にあった。第一連隊も第二連隊も明治四十年十一月に軍旗を拝受しているが、それは日清戦争で獲得した台湾を守備するために創設された連隊を意味していた。後藤田が入営したとき、このふたつの連隊は中国戦線での南寧作戦などに従軍していた。そのため正確には歩兵第二連隊の補充隊といわれ、本来の任務の台湾警備にあたることになっていた。

昭和十五年四月に台湾歩兵第二連隊補充隊は門司を出港し、台湾の台南にはいった。そしてこのときから昭和二十一年四月までの六年間、後藤田は台南、台北で軍務についた。この期間は後藤田にとっては、二十五歳から三十一歳にあたる。言ってみれば社会的実務をもっとも吸収できる時期であった。後藤田はこの軍務のなかでさまざまな局面を学ぶことになった。それが戦後の後藤田の生き方に影響を与えることになる。

後藤田は当初、台南に派遣された第二連隊の二等兵であった。陸軍の階級でいえば、いわば底辺からスタートすることになったのである。後藤田のような経歴で二等兵といえば、上等兵からは鉄拳制裁を受けることもある。だが後藤田にはそのような体験はなかったらしい。

昭和十六年の天長節（昭和天皇の誕生日）で、第二連隊の将兵は東京にむかい皇居遥拝を行なった。その前列に後藤田が並ぶよう、古参の下士官から命じられた。陸士出身の将校たちは怪訝《けげん》な表情を浮かべたが、古参の下士官は「この二等兵は高等官になる身であり、そのときは従七位です」と言った。陸士出の、たとえば大尉クラスでもまだ高等官ではない。後藤田に対する処遇を不快に思っても何も言えなかった。古参の下士官は、日ごろから陸士や陸大出身の将校が権威をかさに着て、なにかと強圧的な態度をとることに苛立《いらだ》っていた。その仕返しを、後藤田を利用して行なったのである（このエピソードは、坂東弘平著『後藤田正晴・全人像』から引用）。

後藤田は第二連隊から選抜されて、幹部候補生の試験を受けた。筆記試験と実技に分かれていたが、実技試験のときには、たまたまチフスにかかって入院していたので免除となり、筆記試験だけで合格することができた。そのあと台北に司令部を置く台湾第一歩兵連隊に移った。昭和十六年五月のことである。この幹部候補生は甲種と乙種にわけられていて、後藤田は甲種となり、東京の陸軍経理学校に出むいて教育を受けることになった。

甲種になったときに、二等兵から軍曹に昇進した。

東京での教育は五月から九月の五カ月間つづいた。陸軍の経理とは、つまり戦争の原価計算を行なうことである。戦闘になればどれだけの弾薬が使われるか、兵士の戦時手当はいくらになるか、兵站《へいたん》の補給にどのていどの予算が必要か、さらに食糧はどのような価格で購入するかなど、軍隊の経済部門を扱う仕事であった。経理将校は司令部にあって、つねに連隊の金銭面をみていなければならない。台所からその家の経済状態や暮しむきがわかるように、経理将校の目からは軍隊の実態や戦争の行く末も窺い知ることができた。そして経理には多くの情報も集まってくる。

五カ月間、後藤田は戦争の経済学に関心を持って、経理学校で学んだ。後藤田が富山県に赴任中の知事であった矢野兼三は、この経理学校をわざわざ訪ねてきて、うちにいた後藤田という内務官僚がこちらで学んでいるのでよろしく、と経理学校長に挨拶していった。そのときに後藤田の成績がトップクラスにあると校長から告げられ、矢野はそのことを後藤田に伝えていった。この事実は、後藤田が与えられた場では懸命に努力を重ねるタイプであることを物語っている。内務官僚のまま召集され、甲種の幹部候補生になっても、陸軍の経理や軍務にはまったく興味を示さずにいる者も多かったのである。

十月、陸軍経理学校での教育を修了した後藤田は、台北の台湾軍司令部に戻った。そして司令部付の主計少尉に任官した。司令部に詰めるというのは、台湾軍司令部を動かしている参謀長や高級参謀、それに軍司令官などを身近でみつめることだった。

すでにこの期には日米の軍事衝突が予想される時期であった。台湾軍司令官は本間雅晴で、参謀長は和知《わち》鷹二である。本間は陸軍内にあっては英米通といわれ、どちらかといえば当時の陸軍を牛耳っていた首相兼陸相の東條英機、参謀総長の杉山元《はじめ》などとは肌合いを異にした。昭和五年六月から二年間イギリス駐在武官を体験していただけに、日本の国力を超える軍事の膨張には露骨に不満をあらわしていた。

台湾軍司令部は台北市の児玉町という市内の要所にあり、台湾全体をにらんでいる形になっていた。後藤田は主計少尉であったから、児玉町の司令部内で机にむかって数字をみつめるのが赴任してまもなくの軍務となった。

昭和十六年十一月の半ば、参謀本部は台湾軍司令官に密《ひそ》かに日米開戦後に比島作戦を進めマニラを占領し、フィリピンからアメリカ軍を追い出すよう命じた。そのために編成されたのが、南方軍の隷下にはいる第十四軍であった。台湾軍司令部の軍司令官、参謀長、参謀の幾人かは、第十四軍を指揮することになり、サイゴンに移ることになった。すでに日米交渉は暗礁にのりあげていたし、日本政府は、事態の打開のために外交をとるか軍事をとるかの選択では、軍事に比重をかける状態にあったが、こうした日本政府の内幕は、台湾軍司令部にも——たとえ司令官の本間であっても——詳細には知らされていなかった。

本間は台北を去る日、将校集会所に司令部や連隊本部の将校を集めて、離任の挨拶を行なった。本間らしい繊細な言い回しで、それとなくこの時代がどういう時代であるかを将校たちに教えたのである。

「わが国はもっか英米との一戦を覚悟しなければならない段階にある。現在、わが国は米国と最後の交渉をつづけているが、不運にも米国がわが国の要求を受け入れない場合は戦《いくさ》ということになるだろう。もしそのような戦いにはいったなら、わが国は国力の総《すべ》てをかけて戦わなければならない。この戦いはわが国にとって、虎穴に入らずんば虎児を得ず、国家の存亡を賭けた戦いになるであろう。虎穴に入らずんば虎児を得ずの大変な戦いであることを肝に銘じて、諸君等《ぶ》の奮闘を期待する」

本間は、この戦いは日本にとって分がない、ということを知っていた。虎穴に入らずんば虎児を得ず、というのは、そのことを遠回しに語ったものだった。

後藤田はまだ将校になったばかりであったが、本間のこの言に感動を覚えた。陸軍の指揮官にも、こういうタイプの人物がいるのだと思った。

日本とアメリカの戦力を比較すると、いささかの知識を持っていれば、戦争そのものが無理であるとわかる。後藤田は内務官僚としての短い期間でも、日本の国力が欧米に比するほどの力を持っていないことがわかった。ましてや本間のような立場なら、そのことはよく理解していたに違いない。だが戦力比が劣っていても、事ここにいたれば戦争突入もやむを得ない、と本間は結論づけたのだろうと、後藤田は考えることにした。そう考えることで、後藤田は自らの気持を納得させた。

昭和十六年十二月八日の日米開戦の日、後藤田は司令部のなかでその報を聞いた。日本軍はハワイで、マレーで、香港で、アメリカ軍やイギリス軍に打撃を与えた。本間の指揮する第十四軍隷下の部隊で、フィリピンの首都マニラの攻略とミンダナオ島のダバオの占領をめざして移動した。十二月十日にはルソン島に上陸を始めた。まさに日本軍は破竹の勢いで進撃する、という表現がふさわしかった。台湾軍司令部は、開戦とともに南方要域への補給の中継地、さらには情報、通信の基地となった。

開戦の報を耳にしたとき、後藤田は素直に、

〈日本軍の攻撃はうまくいった。このままいつまでつづくかわからないが、この段階は大勝利だ〉

と感じた。戦況の大局などをみつめる目はむろんない。とにかく司令部の将校たちとともに連日、日本軍の勝利に万歳を叫んでいた。そのことに熱中していた。

本間の後任として、台湾軍司令官に就任したのは、安藤利吉中将であった。明治十七年生まれのこの軍人も昭和七年から二年間、イギリス駐在武官を務めた。しかし、実戦派の指揮官でもあり、中国戦線で指揮をつづけてきて日本軍の戦力を客観的にみること

ができるタイプであった。司令部の参謀のなかには、精神的訓話を好む者が多かった半面、冷静な目で戦力を分析する者もいた。本間も安藤もそういうタイプの軍人だった。安藤は昭和十六年十一月から二十年八月まで、台湾軍（昭和十九年九月、台湾軍は第十方面軍に改編）司令官のポストにあった。

後藤田にとって、この二人の司令官との出会い——といっても末端の将校で仕えただけにせよ——は、軍事を見直すきっかけになった。軍事とはすべて〈合理的思考〉で解析しなければならないという発見だった。司令部にいる同世代の参謀は陸大を卒業していたり、陸士を卒業したあと実戦を体験することによって、はっきりとした戦争観を持っていて、滅私奉公の一念に燃えていることが窺えた。そこに自分との肌合いの違いを感じることがあった。

後藤田の回想では、「私は高級参謀などには目をかけられたほうだった」というが、それは一般社会の空気が沁みこんだ意見を吐いたり、自らの思うとおりの行動を貫いたからのようでもあった。高級参謀付の兵士は、当然のように風呂場では必ず上官の背中を流したが、後藤田は決してそのようなことはしなかった。それがあまりにも徹底していたために、後藤田が仕えていた経理部長は、「お前のところの後藤田少尉は一体何をしているんだ」と言われるたびに、「おれがあいつ（後藤田）の鞄持ちをしているようなものだ」と笑って答えたという。

事務処理能力が確実であったためか、後藤田は安藤に注目されるようになった。「お前が司令部と総督府の連絡役をやれ」と命じられて、しだいに主計将校としての軍務からそちらの役割に比重が移っていった。台湾総督府は台湾の「政府」のような存在だったから、後藤田のような経歴は充分に生かされることになったのだ。

台湾総督府と司令部の連絡役とは、簡単にいえば、〈政治と軍事〉の調整であった。調整といっても、実際には軍事の要求を政治の側に受けいれさせることであった。この間、後藤田がどのような役割を果たしたか、どういう思いをしたか、それについてはあまり語りたがらないのでわからない。だが、総督府の側からいえば軍の力の怖さを、司令部の側からみれば政治の側のもどかしさを、それぞれ〈後藤田〉という人物をとおして判断したとはいえるだろう。「お前はどちらの側に立つのか」という目のなかで、後藤田は身を処していかなければならなかったはずである。

台湾総督府で働いていた官僚の残した回想録を読んでみると、軍司令部からは戦況の悪化につれてしだいに苛酷な要求が出されてきたと書いている。参謀数人が目の色を変えてやってきて、「明日までに陣地構築のためのセメントを用意せよ」「一週間以内に二千人の手配をして陣地構築をせよ」といった要求が次々に出されるようになったという。そのたびに台湾総督府は、ときにそれに応えようとし、ときにそれはできないといって拒否したりした。総督府の役人の回顧録には、「参謀たちの理不尽な要求に、私たちはときに暴力的な威圧を感じた」とまで書いている。

後藤田がこのような役割を担ったのか否かは明らかでない。だが、ときとして両者の間に立って内心では想像以上の苦しみを味わったと思われる。

昭和十七年夏のことである。後藤田はマニラの司令部に連絡将校として出張を命じられたことがあった。マニラでは、日本軍の将兵がわがもの顔で街を歩いていた。フィリピン人はそれに脅えていた。後藤田はこのときに日本軍の横暴さを幾つも目撃した。「これが大東亜共栄圏の実態か」と、日本人でありながら、フィリピン人に同情した。

どういう光景に出あったのか、と問うと、

「そりゃあ、君、ひどいもんだ。そのことは言いたくない。とにかく無茶なもんだ。軍人にはひどいことをする者がいるんだ。あれでは戦争の目的がわからないし、戦後になって、アジアの人びとに弾劾されるのも仕方がない」

後藤田はこの話のときには眉をひそめた。

安藤利吉は司令官としては気さくなところがあった。

司令部の参謀や将校は、昼食は将校食堂で食べるのだが、安藤もいつもそこに姿をあらわして食事をしていた。食事のたびに将校講話があって、参謀や将校のひとりが自らの職務を通じての体験談や意見を発表するのである。昭和十七年六月のミッドウェー海戦の敗北以後、戦局はしだいに日本軍に不利に傾きつつあったが、それでも司令部ではそれほど切迫した危機意識はなかった。それでこのような慣例がつづけられていたのだ。将校食堂は将校集会所の一角にあり、食事を終えたあと、参謀や将校たちは椅子を前にひきだして、その日の講師役の意見を聞く。安藤は正面の中央に座って腕組みをして聞いている。

ある日の食後、後藤田は講師として海上輸送について話した。

その内容の骨子は、〈日本軍の海上輸送力がしだいに低下している。南方要域の第一線部隊への兵員、弾薬、食糧の補給が困難になりつつある〉というタブーに触れるものだった。後藤田によれば、昭和十八年にはいってから、台湾を中継地とする輸送船が極端に少なくなっている事実を語り、戦争の前途は明るくないということを遠回しに伝えたかった、と言うのである。

安藤は講師たちの話に納得したときは、口ひげがうえをむく。あるいは機嫌のいいときは、そのひげを手ではねあげる。後藤田は安藤がひげをはねあげていたので、自分の意見に納得したのだろうと満足した。

六年間の台湾軍（のち第十方面軍）司令部の将校時代に、後藤田は二人の司令官の言葉のなかでふたつが印象に残っていると語った。ひとつは、開戦前の軍司令官本間雅晴の訓示であった。「虎穴に入らずんば虎児を得ず」という内容である。もうひとつが、この講話のときに安藤が話した内容であった。

昭和十九年にはいってのことだったが、将校講話の折りに、衛護部の中佐が、昭和十八年十一月下旬に日本軍が玉砕したマキン島、タラワ島の戦闘についての内容を話した。この中佐は、マキン、タラワの戦闘がいかに激しかったか、そしてどのような状況で日本軍将兵が玉砕に至ったかを詳細に話した。その内容は、すでに日本軍が南方要域で追い詰められている状況を明確に示すことになった。

マキン島、タラワ島は、赤道近くの環礁から成る島でイギリスの植民地だった。ここには飛行場建設が可能なために、日本軍の守備隊や設営隊が送られていた。マーシャル諸島の南東にもあたるので、日本軍にとってアメリカ軍の反攻を防ぐ第一線基地でもあった。昭和十八年二月には基地の設営も終わり、タラワ島には防衛兵力二千六百人、設営隊二千人、それに航空基地要員三十人が駐留していた。マキン島には防衛兵力二百四十人、基地設営隊、要員など四百五十人の六百九十人が守備にあたっていた。アメリカ軍はこの両島を占領することで、日本軍への反攻の足がかりをつかもうとし、十一月にはいってまずマーシャル群島全域に対して猛爆撃を加えた。

上陸の十日前から、両島に艦砲射撃を行ない、次いで低空爆撃で陣地を破壊し、上陸二日前からは艦載機二百数十機が大挙して爆撃を加えた。さらに上陸当日には二百隻の艦艇が両島を取り囲んで、艦砲射撃を行ない、海兵隊一万人近くを上陸させた。日本軍の守備隊は抵抗をつづけ、海兵隊にも損害を与えたが、結局は全員が玉砕した。

この戦いは中部太平洋の初めての攻防戦となった。アメリカ軍の艦砲射撃によってタラワ島のヤシの木は一本残らず失われるという悲惨な状態となった。アメリカ軍がタラワに撃ちこんだ砲弾は三百六十トン、マキン、タラワへの爆撃は百七十三トンであった。単純に計算しても、一平方メートルに一・五キロの爆弾が撃ちこまれたことになる。

アメリカ軍と日本軍の戦力の差が歴然とあらわれてきたのである。

将校講話の席で、中佐がほぼこれに類する説明を行なった。むろん数字までは詳しくあげていない。これは大本営の情報参謀のクラスしかわからないことだったからだ。そのなかで、この参謀が、「マキン、タラワへの米軍の爆撃量は貨車何台分にあたる。文字どおり一人といえども生き残る者がないほどの激しい爆撃であった。それに抗しきれず全員が玉砕した」と説明した。すると、安藤が、

「おい、ちょっと待て。その貨車は何トン積みなんだ」

「そこはちょっとわからないのですが……」

と参謀は答えた。何トン積みか、それを知らないで「貨車何台分」と言っていたのだ。

「貴公たちの、ものの考え方はそれだからだめなんだ。貨車何トン積みで、何台分か、そこがわからなきゃ話にならないじゃないか。五トン積みか、十トン積みか、それとも三十トン積みか、それで数量が違ってくるではないか」

安藤は口ひげを垂らしながらどなった。

後藤田はこのときのやりとりが印象に残った。まさにそのとおりだったからだ。安藤が言わんとしているのは、参謀たちの粗雑で雑駁《ざっぱく》な思考方法への批判だった。幹部将校といってもこれほど粗雑だということに、安藤は怒ったのだが、それは後藤田にも教訓として残った。つまり、陸軍の参謀のなかにはこれほどまでに緻密さを欠いて作戦を立てている者がいるのだ。そして二言目には、精神論に逃げる。後藤田は、これは責任回避でしかないと思った。〈こんな軍隊じゃあかんな〉というのが、後藤田の陸軍への不信感となって固まったのである。

後藤田が、日本は軍事的に負けるだろう、陸軍上層部はそれをどう収拾するのか、と不安を抱くようになったのは、昭和十九年六月のサイパン陥落以後であった。逆にいえば、後藤田はそれまでは日本軍にもまだ勝利の可能性があると信じていた。だがサイパン陥落はそうした望みも打ち砕くことになった。台湾軍の参謀たちは、しばしば南方軍に出かけていく。作戦計画の打ち合わせのためであった。だが彼らが持ち帰る情報は、どの島でも日本軍は玉砕したり、死傷者をふやしており、それはアメリカ軍の弾丸によるというよりも食糧不足のための飢餓によるという内容であった。つまり補給、兵站《へいたん》などをおろそかにする日本軍作戦中枢の犠牲になっているのである。

昭和十九年十月の台湾沖航空戦の大本営発表では、日本軍がアメリカ軍の機動部隊に大損害を与えたことになっていたが、実際はそうではないことは第十方面軍司令部にいるとすぐにわかった。サイパン陥落以後、アメリカ軍の艦載機や爆撃機がなんども台湾に飛来してきて、航空基地や司令部に爆弾を落としていくからだった。制空権も制海権もアメリカ軍の手にあり、日本軍はその隙間をぬって行動する以外にないといった状態になった。

戦時下の状況が日一日と過酷になるにつれ、後藤田の中にも次第に死生観が固まっていった。戦争では、死ぬも生きるも紙一重、だが死よりも生に近づく方法がある。それは情報を正確につかんでおくということだった。

後藤田は生と死の間をなんども体験した。

たとえば昭和十九年の秋、後藤田は台北の司令部から台南に鉄道を利用して出張した。途中、後藤田の乗った列車がアメリカ軍機の爆撃を受けた。執拗な攻撃だった。汽車は停車し、乗客は線路脇の森林に逃げ込む。四機の爆撃機は、機銃掃射で狙ってくる。乗っていた兵士は草色の軍服を着ているから、森林にはいれば迷彩になるが、目立つ白シャツ姿の現地の人びとが兵隊のあとをついてくるため、それが標的になり何人かの兵隊が死んだ。後藤田は幸いにも弾丸に当たらずにすんだ。そんな体験をすると、当初は生と死とは「運」に左右されると思った。その「運」の正体ははっきりとはわからなかったが、しかし人智を超えた何かに支配されているように思った。

昭和十九年の暮れになると、アメリカ軍は連日、台湾を爆撃してきた。迎撃する戦闘機もなく、航空基地は破壊され、格納庫は使用不能なほどに無残な姿をさらしていた。日々、戦場といった状態になり、第十方面軍の司令部は台北市郊外の山峰を背にした地区に移った。司令部脇の将校官舎の周辺に防空壕を掘って、アメリカ軍の爆撃機が来襲するたびにそこに逃げ込むという日々であった。ある夜、またアメリカ軍の爆撃機が台北上空にあらわれた。アメリカ軍は照明弾を落とすので、市内は真昼のように明るくなる。後藤田は防空壕に駆け込むのが面倒になった。〈そう簡単に当たるわけではないわ〉と度胸をきめて、官舎の中にとじこもっていた。ところが、その日は防空壕に爆弾が命中し、律儀に駆け込んだ参謀は即死してしまった。

こういう日常体験を幾つも重ねていくと、運命論者になる以外になかった。

だが、後藤田はそのような運命論者になりながら、もうひとつ別のことも考えるようになった。確かに同じ場にいて、同じ列に並んでいるのに、助かる者と命を落とす者がいる。それは運命と言っていいだろう。だが、運命論だけでは片づかない面が、戦争にはつきまとっている。それはできるだけ多くの情報を集め、それを解析して死の側に組み込まれる確率を少なくする努力をしなければならないということだった。運命論者でありつづけるならば、いつか死の側にはいってしまうだろう。そこに近づかないための情報があるはずだ、というのが、後藤田の考えになった。

私も取材の折りに、そうした考えに至った具体例を聞かされたが、確かにそれは後藤田の人生に対するある種の哲学ともいえた。それは次のような内容の話であった。

昭和二十年三月、陸軍省で派遣軍の経理部長を集めて会議が開かれることになり、後藤田は第十方面軍経理部長に随行して、東京に出張することになった。このころ台湾では、アメリカ軍が次にどこに上陸してくるかが論じられていた。沖縄か、台湾か、それとも奄美《あまみ》大島か、あるいは直接に日本本土に上陸するのか、その見極めがなかなかつかなかった。その後、大本営は、米軍が台湾へ上陸作戦を実行するとの見通しをとり、沖縄に駐留していた第九師団一万人余の将兵を台湾に移動させたので、台北は戦時態勢一色になった。この時期の出張であった。

第十方面軍の経理部長は少将の岡本正義であった。出張にあたって、司令部から命じられたのは、台北の松山飛行場から九州・福岡の雁ノ巣《がんのす》飛行場まで、沖縄の上空をとおって飛行するコースであった。これを聞いたとき、後藤田は不安になった。

アメリカ軍の爆撃機がさかんに沖縄上空に飛来し、爆撃を加えているという情報は第十方面軍司令部にもはいっている。とくにP38という双胴の戦闘機が、沖縄を攻撃しているという。後藤田は、司令部の情報文書である「戦闘詳報」をみることができたので、そのことが確認できた。沖縄上空を飛ぶコースをとるというのは、アメリカ軍の戦闘機の網の中に飛びこんで行くようなものだ、と思った。

松山飛行場から九州に行く場合、もうひとつ中国大陸沿岸部を飛ぶコースもある。こちらだと、サイパンを基地としているアメリカ軍の爆撃機は往復の航続距離が長すぎて姿をみせていない。そのような知識は司令部にいる間に、後藤田も身につけていた。後藤田はこのコースのほうがはるかに安全だと思った。燃料は沖縄コースよりも多く必要になるし、本土への時間もかかるが、それは仕方のないことと割りきった。

司令部の航空班の畠山少佐のもとに行って、

「飛行機のコースを変えてほしい。沖縄にはわれわれの用事はないんだから、雁ノ巣まで支那大陸寄りに飛んでほしい」

と訴えた。少佐は、そんなことはできない、もう決定したことだ、決定どおり沖縄上空を行くコースだ、とくり返すだけだった。だが、後藤田はそんな反論に屈しなかった。いやどうしてもこのコースに変えてくれ、と自分で作成したコースを示した。後藤田があまりにねばるので、この少佐は渋々といった表情で、

「わかった。では、俺の頼み事を聞いてくれるか」

と言った。

「どんなことでも聞きますよ」

「最近、東京で発売されたばかりの航空記章と図嚢《ずのう》を買ってきてくれよ。いま、図嚢が手元にないんで弱っているんだ」

「わかりました。必ず買ってきますよ」

こうして岡本と後藤田の乗った飛行機は、中国大陸寄りに雁ノ巣まで飛び、そこからまた東京にむかった。この間、アメリカ軍の戦闘機とは一度も遭遇することはなかった。後藤田の予測どおりであった。

会議の行なわれる市ヶ谷の陸軍省に出むいたとき聞かされたのは、台湾の松山飛行場をほぼ同時刻に出発して、沖縄上空経由のコースをとって東京にむかったほかの飛行機が、アメリカ軍爆撃機によって撃墜されていたという情報だった。搭乗した将校はむろん乗員も全員が死亡していた。その事実を告げた陸軍省の将校は、「お前の飛行機も撃墜されたはずだというので戦死扱いになっているぞ。運がよかったな」と言った。

後藤田はこの体験を自らの後半生の原点に据えた。もしあのとき、航空班の将校に指示されたとおりのコースを飛んでいたら、自分は生きてはいなかったはずだ。予め情報をよく解析したうえでの自らの考えを主張し、そのとおりに実行したから死なずにすんだのだ、情報をよく分析したうえでの結論はあくまでもとおせ、そうすれば悔いは残らない、といった信念がこのときに固まった。判断が正しくても実行されなければ意味がない。判断力と実行力は両輪である。この両輪を回転させなければ、人は「運」さえ自分の側に引き寄せることはできない、と思った。後藤田が単純な運命論者に終わらずに、さらに一歩進んで身につけた処世の方程式であった。

後藤田のこの体験について、内務省入省同期の海原治は、「私なら、本当は中国経由で帰りたいが、命令だから仕方がないや、と思っただろう。それを変えてくれ、と言いにくいところをはっきり主張するのが後藤田の立派なところだ」と激賞する。確かに当時、陸軍内部にあって、土壇場でこのような主張のできる人物はそれほど多くはなかったであろう。後藤田は勘の鋭い男、というのは仲間うちでもよく語られるエピソードだが、この場合、「勘」という語が多くの情報を収集し、理知的に解析し、その結果をもとに実行に移すという後藤田流の行動パターンと同義語なのである。

三月九日に陸軍の各方面軍、派遣軍の経理部長会議が開かれた。各戦場の補給、兵站についての事情聴取であった。大本営作戦部はすでに本土決戦態勢にはいっていたから、そのために本土からの補給は絶望という事態が説明された。後藤田は岡本の鞄持ちであったから、別室に控えていた。その夜、九段の宿舎に戻った。だが、十日から十一日にかけて、東京はアメリカ軍の爆撃機による無差別爆撃を受けた。いわゆる東京大空襲である。

十一日の東京都内は死体と瓦礫《がれき》で埋まった。後藤田は、戦争という大量殺戮《さつりく》の実態をこのときに初めてみた。

この出張時に、後藤田は一カ月近い休暇を貰っていた。徳島で結婚式をあげるためだった。台湾で死ぬのなら、一度は所帯を持ってというのであったが、心中では自分は決して死なないぞ、という強い覚悟を固めたに違いない。

後藤田の伴侶は、徳島市の商工会議所の会頭だった吉見勢之助の養女侑子で、徳島高等女学校を卒業して家事見習い中であった。台北司令部にいる折り、長兄耕平の勧めで徳島に戻り、見合いをし、お互いに気に入っての結婚であった。仲人は小松島市に住む義兄の多田宗近である。戦時下とあって、お互いの縁者二十人ほどが集まっての質素な結婚式であった。このとき後藤田は三十歳、侑子は二十一歳であった。

三月二十日に結婚式をあげ東京に戻り、再び経理部長の岡本に従って台湾にむかった。それが四月二十七日であった。

東京から台北にむかう航空機は、往路と同様に沖縄を避け、中国沿岸づたいに南下するコースをとった。搭乗機の操縦士は後藤田に、昨日、沖縄の慶良間《けらま》諸島に米軍が上陸を開始した、機窓から雲間をよくみて敵機がいないか確認してくれ、と言った。戦況はとんでもない状態になっている、ということがよくわかった。後藤田は命の縮む思いで窓外を眺めつづけ、台湾の島影がみえたとき、安堵《あんど》の胸をなでおろした。

死んではいけない、死ねるもんか、との気持がいっそう強くなったと思われる。伴侶を得ての当然の心境であった。

台湾の第十方面軍は、当初、アメリカ軍が上陸してきた場合の作戦として、水際での防禦作戦を考えていた。台湾には沖縄からまわった第九師団やもともとここで防衛にあたっていた第四十八師団などの十万人に近い兵士が守備陣を布《し》いていたが、水際作戦では物量豊富なアメリカ軍に一気に壊滅させられるだろうとの見方が濃くなり、昭和二十年四月下旬、沖縄や硫黄島などでも行なうことになった持久作戦に切りかえた。この背景には南方要域のサイパン、ペリリュー島などでのねばり強い戦闘をみて、できるだけ本土決戦の準備期間を長くするため、アメリカ軍を台湾に釘づけにする必要があり、一気に勝敗を決する水際作戦は消耗が激しすぎて不適当との断を、司令部が下したのであった。

すでに二月三日に、大本営は第十方面軍に対して、「台湾及び沖縄方面に対する米軍の空海基地推進を破摧《はさい》し以て全般作戦の遂行を容易ならしむべし」との命令を下していた。この命令に沿っての作戦変更であった。

この命令が下ったころ、アメリカ軍はしきりに硫黄島に爆撃を加えていた。二月十七日になって、アメリカ軍の艦艇が硫黄島を取り囲んですさまじい砲撃を加えた。上陸間近というシグナルであった。そして二月十九日、アメリカ軍の海兵隊が上陸を始めた。

硫黄島の日本軍守備隊は島内に壕を掘り、徹底した持久作戦に出た。だが兵員や弾薬の面では圧倒的に不利で、しだいに追い詰められ、三月二十六日に栗林忠道兵団長と二人の参謀が自決し、その後は生存者がゲリラ戦に移った。

硫黄島まで進出してきたアメリカ軍の目標地は沖縄か、それとも台湾か、と第十方面軍では検討をしていたがどちらとも判断がつかず、両島とも防御陣地をつくるのに必死になっていた。しかし、アメリカ軍がどちらに上陸してこようとも、あるいは両方に上陸してこようとも、これらの島の持久作戦によって、つまりこれらの島が犠牲になることによって、本土決戦の作戦準備の時間稼ぎをすることが大本営の狙いであった。沖縄と台湾の守備隊は、いずれにせよ持久作戦にはいったうえで玉砕という道を辿る以外にないとみられていたのである。

後藤田が台北に帰任したとき、アメリカ軍はすでに沖縄の慶良間諸島などを制圧し、いよいよ沖縄本島への上陸を開始していた。

台湾に戻ってみると、第十方面軍の司令部は、台北の小竹山の山腹をくり抜いた地から新竹の赤土崎にかわっていた。台湾の中央部に位置する新竹は、地形上は難攻不落といわれていたから、持久戦の司令部としては格好の地だった。だが米軍が沖縄に上陸を始めたとなれば、もはや台湾への上陸の可能性が薄れたとも考えられた。

第十方面軍の作戦主任参謀だった井田正孝は現在、沖縄に上陸したアメリカ軍に対して、第三十二方面軍（司令官牛島満）が三カ月余にわたって戦い抜いたことを賞賛したあとで、「台湾へのアメリカ軍の進出はこの段階でなかったともいえるが、私としては台湾からなんらなす術もなく、鼓舞電報を打つことだけしかできなかったことが悔まれる」と語っている。その井田の証言によると、台湾では民衆の間に反日、抗日の動きが少しずつ顕《あら》わになってきたという。

昭和二十年五月、六月、沖縄戦をみつめながら、台湾の日本軍将兵は、それでもアメリカ軍は太平洋岸の防備が薄い地域に進出してくるか、それとも本土決戦になるか、見守っていた。たとえ本土決戦になったとしても、第十方面軍は本土の部隊に呼応して、九州に上陸したアメリカ軍の背後を衝《つ》く任務を受けもつことになると予測していた。いやそうではなく、本土決戦そのものに投入されるかもしれないとの意見もあった。

いずれにしても、日本軍将兵には「死」しかなかった。

将兵は肉親に宛てて遺言を書いた。頭髪と爪を切り、それを封筒に入れた。第十方面軍はそれを集めて内地に送った。後藤田もまた兄姉や新妻に宛てて遺言を書き、頭髪と爪を託した。後藤田の話によると、それはどこにも届いていなかったという。たぶん輸送船が沈められたのであろう。台湾と本土を結ぶルートは昭和二十年五月、六月になると、ほとんど切断されたも同然だった。

六月二十三日、その沖縄も第三十二方面軍司令官の牛島満、参謀長の長勇《ちょういさむ》が自決し、兵士も玉砕したり捕虜になって、戦闘は終息にむかった。

第十方面軍司令部の将校もその指揮下にある将兵も、沖縄戦以後は緊張の日々がつづいた。アメリカ軍の爆撃機は、台湾の日本軍を牽制《けんせい》するために連日飛来して攻撃を加えてきた。避難するだけが日課になった。すでに戦闘の態をなしていない。将校も兵士も「当たらぬもの、日本軍の高射砲と天気予報」と自嘲し、〝勝算のない戦い〟に内心では嫌気がさす者が多かったのである。

そして八月十五日は実にあっさりとやってきた。すでにポツダム宣言を受諾するとの玉音放送が行なわれるということは、司令部のなかでも密かに語られていた。将校は司令部の壕から出て、ラジオに耳を傾けた。実際に天皇の声に触れ、敗戦という事態を確認した。号泣する者、茫然とする者、そしてすぐに敗戦処理のための実務にとりかかる者、さまざまであったが、前年秋からの台湾への執拗なアメリカ軍の爆撃は、敗戦という事態もやむなしという暗黙の諒解も生んでいた。

後藤田は号泣はしなかったが、悔し涙を抑えることはできなかった。〈こん畜生、負けてたまるか。他日を期すぞ〉というのが、玉音放送を聞いての本音であり、同時に、〈これで生命は保証されたのか。運命とは不思議なものだ〉という感慨があった。死線をなんどか越えてきただけに、生命が保証されること自体、僥倖《ぎようこう》というべきであった。

その日、八月十五日の夜、司令部のある大尉が後藤田の部屋にはいってきた。日曜日には、馬に乗って遠出をしたりした仲だったが、敗戦という事態にも拘わらず、いつものように冗談を言って後藤田を笑わせた。悲愴感がまるでなかった。ところが、その大尉は翌日未明、自室で銃の引き金を足指で引いて自決した。前夜訪ねてきたのが彼の別れの挨拶だったのだ、と知った。

「自決はいかん。とにかく生きなければいかん」

と後藤田と話し合ったのに、この将校はその道を選ばなかったのだ。

後藤田には、この戦争を通じて幾つもの教訓を得ていることが窺える。「戦争については話したくない。個別には言わないけど、君、そりゃあ無茶なもんだ」という言い方を後藤田はなんどかくり返した。私は、その言を聞くたびに後藤田の世代がもっとも心理的には傷ついていると思えるのであった。

後藤田の得た教訓とは、たとえば発想が雑駁で予断や偏見が激しいと大事に至るということであった。司令部を往来する参謀のなかには、そのような体質の者が少なくなかった。緻密さも合理性もなく、感情のままに事態に対処するのである。すぐに軍の威をもって総督府の役人をどなりつけたりする連中であった。結果は決してうまくいかなかった。

だが後藤田の得たもっとも大きな教訓とは、人間は死の確率が高い局面にあっても、決してあきらめずに情報を理知的に分析すれば、必ずそこに新しい方向をみいだすことができる、という確信であった。台北から福岡まで、中国大陸沿いに飛行したため命拾いをした体験は、そのことを教えていたが、敗戦を機に改めて確認したのである。

さらに「他民族の支配」は、いかなることがあっても成功しないとの確信も持った。

八月十五日、日本が無条件降伏をすることになると、街には台湾の住民があふれて爆竹を鳴らして大さわぎを始めた。台湾は中国領土になることが明らかになった。一見すると、日本の皇民化政策は首尾よくいっているようにみえながら、その実、住民の大半は内心では、異民族支配へ反感を抱いていたのだ。敗戦とともに、住民は植民地支配の優越性を露骨にあらわしていた軍人や民間人に対して、その恨みを晴らすかのような暴行も働いた。そうした例は決して多くはなかったが、斬殺《ざんさつ》される者も何人か出た。

異民族支配に対する反撥――図らずもそれは昭和二十一年四月に日本に戻ってからの後藤田自身の姿にもなる。

敗戦からまもなく、中国の国民党軍が台湾に進駐してきた。地方軍閥の陳儀という大将に率いられた一隊であった。台北を行進した国民党軍の軍隊をみて、台湾の住民も、そして日本軍の将校も驚いた。威風堂々と行進してくるものと住民は期待していたが、兵士は服装もさまざまで武器も旧式のものだった。素足の者もいれば、軍靴の者もいた。これをみて、台湾の住民は行進を見終わる前に散っていった。

このような国民党軍の姿をみて、日本軍の将兵は彼らに秩序維持ができるのかと不安になった。国民党軍の将校に命じられて武器をさしだし、軍刀をとりあげられた。日本軍の将校は裸の状態になった。

「これではわれわれはすぐに帰れないな」

とも囁きあった。

後藤田は、台湾で五年間は使役に使われるかもしれない、と覚悟をした。日本軍が中国を荒土としたのだから、その復興を要求されるだろう。そのためにわれわれは国土建設の一翼を担わされることになるに違いない、と考えた。司令部の参謀のなかでも、そう覚悟する者が何人かいた。彼らは五年かそれ以上の抑留か、あるいは処刑される者も出るのではないか、と噂をしあった。

だが後藤田は、ハーグの捕虜条約（一九二〇年に結ばれている）を思いだし、その条文をそらんじてみた。ひとたび捕虜になった者は国際法の保護を受ける権利がある、との一条であった。

「捕虜条約にもとづいて扱ってくれますよ。あまり無茶はしないと思いますけどね。一方的に彼らの思うとおりのことはできませんよ」

「それでも何年かはここに留め置きにはなるな」

「あるていどは覚悟しなければならないでしょう」

後藤田は法律に明るいということで、軍人たちからさまざまな質問を受けたが、軍人たちが法律にはまったく無知なのに驚いた。ときとして彼らの発想が粗雑になるのは、このような無知からきているのではないかとも思った。

陳儀の軍隊は、装備は粗末だったが、軍紀にはうるさかった。蔣介石が、日本軍将兵や民間人に対する寛仁政策を命じたため、昭和二十年も暮れになると、軍紀はさらに厳しくなった。日本人への暴行はほとんどなくなった。軍紀に反した国民党軍の兵士はみせしめのために、大衆の面前で銃殺になった。台湾の住民の支持を得るための方策でもあった。

後藤田はこういう軍紀の厳しさを知り、そこで「軍のあり方」を考えるようになった。それはのちの後藤田自身の仕事の中に生かされることになる。その考えとは次のようなものだった。後藤田の証言を並べてみる。

「陳儀大将の軍隊は、徹底して抗日戦の部隊でもあったんです。だから後方の兵站というのは考えなくていい。国土防衛に徹するわけだ。兵士は天秤棒《てんびんぼう》をかついだり、鍋釜をもったり、一見すると整備はまったくされていなかった。それが、日本軍にかわって、台湾を〝占領〟という形できたものだから、台湾の人びとの気持をつかまなければならない。台湾の人びとにすれば、日本軍と比べるとあまりにも装備が貧弱だったのにショックを受けたのでしょう。軍紀の厳しさはそのショックを和らげるためのものでしたね」

「日本の現在の自衛隊は、このときの陳儀大将の軍隊と同じです。海外に出て行く兵隊ではありません。オーバーシーの軍隊ではないんだ。これは僕など、警察予備隊の起案をしたからよく知っている」

「八月十五日に台北の街中で鳴った爆竹、それまでわれわれと一緒にやってきたといっても、日本が敗けたということは嬉しいことなんだ。このときに、僕は異様な感じを受けたね。それまで異民族に支配されるという屈辱をわれわれは知らなかったんだな」

日本軍将兵は、台北郊外に設けられた収容所にいれられた。といっても行動は自由で、街に出て飲食をしたり、散歩をしたりして時間をつぶすことができた。

だが、その収容所のなかでみにくい光景を目撃した。中国側が、戦犯該当者をさがしだすとの噂が流れ、将兵たちに恐怖を与えた。戦犯になれば、処刑されるものと信じられていたからであった。あの件は俺は知らない、いやあれはあの参謀の命令だった、あれは部下が勝手にやったことだった、もうあのことは覚えていない、といった会話が頻繁に交わされた。お互いに責任をなすりつけ合っているのだ。このときまだ二十代や三十代の将校は、上官の将校たちの無責任な言動に不満を持つことになった。戦争が終わってみれば、いや肩書きが伴わなければ、人間の性格が丸裸になってあらわれる。

〈なんと弱い奴だ。責任のとり方も知らないのか〉

と後藤田は思った。この体験は、後藤田の人間をみつめる目を肥えさせた。

昭和二十一年にはいると国民党は、日本軍将兵や民間人を次々に日本に送還した。台湾の港基隆《キールン》に、将校、下士官、兵士が集められた。後藤田は、准士官ばかりのグループの中隊長となって、帰国を待った。港には日章旗にかわって中国の青天白日旗がひるがえっていて、日本軍の将兵は敗戦を痛いほど思い知らされた。

帰国を待つ後藤田のもとに、台湾に住む中国人が訪ねてきた。第十方面軍と総督府の間をとりもって連絡将校を務めていたときに、後藤田は何人かの中国人を使っていた。彼らは後藤田の指示を受けて働いた。その中のひとりであった。後藤田を呼び出すと、餞別《せんべつ》だといってお金を差しだした。当時の千円を超える額だった。仲間うちで集めて届けにきたというのであった。

「気持はありがたいけどもらうわけにはいかないんだ。お金を持って帰れるわけではないし、本当に気持だけでいいんだ」

「いや仲間の者からの預かり金でもあるのだから、受けとってほしい。私の立場もある」

「それはできない……。でもなぜこんなにしてくれるのか」

「大尉殿は日本人とわれわれの間に一切の差別をしなかった。そのことはよく覚えている。だからそのお礼なんだ」

後藤田はその言にうなずいた。この話を語るとき、後藤田は、幾分の自慢話のつもりで聞いてほしいが、と私に言いつつ、自分はあらゆることで日本人と台湾の人びとを差別はしなかった、と言った。なにも特別に意識してやったのではなく、規則のとおり、相手が誰であろうとその定まったままに実行しただけだと言うのであった。規則やルールこそが第一義で、その前では誰もが平等である、と考えていたにすぎなかった、と言った。

昭和二十一年四月九日、後藤田は台湾からの帰還船で和歌山県の田辺港に着いた。軍服は汚れ放題で、荷物といえば着替えの下着だけであった。後藤田の戦争体験はこの日をもって終わった。六年間の陸軍での生活は、表面上は惨めな体験だけに終始したかにみえるが、その内実は後藤田自身に多くの教訓を与えていた。その教訓をどう生かすか、後藤田は心中で密かに期するものがあった。

田辺からいったん大阪に出て、そのあと高松を経て徳島の実家に帰った。その帰郷の途中でみた光景はまさに「国破れて山河あり」であった。いたるところに戦災の跡があり、浮浪者やみなし児があふれていた。そのような光景をみて、敗戦の惨めさを感じた。人びとは食べることにのみ必死で、そこにはこの国を盛りたてていこうとの気概は感じられなかった。〈馬鹿な戦をしたものだ、軍人などに国を任せるとこのざまだ、二度と彼らに国など任せることはできない〉と、痛感した。

後藤田が内務省に復帰したのは、六月初めであった。故郷で二カ月ほど休養をとったのち、内務省人事課からの呼び出し電報を受けて上京すると、神奈川県庁経済部商政課長のポストに就くように命じられた。物資はすべて統制下にあったが、物資の配給がスムーズに行なわれるよう計画をたてて実行する部門であった。第十方面軍司令部で主計将校として進めていた軍務と共通する部分もあった。

横浜の中心街にある県庁に出勤した日、横浜市内の光景に後藤田は驚いた。横浜には、アイケルバーガー将軍を司令官とする第八軍の兵士が進駐していた。市内にはアメリカ軍の兵士――といってもアメリカ軍は人種のるつぼであり、さまざまな人種が交じっていたが――が戦勝者の立場でふるまっていた。そのアメリカ兵に日本人がまとわりつく。若い女性がアメリカ兵の腕にぶらさがり、派手な服装でガムをかみながら歩いている光景に、後藤田は占領されるということの意味が痛いほどわかった。

商政課長の仕事でもまた、その屈辱にも似た感情を味わうことがあった。

当時の神奈川県知事内山岩太郎は、外務官僚出身だった。スペイン公使などを歴任していたためか、外国人との折衝には巧みであった。横浜での第八軍司令部との交渉のために、知事に据えられた内山は、後藤田を秘書がわりにした。たぶん県庁のスタッフよりも、内務省から直々にやってきたということに信頼感を持ったのだろう。内山は、こまかいことにあまり気を遣わず、交渉の大枠を定め、それから徐々に細部を詰めていくという手法を得意にしていたが、後藤田をその手法を理解できる能吏と判断したようであった。それに内山は、自分は内政についての知識がさほど豊かでないとの不安もあったのだろう。

内山が第八軍司令部に行く日、早朝に後藤田の住む官舎に内山夫人がやってきて、「今日は主人とともに行動してほしい」と伝えていった。

アメリカからの日本への食糧援助はすべて横浜港にはこばれてくる。ところがその荷役の手続きがうまくいかない。日本としては一応は税関などをとおしたいし、自国の法規に従ってほしい、と考える。アメリカの援助物資は食糧が枯渇している日本には朗報であったが、しかしなかには家畜の飼料としか思えないものもある。それが日本人の口に合うか否かは別にして、法規にあわなければ日本に入れるわけにいかない。内山と後藤田はその荷役手続きについて、アメリカ軍とも日本政府とも交渉するようになった。

内山は司令部には必ず通訳を同行した。英語は達者なのにその慣例を崩さなかった。後藤田はなぜそのようなまだるっこしいことをするのだろうと思った。やがてその理由がわかった。

「せっかくわが国が援助しているのだから、手続きなど度外視してスムーズに日本に入れろ。荷役は日本の労働者を使うといい」

司令部の将校が威丈高に言う。通訳が訳す。内山は回答を考えている。それから日本語で答える。通訳がそれを将校に伝える。このようなやりとりが十分間ぐらいはつづくのだ。そして話の方向が定まってくると、内山は英語で直々に交渉を始めるのである。

「あのような方法で交渉することを教わりました」と後藤田は内山に言ったことがある。内山は、アメリカ人と交渉するときは、必ず回答の筋道をとおして話さなければならない、思いつきや推測はだめだ、答えるときは明確に答えることだ、とつけ加えた。

この食糧緊急輸入と輸送システムは、神奈川県庁だけでは解決しない。国内の輸送システムが確立していなければ不可能である。そこで内山は当時の吉田茂首相に陳情することにした。後藤田は内山のお伴をして、吉田を訪ねて首相官邸に赴いた。

昭和二十一年九月のことである。

吉田は内山を迎えいれると、まず「ご苦労な仕事をさせて恐縮ですね」と丁重に挨拶をした。内山は外務省では吉田の後輩にあたるのだが、吉田はそんな序列にはこだわらなかった。「本当に厄介な仕事をしていただいて」という言い方をくり返した。そして内山の話を聞いたあと吉田は、運輸大臣と農林大臣にも会うようにとその手配までしてくれた。

運輸大臣の平塚常次郎は、内山の申し出を聞きながら如才なく相槌《あいづち》を打ち、そしてすぐに検討しましょう、と約束した。平塚は、大日本水産会の幹部で、日本の漁業界のボス的存在であった。官僚にはないやわらかな話しぶりなのが印象的だった。そのあと訪ねた農林大臣の和田博雄は、農林官僚の出身で戦前は企画院にあって、農業新体制の推進者であった。大臣室での和田は、内山の話にさほど興味なさそうにうなずくだけであった。その態度は真剣に内山の依頼に応ずるふうにはみえなかった。

後藤田は、大臣級の政治家と会ったのは初めてのことだった。内山の脇で会話のやりとりを聞いていて、内山の知識不足をときどきサポートするといった役まわりである。その分だけ、三人の政治家をじっくりと観察することができた。

私との会話で、後藤田は、吉田茂の礼儀正しさ、丁寧さ、そして飲みこみの早さ、国民のために機敏に対応する様を語り、その政治家としての姿勢を強く記憶に刻みこんだ、と語った。

「吉田さんはやはりたいした政治家である」と言うのであった。反して、和田博雄に対しては冷たい言い方になった。和田はこのあとまもなく吉田のもとをはなれ、日本社会党の幹部になり、かつて在籍した農林省や企画院出身の官僚を率いて社会党内に一派閥を構えるようになる。後藤田はそのような経歴を嫌って、和田に冷たい目をむけているのではないことがわかった。

「あの人はいかにも官僚というタイプだったなあ」

という後藤田の言の中に、官僚の持つマイナス面――それは傲岸さや不遜さ、それに権力をかさに着るといったことだが――への自戒の念がこもっていた。あのような官僚になるというのは、どこに問題があるのかなあ、という口ぶりであった。同じ官僚出身の吉田との対照があまりにも歴然としていたというのである。

後藤田が神奈川県の商政課長であったのは、わずか七カ月間であった。この間に、内山という知事と知り合い、そのお伴をすることで初めて官僚としての重要な仕事、利害を調整するための交渉のむずかしさとそのテクニック、そして所詮《しょせん》は「人と人」の関係に行き着くという事実を学んだ。同時に敗戦国の国民の道義がいかに退廃するかも、また敗戦国なるがゆえに被る理不尽な要求も身を以て知った。たとえば後藤田のもとにも、在日朝鮮人や中国人が、配給の量と回数をふやすよう特別配給をしろとどなりこんできた。現実には、戦勝国と戦敗国という立場の違いがある。彼らは県庁にのりこんできて、後藤田の机を占拠して暴力的な威圧を加えたりした。

「私は、どんなことがあってもあなたたちに特別配給はしない。なんど要求されてもそれはかわらない。日本人もあなたたちもすべて同じ回数、同じ量に限る」

彼らは激高してどなった。しかし後藤田は、彼らに対し、「君らの言い分はいかなることがあってもとおらない。すべて日本人と一緒だ」とはねつけつづけた。

するとお前の態度は何だ、と脅しにかかる。それでもはねつけつづけると、次には後藤田の官舎にリベートを持ってきた。それもはねつけ、ついに彼らに妥協しなかった。

県庁の職員のなかには、リベートをもらったために、次々に彼らに特権を与えることになり、やがてそれが発覚し免職になった者もいた。後藤田はそのようなリベートもそくざに返した。その後、後藤田は官僚がリベートや裏金の深みにはまっていくのをなんども目撃することになるのだが、そこには必ず共通点があることがわかった。

その共通点とは、初めは実に気軽に受けとれる品物や金額を、本人のいない間に自宅の妻に届けていくのである。極端な話、靴下一足、手ぬぐい一本という品であったりする。このていどならいいだろう、という心理が生まれる。贈賄側は、相手が受けとるか否かをさぐっているのだ。ひとたび受けとると、それが踏み絵になって次々に額は大きくなる。そのようにして泥沼にはまっていった県庁職員も少なくなかった。後藤田はそのような誘惑をすべて防ぎながら、そこに残るのは不快感だけだと思いつづけた。その不快感と戦うのも官僚の役割ではないかと覚悟した。

内務省の人事課から、次は大蔵省に出向してほしいと言ってきた。内山は本省の言い分に従うようにと勧めたが、後藤田は、

「私は戦争に六年も行ってきた。それなのにわずか七カ月で動かされるというのではたまらない。知事さん、断ってください」

と申し出ると、内山も「それもそうだ」とうなずいて断ってくれた。

だがまもなく、それでは内務省地方局に戻ってこいと言ってきた。内山から「本省に戻ってこいというのを断るわけにはいかんよ」と諭され、こんどは後藤田も本省に戻る

つもりになった。

本省にその旨を伝えに行ったとき、同僚のひとりに、「どうだ、東京裁判を一度みておかないか」と誘われた。折りから、東京・市ヶ谷の旧大本営では、二十八人のA級戦犯を裁く極東国際軍事裁判（東京裁判）が開かれていた。

そこで後藤田は一日をつぶして市ヶ谷の法廷に傍聴に行った。二階の傍聴席で審理の様子を見守った。A級戦犯の被告たちは思い思いの格好で被告席に着いていた。午前中に検事団の証人が出廷した。後藤田より少し年上らしい軍人であった。軍服はそれほど汚れてなく、長髪で顔面が白いのが印象に残った。「元関東軍の作戦参謀・陸軍中佐瀬島龍三」と名のって証言をつづけた。

後藤田は瀬島がどのような証言をしたか、その内容をいまはまったく覚えていない。だが、この参謀の顔をみつめていると、奥歯をかみしめ、そのためにときどき頬がひきつるのがみえた。この軍人も緊張しているんだな、と思った。あとにも先にも東京裁判を傍聴したのはこの一回だけだったが、その軍人の名前だけは記憶に残った。三十七年後、中曾根内閣の行革断行の折りに顔を合わせることになろうとは、思いもよらなかった。

昭和二十一年十二月、後藤田は本省に異動となった。

地方局職員課は、内務省の支配下にある地方自治体の人事を扱ったり、その職務内容を定めたり、地方自治体の職員に関する法令を立案する部門であった。内務省の高級官僚は、必ずこの部門を通過していく。後藤田もそのコースにのったのである。地方局長は郡祐一、行政課長は鈴木俊一、職員課長は小林与三次であった。後藤田は昭和初年代の内務官僚の空気を吸っている鈴木や小林から直々に手ほどきを受けることになった。

この時期GHQは、日本の民主化路線を進めるとして内務省解体の構想を練り始めていた。その中心にいたのは民政局長のホイットニーで、内務省を日本のファシズム体制の中心勢力と見做《みな》していた。ホイットニーは部下のニューディーラーと称される改革派の将校に、そのための案を練らせたうえで、昭和二十二年四月三十日に内務省の分権化を日本政府に指示した。これが内務省の解体（昭和二十二年十二月三十一日）のきっかけになった。

後藤田が地方局職員課に出勤したころ、この部門では地方自治法、地方公務員法の法案づくりが進められていた。後藤田は地方公務員法の素案づくりに参加するよう、小林に命じられ、その仕事に没頭することになった。

この仕事は憲法の制定と密接に結びついていた。マッカーサーから憲法改正を示唆された東久邇《ひがしくに》内閣では、当初近衛文麿国務大臣が憲法改正問題に取り組んだが、昭和二十年十二月に戦犯容疑者に指定され、近衛はそれを苦に自殺をした。その後幣原《しではら》内閣のもとで松本烝治国務大臣が中心になって憲法改正の草案をつくった。いわゆる松本試案と呼ばれたこの案は、大日本帝国憲法の骨格を残し、部分的に条文の改正を示した内容だった。しかし、GHQはこの試案に納得せず、独自のGHQの草案（日本国憲法草案）をまとめて日本側に示した。天皇主権は国民主権に変えられ、非武装で戦争を放棄するといった条文が盛られていた。この案では、これまでの中央集権制に代わり、地方自治を軸にした地方分権制が謳《うた》われていた。この地方分権に合致した法律案を制定することが、内務省地方局に課せられたのである。

GHQの示した憲法草案は、枢密院や帝国議会でも論議され、わずかな手直しをしただけで、昭和二十一年十一月三日に日本国憲法として公布され、翌二十二年五月三日から施行されることになった。

新しい日本国憲法の第八章は「地方自治」という項で、地方自治体の首長や地方議会の議員は住民の直接選挙によって選ばれると明文化された。大日本帝国憲法下での内務省主体の地方統治は一切否定されることになった。そういう新しい事態に対応しての地方自治関係の条文づくりは、これまでの内務省の体質を色濃く持っている官僚より、どちらかといえばリベラルな志向が強く、新しい時代に適応できる三十代前半の者にむいていた。後藤田を本省に呼んだのは、職員課長の小林与三次といわれているが、小林は後藤田の年齢とその戦時体験に目をつけたようであった。小林は後藤田に、法案づくりの手続き、条文づくりの手法などを教えこんだ。

後藤田が本省で法規づくりに参加してみて気づいたのは、入省して一年後には戦地に出て六年間も内務省と無関係でいたため、その面での基礎勉強が著しく不足しているという事実だった。条文を書いても小林に一項ずつ書き直される有様だった。後藤田の証言である。

「六年余もブランクがあるから、ああだめだなあと思うことばかりだった。文書の起案にしても、陸軍内部の報告書づくりとはわけが違う。行政課には藤井貞夫、金丸三郎、財政課には奥野誠亮などの諸先輩がいて、ずいぶん詳しく教えてもらいました。彼らが地方局事務官室で地方自治法について論じるのを聞きながら、いろいろ参考にさせてもらった」

と苦笑いを浮かべながら話すのであった。のちに後藤田が、立法部門よりも警察行政畑を希望するようになるのは、あるいはこのような体験の故かもしれない。

奥野誠亮の証言では、このころの記憶はあまりないということだったが、それでも後藤田とよく話し合い、一致点も多かったという。「後藤田君は立法は苦手だったと言うが、そんなことはなかった。あのころは新しい時代に合わせての法案づくりで、三十代の官僚は皆熱っぽく議論を交わしたものだった」と奥野は証言している。

地方自治を明確に条文化した地方自治法は、帝国議会で承認されたあと、昭和二十二年四月に公布された。明治初年代からの内務省主体の地方制度は、この段階で民主主義体制に一変した。後藤田は、この地方自治法と憲法の精神に沿って、地方公務員法の条文づくりも進めた。しかし、地方自治法の精神に沿って、地方公務員がどのような立場にたつか、どういう執務態度が要求されるか、地方公務員のストライキは認められるのか、といった問題が次々に生じた。これらはすべて保守政党と社会党、共産党などとの対立で収拾のつかない懸案事項でもあった。

そのために法案づくりはそういう政治状況にふりまわされ、後藤田が職員課に在籍しているときにはとうとうまとまらなかった。

私が、「こうした法案をつくるとき、自らの育った村で、あの役場の職員がこの条文に規制されるのか、と考えることがあったのか」と問うと、後藤田は言下に否定した。「われわれの仕事にはそういうことは一切ない、そういう思いをすることなどない」と言うのであった。念頭にあるのは、この国家という存在だけであると言うのであった。

後藤田は案文づくりに苦労を重ねながら、昭和二十二年を過ごさなければならなかった。地方公務員法はいつ陽の目をみるかわからないし、どのような方向に進むか、自分でもつかめないときであった。戦地での六年間は長かったなあ、というのが実感であった。

このころ、後藤田と同期入省の海原治が中心になって若手官僚たちの勉強会が一カ月に一度開かれていた。ＧＨＱの占領下にあって、若い官僚たちの多くは、日々その折衝に忙殺され、いったい日本はこのままではどこに進むのだろうという不安を感じていた。それを官庁の枠をとり払って、語りあおうというのである。それに局長クラスの先輩たちは大半が追放になり、後藤田の世代が職務の中軸を担わなければならなかった。

この勉強会には、いつも海原の伯父海原清平が顔を出した。海原清平は、戦前には政友会の院外団の幹部だったが、そのうちに鳩山一郎などと親しくなり、政友会から二回衆議院選挙に立候補し、当選していた。政友会の暴れん坊といわれたが、人脈が広く、政界の裏も表も知りつくした人物であった。戦争直後も海原清平は、政友会の流れを汲む自由党のやはり院外団の大物といった立場であったが、国会の裏に事務所を持ってい て、電話一本で吉田首相を訪ねられるほどの力を持っていた。

「君ら、政治家というのは、全員が大臣になりたがっているし、そのためにどんな工作でもする連中なんだ。たとえば、戦前だと、代議士が同僚に『元気か』といって肩を叩くときがあるだろう。それがどんな意味かわかるか。政友会と民政党の二大政党の時代だ。本来なら政友会が天下をとろうとするならば、民政党の票を崩さないといけない。ところが地盤というのは大体決まっているんだ。そう簡単には崩せない。そうすると味方の地盤を崩す以外にない。そこで死んでもらうか、落選してもらって自分の票を固める以外にない。それほど生きるか死ぬかの戦いをしているんだ」

海原清平はこんな話を聞かせては、若い官僚に「官僚がしっかりしなければだめだ」と説いた。ときには海原清平の紹介で政治家が来て、話をしていくこともあった。後藤田と海原はこの会の常連であったが、安物の酒を飲んでは海原清平の話を聞いていた。

昭和二十二年、街には戦争の傷跡がまだ残っていた。後藤田はこのころ、東横線の都立大学前の官舎住いで、毎朝渋谷に出て、それから地下鉄で虎ノ門の省舎にかよっていた。通勤途中、渋谷で電車を待つ間、プラットホームに立っている者はほとんどみかけなかった。食糧事情が悪く、栄養不良のために体力がないので、誰もがプラットホームのコンクリートに座りこんで電車を待っているからであった。少しずつ復興のきざしはみえてきたが、それでも日本はまだ眠ったままの状態だった。疲弊状態から立ち直るには、君らの力が必要なんだ、内務省の上層部もどこの官庁も幹部は追放になっている、だからこそ君らの果たす役割は大きいと説く海原清平や政治家の弁に、三十代前半の官僚たちは励まされたのである。

後藤田の記憶では、この飲み会に中曾根康弘も内務官僚として二、三回顔を出したことがあるという。だがまもなく内務省を辞め、故郷の群馬に帰り政治運動を始めたと聞かされた。三十五年後、その男の内閣の官房長官になろうとは、後藤田は想像もしていなかった。政治の世界にはいることなど、このころは露ほども考えていなかった。

この日本を復興させる、アメリカの政策とうまく折り合いをつけながら何とか占領期をのりきろう、と後藤田は、海原や平井学や松本良祐といった同期入省組やその前後の同僚たちと、ときに気焔をあげていた。

その彼らに衝撃だったのは、内務省の解体であった。軍人が敗戦によって軍という精神的支柱を失ったのと同じであった。内務省がこれほどあっさりと解体されてしまうことなど、彼らにはとても信じられないことであった。

第三章　自立した旧内務官僚の道

昭和二十二年は、日本にとって対照的な局面が表出した年であった。旧体制と新体制の交代、戦争の傷跡と戦後の復興といった光景、さらには占領者と被占領者の確執、そこにはこの時代にしかみられない現象も幾つか生まれた。

後藤田自身にとってもこの年は転回点になった。

内務省地方局に戻ったが、立法の手順、そのための根回し、そして法案づくり、どれをとっても新しい体験であった。後藤田は、六年という陸軍での時間が官僚としての将来に大きなハンディになっていることを自覚しなければならなかった。そのうえ、地方公務員法の法案づくりに参加しながら、この時代はかつての内務省の実務とはまったく異なる仕組に変わったことも理解しなければならなかった。

内務省もまたほかの官庁と同じように、法案の素案や内部文書を英文に訳して、GHQに届けなければならなかった。この国の新しい権力者であるGHQのなかには、内務省を「ファシズムの機関」「ゲシュタポ」といった見方をする者もいて、何かと口を挟んでくることが多かったのだ。

後藤田と同時代の官僚は、この期をあまりいい気持で過ごしたわけではない。だがほかの世代と違ってあらゆる仕事に関わりを持てたという充足感は持っている。内務省入省が後藤田と同期の牛丸義留は厚生省に身を置いたのだが、往時を回想して次のように話すのだ。

「後藤田を含めてわれわれの世代は、この時期がちょうど中堅の課長クラスでした。GHQの占領政策のもとで日々実務を進めていかなければならない時代だったんです。戦前ならわれわれ内務省がつくった条文をそのまま閣議に提出し、そこで閣議決定をすれば法令となったのですが、こんどはGHQの諒解を得たうえで、ひとつずつそれを法令にしていかなければならなかったんです」

半面、いまになって振り返れば、日本を曲がった方向に進めてはならぬという責任感にあふれていたという。そこには困難な状況下とはいえ充実感があったともつけ加える。

後藤田は地方局での法案づくりは、自分にむいていないと判断し、地方局長の林敬三に、「どこかほかの部門に出してほしい」と申し出た。後藤田は直接口に出したことはないが、あるいはGHQとの折衝のほうに疲れを感じ、こういう立法作業から身を引きたいと思ったのかもしれない。後藤田の性格からいえば、そのようなことも充分想像できる。

後藤田は地方局事務官の傍ら、内務省の職員組合の委員長も務めた。むろんこれは後藤田が希望したのではない。組合自体、GHQによって省内に組合をつくるよう強制的に命じられた。そこで有志によって職員組合が結成され、委員長に後藤田が指名されたのだった。後藤田はこの大会に出席していなかったが、高橋幹夫（のちの警察庁長官）らが後藤田ならこの役もうまくこなすだろうと推したのである。この職員組合は、主に職員の待遇改善、生活物資の援助、さらには戦時の補償など生活関連の要求を出した。

後藤田が委員長職を務めたのはわずか八カ月だけだった。この間、人事課長の石井栄三にしばしば会って、組合の要求をぶつけることになった。

後藤田は、石井に対してそのような要求をつきつけたあと、組合役員を帰して次のように言ったという。石井の証言である（坂東弘平著『後藤田正晴・全人像』からの引用）。

「ただいまのは組合の委員長として申しあげました。これからは地方局職員課の一事務官として申しあげることにします」

そこで後藤田は、組合の要求のうち明らかに過大なものについては、実際は行なうのは無理だと思う、と私見を述べた。石井は往時を懐古しつつ、

「後藤田君は、これは聞いてくれ、これは聞かなくていい、と次々に処理していく。それが的を射ていたので、私としては楽だった」

と証言している。

この時期、社会情勢はまるで革命前夜のような様相を呈していた。ＧＨＱが日本の民主化のために意識的に「左翼」の力をたきつけたのだが、その火はＧＨＱの予想以上に大きくなった。内務省の中にも、堂々と共産党員であることを明かす者もいて、日本は社会主義国家になるのではと思われるほどだった。後藤田によると、内務省の幹部もそういう情勢に脅えたのか、組合と聞いて臆病になる弊もあったという。

昭和二十二年、全国の労働組合のうち官公庁が主体になった全官公庁共同闘争委員会（共闘）が二月一日のゼネストを計画した。インフレのために給料引き上げを要求する組合員の間には、正月に行なった吉田茂首相の演説（「労働運動の指導者は不逞の輩《やから》」）への怒りも加わってゼネストの気運が高まった。一月十八日に共闘側はゼネスト宣言を出したが、マッカーサーは三十一日になって「このような暴挙を許さない」と中止命令を出した。

一月三十一日午後九時十五分、共闘会議議長の伊井弥四郎はラジオ放送で、「一歩後退、二歩前進」といって涙ながらにゼネスト中止を命じた。

後藤田は内務省職員組合委員長として、このようなゼネストに参加するつもりはなかった。むろん内務省職員組合も共闘に属していたが、ゼネストに加わる組合員は極端に少ないだろうと予測されていた。後藤田自身が、このようなゼネストに公然と反対していたからだった。

後藤田によれば、伊井が涙ながらにゼネストの中止を命じたのは、そのことが無念だったばかりではなく、伊井の読みあげる声明それ自体もＧＨＱの検閲を受けていたからだったという。伊井が、あるいは共闘の幹部が書いた主体的な文案でなかったことが、伊井にとっても屈辱だったために泣いていたというのであった。

ＧＨＱは日本に福音だけをもたらす全能の神ではないとの認識が、後藤田にはあった。占領されるというのは、たとえ戦争に負けたにせよ、屈辱そのものであり、あたかもＧＨＱの下僕のごとくにふるまわなければならないことに、後藤田は耐えられなかった。そういう心理的反撥を後藤田は抱いていた。

地方局をはなれたいという後藤田の希望は、内務省の先輩にも伝えられた。当時、警視総監は門叶《とが》宗雄で、警察畑には丹羽喬四郎、岡崎英城といった水戸高校の先輩もいた。いずれも内務省の警保局育ちであった。のちにこのことが、後藤田が特高を駆使した警保局系人脈に近いと噂され誤解される原因になるが、それは後藤田にとっても不本意な評価であった。

そういう人脈が動いたのか、門叶から林のもとに「後藤田を警視庁に出してくれ」という申し出があった。後藤田もその内示を受けたが、まったく異存はなかった。内務省本省にいて組合運動などに関わるのが面倒であり、加えて内務省解体の動きも顕在化していた。

警視庁保安部生活課はこの時期特有のヤミ物資の経済違反取り締まりを行なう部門である。ところがあまりに仕事が肥大化したために経済第一課と経済第二課に分かれることになった。生活課長だった海原治は経済第一課長になり、新設の経済第二課長には後藤田が就くことになった。昭和二十二年八月のことである。

これが、後藤田が警察畑に足をふみいれる第一歩となった。しかも経済第二課は、立法や法案の根回しなどが必要でなく、警察の第一線部隊であり、直接に国民の生活を守るために法律を遵守させる部門だった。後藤田自身、この仕事は自分にもっともむいていると自覚するようになった。

後藤田がこのポストに就いたころは、社会、民主、国民協同の三党連立内閣である片山哲内閣の時代であった。この内閣は経済の再建を掲げ、国家統制的色彩の濃い法案をとおしていた。国民生活はまだ耐乏生活そのままで配給制、切符制であり、しかも、生活物資の配給が遅れたり、中止になったりという状況で、国民はヤミに頼らなければ生活できなかった。そのために各地の繁華街にはヤミ市が公然と開かれていた。東京では、渋谷、新宿、池袋の駅周辺がヤミ市のメッカであった。

経済第一課と経済第二課は、そのヤミ市にたむろする商人やヤミ市から購入する客を検挙するのである。課長だからといって机にふんぞり返っているわけにはいかない。後藤田は現場に出て指揮をとらなければならなかった。

東京から地方に買い出しに行った人たちの帰りの買い出し列車を止める。そこに取り締まり官がはいってその物資を次々に没収していく。激高する国民の罵声や哀願する声に耐えなければならない。その物資は警視庁で集めて、こんどは正規の配給ルートにのせて配分していくのであった。だがそういう取り締まり官も警視庁の幹部も、ヤミ市で食糧を買わなければ生きていけないし、暮していけないのが実情であった。

「こんな仕事を、なぜわれわれはやらなければいかんのか。取り締まり官だって内心では不満を持っているというのに……」

「国家権力がこんなことをやるのはおかしいなあ」

海原と後藤田はしばしばこんなボヤキにも似た会話を交わし合った。これでは悪代官そのものだ、という不満が鬱積《うっせき》した。法律の運用をがんじがらめにやれば現実が歪む。しかし違法の現実を放置すれば、そこに巧妙な連中が暴利を貪るシステムができあがる。海原も後藤田もまだ三十歳、三十三歳という若さである。当然、そういう現実に不満を持った。だが彼らにはどうにも手の打ちようがなく、そのことに苛立った。

できるだけ社会正義を維持できるような取り締まりを行なおう、と決意するだけであった。ＧＨＱの将校は物資の配給が遅れたり、欠配することなどに関わりなく、とにかく違法行為を取り締まれと督励してくる。

〈何を言うか。現実も知らないくせに〉

後藤田は露骨に不満な表情で、ＧＨＱの督励を聞いていた。

この経済第二課の時代に、後藤田が改めて自らに問うたのは、統制経済の大いなる矛盾であった。国家それ自体が欺瞞《ぎまん》に満ちた法令を制定し、それを官僚に押しつけているという不合理である。後藤田はいまもこの時代のことに話が及ぶと、不機嫌になる。国家がひとたび現実を無視して不合理な法運用をはかると、警察官僚はその職務に対して不満を持つ。それは国家そのものが解体して行く道につながるのでは、との懸念も持った。

後藤田は、旧制高校時代に「悪い奴をひっくくってやる」と姉の好子に言い、旧制高校時代から大学にはいったころには「検事になって正義を守る」と兄の英治朗に洩らしたことがあったが、警察畑はその延長線上にあることを自覚した。好子は、後藤田が許せないこと、社会的不正義を語るときには険《けわ》しい目になったというが、それは警察畑の第一線で矛盾を肌で感じたころからである。

こうした自覚を固めたときに、内務省は解体した。その解体は、後藤田の世代に怒りと悔しさの感情を起こさせた。なぜ内務省だけが悪者にされるのか、ＧＨＱはこの官庁の歴史的役割を正確につかんでいるのか、という不満がその土台にあった。

ＧＨＱ民政局のスタッフが、内務省解体にそそいだエネルギーにはすさまじいものがあった。

前述のように、民政局長ホイットニーが終戦連絡事務所長官にあてて内務省の分権化を指示したのは、昭和二十二年四月である。内務省解体の具体案の提出を命じたのである。五月三日に日本国憲法は施行されたが、それ以後も内務省解体を政府に強く要求しつづけた。ホイットニーはどこから情報を仕入れたのか、内務省を日本のファシズムの中枢組織として嫌悪していた。『内務省史』によれば、民政局の考え方は、当時の内務官僚たちに次のように認識されていたという。

「内務省は明治六年に設立され、すぐに政府の最も重要な省になった。内務省は幅広い権力と影響力のおかげで七十五年間、日本の歩んできた歴史のうえで特に重要な地位を占めたのである。警保局だけでも日本の国内経済のあらゆる面を統制し、日本におけるあらゆる家庭の日常生活を支配した。さらに内務省は、府県知事を任免し、異動させ、市町村を規律し、財源を掌握し分配するという権力を持つことによって、日本中のあらゆる小さな団体に至るまで、なにをなすべきか、なにをなさざるべきかを指令した」

内務省を厳しく断罪していたのだ。ＧＨＱ内部文書によれば、内務省の官吏に対しても激しい不信感を示し、「内務省の活動を支配したこの密接な人間的政治的結びつきは、内務省のなかで高度に専門化された支配グループが結束を固めつつ生長《ママ》していくことによっていっそう強化された。そのために多くの日本人にとって官僚政治という言葉は、いつも内務省を意味するものだった」と記されている。

当初、内務省首脳はGHQがこのような意向を持っていることを正確には認識していなかった。GHQの要求に応じて、内務省も独自の改革を行なった。たとえば一部の権限を新たな官庁を設けてそこへ移譲を図ることにした。だがそのような改革の動きにさえGHQは寛容ではなかった。内務省首脳は、GHQの民政局次長ケーディスとの話し合いで、地方財政は大蔵省管轄に移すこと、地方局は不要だから廃止すること、土木局は建設省に移すこと、さらに警察はほかの省の外局とするか総理大臣直属の独立機関とすることなどを要求された。内務省そのものが不要だというに等しかった。内務省も日本政府もともかく細目は受けいれ、内務省そのものは存置するとの方針を固めた。ところがGHQは内務省の存置を認めず、ケーディスは、内務省警保局はゲシュタポ、ゲペウと同じであり、日本の国民を内務省から解放しなければならないと、あくまで主張した。

昭和二十二年六月下旬、内務省幹部は事ここにいたっては解体以外にないと覚悟した。同時にこのころから、内務官僚のうち、本省見習い経験者は警察畑などに転じた。後藤田の異動も解体必至の情勢のもとでの選択だったのである。

その後、内務省首脳は、政府やケーディス側スタッフと交渉をつづけ、最後の抵抗を試みたが、結局、八月七日に「内務省及び内務省の機構に関する勅令等を廃止する法律案」と「地方自治委員会、公安庁及び建設院設置法案」の二本がまとまった。GHQは、内務省の廃止を明確にし、新設の機関の権限を限定して旧内務省以上の権限は持たぬことを要求し、内務省側はそれを受け入れる以外になかった。

政府は内務省解体とその権限が移譲される官庁の設置法案を制定し、昭和二十三年一月一日から実施することにした。こうして日本の行政機関の中に建設省、労働省、自治庁、警察庁などが生まれ、内務省警保局は警察庁に引き継がれることになった。つまり内務省は、GHQの手によって細分化という形で徹底的に行政改革されたのである。

昭和二十二年十二月二十七日、内務省の講堂で解体式が行なわれた。挨拶に立った内務次官鈴木幹雄は、百人余の課長補佐以上の幹部を前に、「本日をもってこの役所は七十五年の歴史を閉じる」と言って絶句した。それはそこに集まった内務省幹部に共通のものであった。後藤田もこの解体式に出席していた。日本を支えた歴史のある官庁がつぶれるとは……というのが実感であった。

「いつの日にか、この官庁のプラス面を生かした役所を再興したい」

ほかの誰もがつぶやいたその言を、後藤田もまた心中でなんども反芻していた。

後藤田が警視庁経済第二課長から警務課長のポストに横すべりしたのは、昭和二十三年五月のことである。警務課長は人事課長の意味である。そしてここで一年足らずの期間を過ごして東京警察管区本部の刑事部長になり、昭和二十五年八月までその職にとどまった。

この間に後藤田が取り組んだのは、警察内部の人事の刷新だった。当時、警視総監は田中栄一で、警務部長は大園清二だった。後藤田が警務課長に横すべりしたのは、たぶんとりわけ当時もっとも厄介な問題である人事の刷新を行なえる手腕を持っていると考えられたからに違いない。実際、後藤田は警視庁内の警官の粛正をやってのけ、それがあまりにも徹底していたために、それ自体が警視庁内外に大きな波紋を投ずることになる。

後藤田は、このときの人事異動が内務省警保局畑の人材を温存するための策だったとのちに歪曲《わいきょく》して書いた者がいると怒っている。それは後藤田に対する悪意の中傷に思えるが、事実はもっと歴史的な側面とこの時代特有の問題が背景にあった。後藤田はそのことを自覚しつつ人事の刷新を図ったのである。

警務課長として初の仕事は、警視庁管内の署長クラス三十人ほどを勇退させることだった。そして長年警察に身を置いてきた高齢の警官七十余人も勇退とした。つまり陸軍でいえば、現役を退《ひ》かせて予備役に追いこんだのだ。さらに庁内の人事に手をつけ、古い体質の警官を閑職に追いやり、不熱心な者を諭旨免職にした。この人事刷新は警視庁内部を驚かせるに充分な突然の出来事だった。この異動について、幹部のひとりが新聞記者に、不良警官の一掃を図ったもの、と誤解される表現で語ったため、新聞に「不良警官一掃」と報じられた。

当時の新聞をめくってみると、都内の警察はいま、刑事事件や公安事件が多発しているのに、警官の能力が落ちているために実効があがらない、と言ったあとで、この際能力の低い警官を一掃するのが目的と書いてある。ありていにいえば、これが正直な姿だと思うが、しかしそれをそのまま語ってしまっては、あまりにも後藤田の行なった人事異動は露骨になる。

勇退の百人余の警官は、私の調べでは（あるいは当時の警察関係の書類を読む限り）、幾つかの特徴を持っていた。ひとつは、いわゆる特高に関係した刑事であった。思想弾圧を担当し、すぐに共産主義者と断じて思想犯に目をつける刑事だった。

彼らは明らかにこの時代にふさわしくなかった。

もうひとつは、戦時下や戦後のどさくさの時期に警察にはいり、そのまま警官として職務についている者だった。彼らの腐敗は度を越したものがあった。そしてもうひとつが、共産党系の警官の追放だった。後藤田は、自らが先頭に立ってこのようなタイプの警官の追放を行なったのだ。後藤田はこの期のことについて、現在も詳しくは証言しないし、心中に秘めていることが多いようだ。ともあれこの人事異動で、警視庁内に「すご腕の後藤田」の名が語り継がれることになる。

「なぜわれわれは辞めなければならないのか」

と勇退を迫られた警察官や署長は、後藤田のもとにどなりこんできた。

「時代が変わったのです。そろそろ勇退されたほうがいいと判断したからです。警察は体制も変わり、その理念も変わったことですし、新しい空気のもとで職務を執行しなければならなくなったんです」

「これは人事権の乱用ではないか」

「そんなことはありません。警察は新しい人材もいれなければならない。それには勇退してもらう人も必要ということです」

後藤田のもとに抗議にくる警察官を後藤田は強引に口説き落とした。われわれを不良警官とはどういうことか、とどなりこんでくる者には、「あれは新聞の誤報である」とつっぱねた。後藤田はひとたび決めた人事を決して譲らなかった。妻子を路頭に迷わせることになる、と泣きつく者には、内心では同情することもあったが、しかしそのことによって原則を曲げることはしなかった。

私は後藤田を取材していて、この期の警官の質について、一言も苦言を呈することをしないのに驚いた。この部分を黙することが、彼らとの約束事でもあるかのようだった。

当時の警視庁の警官の質にバラツキがありすぎたことは、たとえば戦前はゾルゲ事件などを担当し、戦後、都内で警察署長を務めた大橋秀雄の『ある警察官の記録』（昭和四十二年刊）を読めばすぐにわかる。ＧＨＱは特高警察に関わった者を次々と追放処分にしたが、それでもまだ追放を免れて残っていた者があった。大橋もそうしたひとりだったという。

敗戦後の革命前夜にも似た情勢のもとで、警察官の中にも共産主義者がふえたというし、署長級の人物でも、共産党に迎合したり、便宜をはかる者があった。はなはだしい例として、共産党系の人物や在日の中国人や朝鮮人に圧力をかけられると、被疑者を一方的に釈放してしまうような署長もいた。それに抗する署長は、集団で吊るしあげられるために、日々脅えている有様だった。

警視庁は、各警察署の署長室は必ず二階に移すよう指示し、建物の窓には金網を張り、窓枠にはガラス片や釘を植えこんで外部からの侵入に備えるよう指示を出したほどだった。

昭和二十三年三月からＧＨＱの指示にもとづいて日本の警察は国家地方警察（国警）と自治体警察に分離されることになった。後藤田に言わせると、これは占領政策の一環で日本弱体化政策のひとつであったという。ＧＨＱのニューディーラーは、アメリカの警察制度を真似て日本に持ち込んだのだが、自治体警察は日ごろ特別の事件もなく余力を残しているのに、国警は限られた人数で公安事件や広域刑事事件を追うという事態になり、警察行政そのものの統一がとれなくなっていた。警視庁は東京都という自治体の警察のひとつとなったが、実際、昭和二十四年、二十五年の公安事件や刑事事件では、警視庁の捜査が後手にまわり、現在に至るも迷宮入りになっている事件が多い。

このころ警察署長だけでなく、第一線の警官にもいかがわしい者が多かった。先の大橋は、警察署長を務めたが、前掲書のなかで自分の周囲にも次のようなタイプの警官がいたと書いている。

「集団強窃盗の見張役や闇屋になるため巡査を志願した男、香具師《やし》の親分と組んで闇市場で数カ所の小間を持つ男、肺結核と称して療養のため引籠《ひきこも》りながら学校に通学する者、麻薬関係のある女と同棲《どうせい》し、嫌われたというので相手の親を射殺して自殺した男、同僚の物を盗み、発見されると指をつめるという男、手当たり次第物を盗む盗癖者、女を欺《だま》したり、役得を稼ぐ者も多く、私も、監督責任で始末書を出すことは毎度のこと……」

一警察署のなかでもこれだけの無頼な警官がいたというのだから、警視庁管内となればこの域よりもはるかに不適格な警官がいたはずであった。

後藤田はこうした警官を粛正したのである。「不良警官の一掃」というのは、あながち警視庁幹部の暴言ともいえなかった。

勇退を迫られた警官や免職となった警官たちは、ＧＨＱのＰＳＤ（公安課）に駆け込んだ。ＰＳＤは日本の警察制度の監視をする機関である。彼らは一方的に首を切られたと言ったり、幹部の横暴を訴えたりもした。なかには幹部の行跡を誇大にねじ曲げて伝え、いかにも反ＧＨＱの急先鋒であるかのように告げ口をした。ＧＨＱ側にとりいって、その権力をかさにきて異動を取り消させようという者もいた。

そうした者がいかに多いか、後藤田は改めて思い知らされた。日本人とはこんなに得手勝手で、権威に弱かったのだろうか、と後藤田は不快であった。

ＰＳＤのプィリアム大佐と後藤田は、しばしばやりあうことになった。その場合一切英語を使わず、つねに通訳を間に立てるようにした。

「どうしてこれほど首にするのか。民主主義を信奉する善良な警官ではないか」

とプィリアム大佐は、訴えてきた警官の言い分の方を信用して抗議する。後藤田は、事実はそうではないことを説明した。明らかに警官としての能力に欠けていることを具体的に語ったりもした。空しい思いでのやりとりであった。大佐やその部下は、

「お前に首にする権限はない」

と凄《すご》み、後藤田は、

「こちらに与えられた権限を行使しているだけだ。いわれのない指図をされる筋合いはない」

と突っぱねた。そして内心で、ＧＨＱ将校の横暴な態度と、日本人同士が助け合って

いかなければならないときに利己的な態度をとる連中を軽蔑した。

警視庁内部で警察官の不法行為を理由に懲戒処分にするときには、懲罰委員会をつくり懲罰委員に諮《はか》って行なえ、とGHQ側が命じてきた。GHQ側は確かに善意で提案していることはわかった。だが現実にそんなことはできない。後藤田は、プィリアム大佐と次のようなやりとりをした。

「懲罰委員会制度を設けて、そこで行なうほうがいい」

と大佐は言って、

「お前のところに警官の名簿があるだろう。その中から任意に十人ほどを選んで懲罰委員会をつくるんだ。懲罰の対象になるのが巡査なら巡査部長以上の者を懲罰委員にし、警部なら警視以上を委員にしていく。そしてひとりずつ審査していくのだ。この方法ならいいだろう」

「そんなこと不可能だ。ここには確かに膨大な名簿があるが、十人を選ぶといってもそんなことはできない。それにいまは警官の不祥事も多い。一カ月に数十人も退職させたり戒告したり停職にしている。そのひとりひとりに懲罰委員会をつくれというのか」

「そうだ」

「それは不可能だ。朝から晩まで懲罰委員会の事務しかできなくなる。これは私の業務の一部で、このような方法がすべてに適用されると、警視庁の業務がとまってしまう。

ここはアメリカとは違うんだ」

「いや、われわれの言う案のほうがいい」

「これはわれわれのほうに任せてほしい」

後藤田の強い態度に、プィリアム大佐はそれ以上は命令的にはならなかった。事実、彼らの言うとおりにしていたら、すべての業務が停止してしまうことは、それまでの経験からも明らかだった。

後藤田の行なった一連の人事異動は、都議会や国会で問題になった。共産党都会議員の岩田英一が都議会でとりあげ、こうした処分を受けた警官を復職させるよう訴えた。だが、警視庁が譲らなかったため、尻すぼみに終わった。

国会では、警視庁の人事刷新についての調査が進められた。単なる人事異動であるにも拘わらず、このようなさわぎになった背景には、内務省警保局の人脈が依然として警視庁の中に温存されている、との噂を実証したいと考えた社会党や共産党の政治家たちの計算があったからだった。

後藤田のもとにも国政調査権を持つ調査官が事情を尋ねにきたこともある。調査官がたまたま後藤田と同じ徳島県の旧制富岡中学校の出身者のこともあった。その調査官とは、故郷の思い出話に終始し、お互いに日本の再建のために尽くそうと話し合っただけだった。だがほかの調査官のなかには、警視庁内に戦前の特高の流れを汲む一派の影響が残っていて、それが新生日本のもとで育ちつつある新しい民主的な警察官を抑圧しようとしているに違いない、と執拗に問い詰めてくる者もいた。「お前がその役をやっているだろう」と言うのである。

後藤田は「そんなことはない。そうだと言うなら証拠を示してほしい」とはねつけた。この質問は、後藤田にとってもっとも不快な内容だった。すると調査官は、特高の流れを汲む岡崎英城のもとに正月の挨拶に行ったろう、そのとき今回の人事の相談を行なったのではないか、という推測をぶつけてきた。

「確かに先輩の家には挨拶に行きましたよ。こういうのは慣例ですからね。岡崎さんの家では酒もだされますが、私は酒をあまり飲まない方なので、挨拶だけにとどめて辞去した。どうして人事の話ができるのか。なぜあの人に人事の話をしなければならないのか」

後藤田は、つまらぬ質問をする、といった表情で答えた。

警視庁の大量異動のなかには、特高系の人脈と戦後派警察官僚の対立があったのは事実だった。内務省警保局と地方局の対立といった底流もあった。警保局系の警察官僚は警視庁内の人脈を維持しようとし、地方局はリベラルな警察行政を模索していた。後藤田は警保局系の人脈の推薦で警視庁に移りながら、実際に行なったのは地方局の官僚が持つ体質にもとづいた人事異動であった。

後藤田はそのどちらの流れにも本来は関係を持たなくてすんだのだが、警察の汚れや弊を排除するために、あるいは特高系の古い人脈を一掃するために、大なたをふるわなければならないと考えた。警視庁は古い体質を抱えている組織なので、このような荒療治が必要だったのだ。

警視庁にはもともとはえぬきの実務派といった官僚も育っている。そこに高文をとおった内務官僚がやってくる。叩きあげとエリート官僚、その対立は警視庁の歴史の中に刻みこまれてきた。後藤田は警視庁にやってきて、そうした歴史的な構図がわかったが、旧内務官僚のなかには警視庁の水に合う者と合わない者が出てくる。警察という仕事はほかの官庁と違って、現実社会の人間のマイナス面に携わるわけだから、その仕事にむかない官僚の将来をつぶすことにもなる。

後藤田は、そういう難しさのある警視庁について、次のような意見を洩らしている。

「実務派の人たちに一定の尊敬を受けるには、それだけの人柄と力量を持っていなければならなかった。現在も健在で、警視庁のなかで重鎮とみられているのは原文兵衛さんでしょう。その前になると岡崎英城さんでしょう。人間の器に独得のものがある。むしろそうでない者は警視庁では採らないほうがいいんだ」

後藤田自身は自分が警察行政にむいているか、むいていないか明言しないが、後藤田のように一度決断したら、決してひるまない、というタイプがむいていることは間違いなかった。

もっとも、警察官僚は他人には言えない機密に触れることがあった。昭和二十年代後半まで、とくに講和条約が発効するまでの間、警察官僚の大半は機密に類する体験をしたり、そのような事実を見聞していた。たとえば、GHQが戦犯容疑者として逮捕状を出して、その人物を逮捕するよう国警本部や警視庁に伝えてきても、警察官僚は意図的にサボタージュしたり、ときには警察官僚自身が自宅に匿《かくま》ったりもした。旧軍の参謀辻政信をある警察官僚が匿ったのは、内部では有名な話であった。

東西冷戦下で、日本でも米ソのスパイ合戦がつづけられていたが、後藤田自身、共産圏のスパイ摘発を行なうことがあったし、スパイの監視を務めたこともあった。その折りに出あう人物は一様に暗く、後藤田はそこに他人の人生のさまざまな局面をみることにもなった。

後藤田と同期に入省した十四年組や後藤田と親しかった旧制水戸高校時代の友人たちのなかには、戦後になってそれまでとまったく異なる生き方を示す者もあった。後藤田のもとに、新しい職場はないか、と相談を寄せる者もいた。後藤田の親分肌の性格が、このような時期には頼りにされたのである。

旧制水戸高校で同級生だった小林静一は、満鉄に勤めていたが、東京に戻って肥料公団の職を得た。だがGHQの強引な行政改革でこの公団は廃止になってしまった。小林はその不運を嘆きながら、さて誰に相談しようかと考えた末に、結局は後藤田が頼りになると判断した。

「どこか就職口はないか……」

という小林の頼みに、後藤田は「わかった」と言い、のちに後藤田自身が携わることになる警察予備隊に推してくれた。

後藤田は頼み事を聞きながら、戦争をそれぞれが体験することによってこれまでの生き方がどう変わったか、を確かめて新しい職場を推した。とくに後藤田がこだわったのは、戦時下の軍隊ではどのような生き方を強制されたかにあった。後藤田は戦時下で、自らの意思とは別に国家のためにという名目で、労苦に耐えた者にとくに熱い思いを送った。

後藤田には後藤田なりの戦争観があった。

戦争のあの愚劣さは、決してくり返してはならない、もう二度とあのような体験はしたくない、との覚悟を固めていた。後藤田と会話を交わすと、そうした覚悟がはっきりみてとれる。だがそのことは、一気に左翼に走り、共産主義者になることで良心の証のように考える当時の風潮とは、はっきり一線を劃した。それもまたムードに流されて革命を叫んでいるようにしか思えなかったのだ。

「水戸高校時代の友人に梅本克己君がいてねえ。彼とは親しかったんだが……ああなるとは思わなかった」

と後藤田は、私の取材でも明らかにしていた。彼が昭和二十年代から一世を風靡《ふうび》するようなマルクス主義思想家になぜなってしまったのだろう、と首をひねるのであった。後藤田の同級生を取材していても、梅本の名がしばしば出た。寮ではいつも酒を飲み、授業にまったく出席せず、哲学書ばかりを読んでいた彼が、戦後急に左翼論壇の寵児《ちょうじ》になったことが不思議だというのであった。

後藤田も梅本も、寮ではともに委員を務めていたので、お互いに心を許し合った仲間だった。後藤田は、寮のホールのたまり場で梅本と他愛ない雑談を交わすのが楽しみであったという。梅本は学生時代、とくにマルキシズムに共鳴していたわけではなく、寡黙で内向的なタイプとみられていた。

梅本は、昭和二十一年から二十二年にかけて、『唯物論と人間』などの論文を相ついで発表した。いずれも、マルクス主義者として革命に「どう主体的に関わっていくか」というテーマをとりあげ、知識人の間に影響を与えていた。母校の水戸高校教授を経て、立命館大学教授を退職、共産党の活動家となった。

後藤田はその立場上、梅本と交際することはなかった。だが後藤田と親しい高久泰憲が、「思想は思想、友情は友情」とはっきり分けて梅本と変わらぬ交際をつづけていたので、その高久から梅本について多くのことを聞いていた。そして、梅本の生き方にひそんでいる挫折感に、後藤田は密かに同情を寄せている節さえあった。

梅本は水戸高校から東大文学部倫理学科にはいり、卒業後は文部省に入省した。これは高久とも同じコースだった。

「梅本が左翼に走るのは戦後になってからです。僕と同じ文部省の官僚だったのですが、彼は哲学についていては並み外れた知識を持っていても、実務能力はゼロでした。そのため文部省では先輩の官僚からずいぶんいじめられた。とくに彼をいじめたのは、右翼系の官僚で、梅本も芯は強かったから、難癖をつけられるとやり返していったんです」

高久はその間の事情を同じ釜の飯を食べたという関係でよく知っていた。

梅本は身体が弱かったために軍隊に行ってはいない。戦時下でも文部省で過ごしていたが、右翼系官僚の存在に嫌気がさしたのか、退職して水戸に戻り、旧制水戸高校の教授となった。ところが梅本に好意を示さない文部省の神がかりの右翼グループともいうべき中から、二人が水戸高校に送り込まれてきた。思想の対立というより、人間的な対立がそのまま教授室に持ち込まれたのであった。梅本は授業を持たせてもらえず、軍需工場に送られて戦時下を過ごすことになった。

高久はこの経緯を語るときはひときわ梅本に同情を寄せていた。

「そのような背景、つまり右翼系学者に対する反撥から彼は戦後、急速にマルクス主義の側に走ったんです。水戸高校で戦後初めて学生運動が起きたとき、戦争に協力した右派系教授の追放が最大のスローガンでした。梅本はそういう学生たちにかつがれたわけです」

梅本は、あれよあれよという間に戦後左翼の象徴的な人物になり、論壇で強力な立場を築くことになった。

昭和四十九年一月十四日、梅本は病死した。高久は梅本の妻に、「あなたがもっとも親しい友人だったので弔辞をお願いしたい」と頼まれ、思想には触れずに友人を悼む辞を書いた。葬儀には後藤田からも丁重な弔電が届いたという。親しかった友人も思想を異にすることになり、お互いに再会はしなかったものの、十代のあの友情は友情としてつづいたというのであった。

後藤田は旧陸軍に対して、とくに戦争指導に携わった大本営の参謀には批判を持っていた。大本営作戦部の高級幕僚の戦後の生き方について語るとき、ひときわ厳しい口調になる。戦後になって、戦争の実態を知ったとき、後藤田に限らずこの世代は、一様にそのような幕僚の無責任な態度に怒りを示す。後藤田の表現は慎重にみえるが、怒りそのものは深いように思えた。

それは警察予備隊発足の経緯に関わったためだろうとも推測できた。

昭和二十五年八月、後藤田は警察予備隊本部の警備課長兼調査課長の辞令を受けた。この本部は、東京の深川にある高等商船学校の跡にできたが、同じ建物にはアメリカ軍の軍人の一団も詰めていた。彼らは、日本に相応の軍事力を持たせようと日々圧力をかけつづけた。この年六月に北朝鮮が韓国に突如侵入してきて、朝鮮戦争が始まっていた。日本に駐留しているアメリカ軍の師団は朝鮮に出兵することが内々に決まっていて、日本は軍事上の大きな空白地になる可能性があった。その空白を埋めるために、日本も軍事力を持たなければならないとされたのである。

警察予備隊本部は、日本に新たな軍事力を組織するために設立された。警察予備隊本部長官は増原恵吉、次長が江口見登留、警備局長が石井栄三であった。すべて内務省の人脈であった。吉田茂首相は、警察予備隊の設置にあたっては、旧軍の人脈を排すること、さらに内務省で警察畑を歩いた官僚、とくに特高関係の官僚は避けるという方針を持っていて、そのためにこのような布陣を敷いたのである。警察予備隊を担当する国務大臣には法務総裁だった大橋武夫が就いた。大橋もまた内務省出身の政治家であった。

後藤田が警察予備隊本部警備課長兼調査課長のポストに就いたのは、石井の推薦によるとされている。石井は昭和二十二年に人事課長として内務省の若手（といっても三十代だが）官僚の能力をつぶさにみている。後藤田に白羽の矢を立てたのは、後藤田の性格や執務態度を点検したうえで、ＧＨＱや旧軍の関係者に伍していくには、決断力と実行力を持っていて、ＧＨＱの権勢に阿《おもね》るタイプでない人物がよいと判断したからであろう。

「軍隊と警察、このふたつを担当するとはずいぶんやりがいがある」

後藤田はそう思って、警察予備隊本部にのりこんでいった。朝鮮戦争では北朝鮮が一方的に韓国に侵入し、ソウルに近づいているときだった。第三次世界大戦を予言する声もある半面、日本国内では「左翼勢力」の革命を叫ぶ声が強まっているときでもあった。

当時、ＧＨＱの間にはふたつの対立する考えがあった。ひとつはＧ２（参謀第二部）の責任者ウイロビーで、もうひとつはＧＳ（民政局）のホイットニーの考えである。ウイロビーはドイツ系アメリカ人で、アメリカ陸軍にあっては親独の自説を隠さない特異な軍人であった。共産主義を徹底して憎悪し、この思想を世界から消してしまわなければならないと主張した。そのためにマッカーサーに従って日本に進駐してきてからも旧日本陸軍の人材を温存して、アメリカ軍の支配下にはいる日本軍の創設を意図したのである。

そのためにウイロビーが行なったことというのは、マッカーサーを賛えるための戦史を書きあげることで、日本とアメリカの双方から戦史を解析するという名目で、かつての大本営の参謀たちを集めて戦史編纂室をつくった。その責任者として目をつけたのが、大本営作戦課長だった服部卓四郎であった。服部は戦争指導の責任者として、本来なら追放令に該当する人物であったが、ウイロビーはそれに例外規定を設けて服部をとり込んだのである。服部のもとに集まった旧軍関係の参謀を服部機関と称することになった。

ウイロビーは警察予備隊の責任者（旧軍でいえば参謀総長のような立場になるが）に、服部を擬していた。服部もウイロビーと気脈を通じながら旧軍の関係者に声をかけ、その機を狙っていた。そして、内務省ＯＢには日本の軍隊を牛耳らせるな、と公然と叫んでいた。

ＧＨＱのもうひとつの旗頭であるホイットニーは、ウイロビーとまったく反対の考えであった。ホイットニーは、

「日本には軍隊は必要ではない。警察力で充分だ。いかなることがあっても、旧軍の手垢《てあか》のついた者を重用してはならない。日本の軍国主義に染まっていない異質の人物を幹部にして創設すべきである」

と主張した。

ウイロビーは警察予備隊構想が持ちあがると、服部を長官に据えた人事をＧＨＱ内部に示した。このとき服部はウイロビーの意を受けたのか、旧軍の指導者六人を連れてＧＨＱ内部の挨拶まわりを行なっている。こうしたウイロビーの動きにホイットニーは反対し、吉田茂首相も不満の意を顕わにした。最終的にはマッカーサーが、ウイロビーの服部長官案に難色を示して却下し決着がついた。

吉田はこのころ独自に軍事上の相談役を抱えていた。昭和十年代に駐英大使を務めたときに、駐在武官だった辰巳栄一である。辰巳は吉田に私淑していたことと服部ら旧軍の作戦担当幕僚に好意を持っていなかったこと、それに日本は旧軍色を一掃して再出発すべきと考えていたために、吉田への助言は的確をきわめた。吉田は辰巳に深い信頼を寄せていた。

辰巳は旧軍の軍人の採用にあたって、どのような線引きを行なうか助言もしていた。吉田が増原を長官に据えたのは、内務省主導の軍国主義色の薄い警察予備隊を構想していたからであった。増原、江口というラインは、ホイットニーの諒解は得られたが、ウイロビーは賛意を示さず書類にサインしなかった。そこで吉田はマッカーサーに直接会って諒解をとった。

このラインで、警備局長に石井栄三が座り、石井は後藤田を呼んで警務局内の三つのポストのうちふたつを後藤田に任せることにしたのである。

このとき後藤田は石井から、

「警備と調査というのは、部隊の編成と配置を行なうことである。君は、当初に採用する中堅幹部の採用試験、それに彼らのこれまでの経歴などを調べて入隊させるようにしてほしい。人事の大どころは君に任せる」

と言われた。後藤田は、ウイロビーとホイットニーの対立、その流れを汲んでの旧軍幕僚と内務省警察畑の対立、といった上部の構図は充分知らなかったが、それでも自分に課せられた役割は想像以上に大きいと、覚悟をあらたにした。

後藤田は、服部などの旧軍関係者に対して、

〈本来なら戦犯に値する。それでまたGHQの力を借りて復活を図ろうなんて、とんでもない筋違いだ。こんな理不尽なことが許されるか〉

という怒りを持っていた。事実、ここまで断定的な言い方はしないが、その心中はインタビューに対する答えのニュアンスの端々ににじんでくる。後藤田は、石井の説得に応じたためもあろうが、長官となった増原への親近感もあってこの厄介なポストに就いたともいえた。

増原は、昭和二十二年に民選となった知事選挙にそれまで務めていた官選の香川県知事から立候補した。そして当選したのだが、吉田は故郷の高知に戻るとき、いつも高松に寄り、増原と会っていた。増原とは親しかったのである。しかも内務省では特高畑とは異なる警務畑を歩いていたことを吉田に買われて、初代の警察予備隊本部長官に座らされたのだ。

増原は戦前に警視庁で警務部長の職にあった。ところが陸軍は、意識的にか増原を徴用し、第三十五軍の主計将校に任じた。内務省のそのクラスの官僚は普通召集を受けないとの内規があったのに、それに対する嫌がらせでもあった。内務省は陸軍省と交渉し

て、一年で東京に戻した。ところが、増原は再び徴用されて台湾軍司令部に送られた。

このとき台湾軍司令部の主計少尉であった後藤田は、増原の徴用はおかしいと司令部で抗議をつづけた。

「この人は陸軍で使う人ではないんだ」

と人事担当の参謀になんどももちかけ、東京に帰す方法をとったのである。

「そのような縁もあって、警察予備隊はわれわれ内務省の手で、という使命感はあった。そうでなければ何も好き好んであんなところには行かなかった」

と私の取材では洩らしてもいた。旧軍に対する不信感はその胸中に深く沈澱しているように、私にはみえた。

昭和二十五年七月、警察予備隊の定員は七万五千人と定められ、それにもとづいて隊員の募集が本格的に始まった。この七万五千人というのは、アメリカ軍の駐留部隊がこの数字だったために、当初、これが警察予備隊の定員になったにすぎない。吉田はこの警察予備隊を憲法第九条の関係もあって、「これは軍隊ではない。すべて警察予備隊である」と、七万五千人の警察官といった表現を押しとおし、表面上は国会での答弁も決して軍隊扱いはしなかった。

警察予備隊員の募集は、中央の動きとは別に増原長官、江口次長が決まった段階で一部始まっていた。九月二日に応募は締め切られたが、応募者の総計は三十八万二千三人と、定員の五倍強に達した。このうちの二一パーセントにあたる七万九千五百六十八人が合格した（実際に入隊したのは七万四千五百十人）。ほぼ半数が旧軍での軍隊経験者であった。ということは、旧軍時代には徴兵検査の年齢に達していなかった二十代前半の青年が半数近くを占めていたことにもなる。

後藤田は合格予定者の中に不穏分子が交じっていないか、国警本部を通じて綿密な調査を行なった。破壊分子が予備隊に潜入しないか、刑事事件に連座した者はいないか、公職追放になっている極右思想の持ち主はいないか、そうした調査は国家警察の職員が徹底して調べた。合格発表までにこの調査がいきわたらず、合格決定後にいかがわしい前歴を発見して合格取り消しを行なうこともあった。入隊式は札幌、仙台、東京、大阪、広島、そして福岡の六カ所にある国警の管区警察学校で行なわれた。

次に問題になったのは、こうした隊員を指揮する将校役をどう確保するかであった。当初は国警の中堅幹部や他省庁からの中堅キャリアなどを将校役として集めたが、それは頑《かたく》なに旧軍関係者は一切寄せつけないという方針のためであった。吉田も増原もその線を崩すまいとしていた。

ところが、実際に訓練を始めてみると、素人が素人を教えるようなもので、どうにも統制がとれないことが判明した。軍隊の基本の行進さえ満足にできなかったのだ。

制服組の最高幹部の人選では、ウイロビーがまたもや服部卓四郎を推したが、ホイットニーや吉田らはそれに反対した、マッカーサーも吉田らの意見をいれて、服部や有末精三（元大本営第二部長）ら旧軍高級幕僚六人を呼びつけ、「君らには予備隊にはいる資格はない」と言いわたした。これによって旧軍の幕僚たちの野望は消えた。この日が昭和二十六年八月十五日であったことは、マッカーサーの好む記念日に屈辱的な思いを与えるという神経戦の趣を呈してもいた。

制服組のトップに吉田や増原が推したのは、当時宮内庁次長であった林敬三であった。林は、昭和四年に内務省に入省した内務官僚であった。吉田内閣の官房長官岡崎勝男が、林のもとを訪れ、

「予備隊の制服組の最高司令官になってほしい」

と頼んだ。林は固辞したが、執拗な依頼にやむなく引き受けることになった。文官出身でありながら制服組のトップに立つということが、吉田や増原が念願としていたシビリアン・コントロールの模範になるとの説得は、内務官僚の肌合いを強く持つ林を納得させるのに充分であった。

後藤田はこの間の動きを課長としてみていた。旧軍の幕僚たちが、シビリアン・コントロールに強く反対しているのが不思議であった。彼らは、背広を着た文官が制服組を一段低く見做して、あごで制服組を使うこと、と考えている。後藤田は、

「警察予備隊という組織はアメリカ主導で始まったが、アメリカは極端なまでに政治が

軍事を支配するというシステムになっている。これには僕も驚いたが、太平洋戦争の反省があったから、納得した。しかし旧軍人たちはなかなかそれを理解できなかったようだね」

と証言する。シビリアンという意味が、政治が軍事の上位にあることを、旧内務官僚はすぐに理解し、それを日本に定着させようとしていたのである。

こうして警察予備隊は、内局も制服組の要職もすべて旧内務官僚が占める形で出発した。

旧内務省は吉田やGHQのホイットニーの助力を得て、旧軍勢力との戦いに勝ったともいえた。そしてその実動部隊が、警備局長の石井栄三、警備課長の後藤田というコンビだったのである。その意味では、後藤田は現在の自衛隊の生みの親のひとりであり、その国防論がつねに原点に返る形の論調を帯びてくるのも不思議ではない。PKO論議が沸騰しているとき、後藤田は自衛隊の海外派兵はいかなる形であれ反対であると明言したのは、自衛隊（警察予備隊）発足の原点を想起せよと言っているのと同じ意なのである。

たとえば、後藤田は次のように言う。

「自衛隊というものは、当初から自衛のための武装部隊ですから、編成、装備、教育訓練は『オーバーシー』の軍隊としてつくられてはいないということを考えなきゃならない。戦前の陸軍は、だいたい満州を戦場とするような軍隊をつくった。これはまさにオーバーシーの軍隊ですよ。海外派遣が専門なんだ。ところが自衛隊というのはそうじゃないんですよ。海外派兵ということは全然考えていないんですよ。だから、この自衛隊を海外に派遣するとか、派兵するといっても、自衛隊の平素の教育訓練、編成からみて、その力をほんとに発揮できるのか。補給、維持一つ考えても簡単に使えるものではない」(『月刊ASAHI』一九九〇年十二月号)

これは後藤田が警察予備隊の創設に関わったときの原点であり、それを現在も変わらぬままに持ちつづけているということである。後藤田はこの一点だけはどのような時代になろうとも決して譲らぬと覚悟を決めているかのようである。

警察予備隊員の訓練を充実させるために旧軍体験者、それも政治的色彩の薄い教育畑を歩いた旧軍人をいれるのは仕方のないことではないか、という声は、実は旧内務省の官僚の中にも起こった。

吉田のブレーンだった辰巳栄一も、行進も満足に指導できないようでは、旧軍の正規将校をあるていどは入隊させなければならないだろう、と進言した。辰巳は、吉田の命令によって、二、三カ所をみてまわったが、アメリカ軍の将校がいいかげんに訓練している光景にも出会った。文官が臨時編成の隊長を占めていて、とても役だたないともわかった。辰巳は吉田に次のように進言したという（読売新聞戦後史班編『「再軍備」の軌跡』からの引用）。

「そこで吉田さんに、いざというときには役にたたない烏合《うごう》の衆だと報告した。吉田さんはマッカーサーに直訴され、マッカーサーもそんな状態じゃ仕方ないと考え、反対していたホイットニーを説きふせて、正規将校の採用を許可した」

その第一回の試験は、昭和二十六年二月に行なわれ、陸士五十八期、海兵七十四期の旧軍将校を対象にしていた。ここで二百四十五人を採用した。第二回目の試験が行なわれたのは、昭和二十六年八月で、陸士五十四期以上の中から千七百人を選び、増原恵吉名で入隊勧誘状を送った。すると九百人が応募してきたので、審査して、そのうち四百人を十月に採用した。旧軍将校の中から厳選に厳選を重ねて採用したのだ。

　警備局長の石井のもとで後藤田は、最初の入隊勧誘状を送付する千七百人を選びだす作業を単独で行なった。延べにすると一万人近くの対象者がいたし、そのなかには戦場で死亡した者や戦傷を負った者も多い。まだシベリアに抑留されたままの者も少なくなかった。後藤田はこのとき初めて旧軍の内実をつぶさに点検することになった。どのような将校が新生日本の〝軍隊〟にふさわしいか、どういう資質が要求されるか、それを個人的に丹念に調べていったのだ。

このときの様子を後藤田は決して口にしていない。

したがってこれからは私の推測になるのだが、後藤田は、それぞれの軍人としての能力よりも人間的な性格や資質について、旧軍関係者を訪ねまわって聞いていた節がある。その折りの基準は、旧軍思想にこり固まっている将校は不要、かつて後藤田が敗戦後（後藤田は敗戦を終戦という語に言いかえることには激しく抵抗する）に、台湾の捕虜収容所でみた責任逃れに汲々とする高級将校のようなタイプはすべて不要、信念も理念もなく単に生活のためだけに警察予備隊にはいりそうな者も不要、といったもので、後藤田は冷徹に人選を進めたと思われる。だからこの千七百人のなかには、旧軍の将校としては地道に職務をこなすタイプの人物が結果的に多くなったのであった。

後藤田と親しい海原は、

「旧軍幹部は、プロとして戦争に負けたのである。その失敗の責任者はもう舞台になど出てこなくていい。われわれは警察官僚だから軍事上は未知の点があるかもしれないが、同じ失敗ならプロよりアマのほうがまだいいではないか」

と言っていたが、その見解は後藤田も共有していたように思う。採用となった旧軍の中堅将校たちは、旧軍幹部の失敗をみてそれを教訓にし、警察予備隊の中に生かしてほしいとも期待されていた。

これらの中堅幹部を横須賀に集めて、幹部教育が行なわれた。後藤田はその幹部学校に何回か講義に出むいた。その内容はいつも明確で、旧軍の過ちを二度と犯さないこと、そしてGHQの制約を受けており、この枠内での発足であることを説いた。憲法第九条との関係についての後藤田の見解は比較的明快であった。大まかにいえば、次のような見解になった。

「日本は今次の大戦によって敗戦という事態で鉾《ほこ》をおさめた。この敗戦には幾つもの教訓が込められているのは事実だ。その結果として、日本は新たな憲法をつくって出直すことになった。こういう憲法を持つ国は確かに世界に例がない。この憲法第九条では、一に戦争の放棄、二には海外に出ての武力行使はしないという宣言、三に旧陸海軍のような軍備は持たないということになっている。

そして交戦権も放棄するという点が明記されている。これらの規定はいずれも相当に厳しいものである。だが、国家である以上は国家として自存自衛していく権利を持っている。つまり抵抗権は持っている。警察予備隊はその抵抗権の中枢である。日本は日本が攻撃されたとき以外は、抵抗権を使うことはないということだ」

後藤田はこうした考えを中堅幹部たちに説いた。後藤田が三十七歳のころで、中堅幹部たちは大体が大正十年前後から下の世代になる。彼らに共通するのは、新しい時代の軍事力は新しい世代の目で、あるいは考え方でという点につきた。後藤田はできるだけ、その原則にこだわりつづけた。

警察予備隊の編成については、顧問団のアメリカ軍将校から次々と指令が届いた。顧問団長はシェファード少将で次席はコワルスキー大佐であった。彼らは軍事の専門家で、〝日本軍〟をアメリカ軍のようなシステムに仕立てあげたがった。

朝鮮戦争は昭和二十六年にはいると、北朝鮮軍とそれを支援する中国軍、対する韓国軍とアメリカを中心とする国連軍が一進一退の状況になった。朝鮮戦争では、アメリカ軍にとっては地理上の未知な面があり、その作戦計画も円滑には進まなかった。そのために密かに服部機関も協力していて、ここに集まった旧軍の高級参謀が作戦計画の素案を練っていた節もあった。もし服部らが再び警察予備隊の指導部にはいったら、義勇軍といった名目で警察予備隊が送られた可能性もなくはなかったし、その編成も「オーバーシー」を含む内容に変わってしまう可能性もあった。

後藤田ら旧内務省の官僚が、こうした懸念を持っていたか否かは定かではないが、旧軍の動きを厳しくチェックしたことで、そうした可能性を封じるという歴史的な役割を果たしたともいえた。

昭和二十六年三月、マッカーサーは中国本土の爆撃も辞さないと言い、原爆の使用も考慮するといった考えを明らかにした。トルーマンは、マッカーサーのこの発言を容認せず、国連軍総司令官のポストから解任した。四月十六日、マッカーサーは日本をはなれた。

この時期、日本の占領を解き国際社会に復帰させるため、講和条約の内容について、アメリカ政府と日本政府の話し合いも始まっていた。マッカーサーはしばしば日本政府の後ろ楯の役を果たしたが、その楯が取り払われたのだ。日本政府にとっては、冷戦構造下でどのような方向をめざすべきか、その内容が試される時代にはいっていたのである。

警察予備隊の役割については、具体的にどのような編成を進めたか、によっても占うことができる。後藤田はこの面の事務責任者であった。

編成については、当初、アメリカ軍が長官の増原に対してこのような内容で行なうべきである、と指示してきた。それがそのまま後藤田のもとにおりてきた。アメリカ軍の編成を真似たもので、一個師団が一万五千二百人という編成であった。だが後藤田は、その編成の中から戦車連隊、兵站《へいたん》関係などの要員を除くという内容に変えた。また師団司令部を各地に置いて、師団隷下の連隊を掌握するというシステムを採用した。武器など装備は、初めはアメリカ軍から譲ってもらった軽装備であった。言ってみればアメリカ軍の余剰の武器を押しつけられた格好であった。

「この点は重要なことでしたが、いかなることがあってもオーバーシー用の武器は持たない、装備はしない、というのが主眼だったんです。足の長い、つまり外国に出て行けるような装備はしないということでした。部隊そのものが外国に出て行けない、しかも隊員にもそのような教育はしない、という方針でやっていたわけだ。長距離爆撃機など決して持たないわけです。兵站、補給にしても、国土防衛が中心ですから、それほど大がかりなものでなくていい。だから僕はアメリカから命令された後方部門は削ってしまった……」

後方部門、つまり兵站、補給を拡充すれば、オーバーシーが可能になってしまう、と後藤田は考えたのである。しかし、アメリカ軍の将校たちは、後藤田のこの処置に別段異は唱えなかった。

後藤田に言わせると、アメリカ軍の将校と日常ともに業務をとっていながら、決して英語を覚えようとしなかった。だが、軍事上のテクニカル・タームはすべて英語で覚えてしまったという。英語での会話を拒否したのは、石井と後藤田だけだった。その後、自らのこういう意地のはり方を反省することにはなったが、英語を一切使わなかったという事実が、後藤田にとってはむしろ国益に合致するとの認識はあった。これには旧制中学からの英語嫌いにも一因があるが、内務官僚として復職した折りに神奈川県知事の内山岩太郎の交渉のテクニックから学んだことでもあった。

もっとその心理の奥に立ちいれば、太平洋戦争を通じてアメリカという国に対して疑念や不信を持っていたからともいえるはずであった。

後藤田は警察予備隊時代に、増原、江口、石井という、後藤田にとっては信頼のおける上司に仕えたことが思い出として残った。三人の上司たちは、後藤田に多くの権限を与え、それを自在にふるわせた。内務省は解体したといっても、その精神を継ぐ者として後藤田の判断力、決断力、行動力に期待を寄せたのである。

後藤田はこの期間に、吉田茂という首相の硬骨漢ぶりも目のあたりにした。吉田こそは、アメリカという支配者に対して、巧妙な手を用いて、自らの理念や信念を崩さずに日本の主体性を守り抜くことに成功した首相だ、と思った。後藤田は、吉田のような政治家がいなかったら、あの当時、日本は際限なく原則を崩してしまったのではないかという。

その吉田が、後藤田や外務省、旧内務省など各省からの官僚が警察予備隊にあってシビリアン・コントロールを模索し、旧軍将校などの募集をしているとき、予備隊本部を訪問したことがあった。吉田は講堂にこれらのスタッフを集め、新聞記者の入室を拒んだあと訓示をした。その内容は、

「私は、表向き警察予備隊は軍隊ではないと言いつづけている。だがはっきり言って、これは軍隊である。諸君も軍隊という認識を持って、しっかりと国土を防衛するつもりで努力してほしい」

というものだった。後藤田はその率直さと明確な発言に感心した。この首相は、その方針で警察予備隊をみている、ということは逆に旧軍の過ちを決して踏襲するな、とい

う意味にもなったからだった。

当初、七万五千人で出発した警察予備隊を、アメリカ側は、冷戦が激化するにしたがい強力な軍隊に仕立てあげようと考えるようになった。そのために吉田に対しても、陸軍を十八万五千人にふやせ、それに海軍などを含めて三十二万五千人にせよ、と強い要求を出してきた。

吉田はそのような要求を受けつけなかった。拒否するときの吉田の論法には、日本の憲法では戦力をもてない、と定められている、警察予備隊は軍隊ではない、あくまでも警察力の一環である、と抵抗した節があった。アメリカのある時期の論理を逆に利用し、結局、十八万五千人は認めるが、それ以上は一兵たりとも認めない、と抵抗をつづけたのである。

この吉田の抵抗にGHQ側も渋々とうなずかざるを得なかった。つけ加えれば、現在も自衛隊の定員は十八万五千人をわずかに上回るままになっている。

「私の推測になるが、吉田さんは決して軍隊ではないという論をGHQ側にも使ったのではないか。内心では軍隊と思われていても、それを明らかにすることはなかった。私はずっと下で働いていて、吉田さんはわかっていて巧妙に論理を用いているなあと思いましたね。憲法を楯に抵抗をつづけたわけだな」

後藤田は、吉田はこの期に軍事費を使うことに反対していた、という。まずは民生・

災害復旧に使うべきで、できるだけ予算の削減を考えていたというのである。その姿勢を貫いたところに後藤田は強い共感を覚えた。

後藤田は、吉田から一度だけ手紙をもらったことがあった。走り書きであったが、「ある人間を紹介する。面会してもらいたい。可能であるなら、警察予備隊に採用してほしい」という内容であった。吉田の紹介状を持った中年の男性が訪ねてきた。

「あなたは吉田さんとはどういう関係なのか」

男性は、「私は吉田総理にはまことに申しわけないことをしました」と前置きして、次のような秘話を打ち明けた。

「戦争中、私は憲兵曹長でしたが、身分を偽って吉田総理の大磯のご自宅で使用人をしていました。そして吉田さんの行動の一部始終を憲兵隊に報告するスパイの役をしていました。戦争が終わって、私はそのことのすべてを吉田さんに報告してお許しを求めたのですが、吉田さんは大声で笑い、『君も軍の命令でやったんだろう。何も謝ることはない。これからがんばりたまえ』とおっしゃってくださいました。戦後になっていろいろ仕事をしましたが、うまくいかず、警察予備隊ができると聞いて、はいりたいと思ったのですがツテがありません。思い切って吉田さんにご相談したら、紹介状を書いてくださったのです」

後藤田は、吉田が保証人であるという理由でこの男を採用とした。吉田にはこういう面もあるのだ、と後藤田の印象に残った。

警察予備隊を広く国民に理解してもらうためにはどのような方法があるか、後藤田は、警備課長としていろいろな案を練った。旧軍のように国民に威圧を加えるような方法ではなく、むしろ国民のすべてに歓迎される行動とは何か、という論議が部内でくり返された。そこで浮かんだのが、災害救助であった。率先して災害の救援、救助に出ていけば、国民にも喜ばれるのではないかと考えた。警察予備隊が台風などの災害の折りに国民の前に姿をあらわすようになるのは、実は後藤田の発案によったのである。

昭和二十七年四月二十八日に講和条約が発効になり、日本はアメリカを始めとする連合国の占領から解放されることになったが、警察予備隊はこのあと保安隊と名称を変え、日本が独立をとり戻してからは、災害のたびに国民生活を守るという一面をみせることになった。

昭和二十七年八月、後藤田は国警本部警備部警邏《けいら》交通課長に転じた。警察予備隊、保安隊が再軍備にあたるか否か、政党間の論議は盛んで、自由党、改進党などが再軍備推進論を唱えたが、左派社会党、右派社会党は再軍備に反対で、総選挙の争点になっていた。だが後藤田にとっては、そういう論争自体が意味がなかった。ひとつの仕事に最善を尽くして終えれば、次の仕事に転じていくのが官僚の宿命と割りきるようになっていた。

内務省はすでに解体したといっても、昭和二十年代、三十年代にはその人脈が幾つかの官庁で生きていた。彼らの間には内務省時代からつづく暗黙の諒解があった。同期入省組のポストの後任にはならない、このポストは何年入省組前後のもの、地方に出るときは二段階上のポスト、といった類のことであった。そのため、彼らは相互に次は彼はあのポスト、彼はあの部門のポストという具合におおよその見当をつけていた。

それはポストのたらいまわしという批判にもなったが、半面で相互の能力が測られて生かされる、という利点にもなった。

後藤田がこのポストに就く経緯にも、海原など同期入省組との間で序列の調整を行なっていた。後藤田より二年先輩の後任に後藤田は座ることになった。後藤田自身、警邏交通課長というポストには魅力があった。これは一朝事があれば警官を動かすという職務だからだった。保安隊とも似た面があった。

昭和二十七年には大衆運動が広がっていた。五月一日のメーデーでは、デモ隊が皇居前広場に乱入し、警官隊との間に乱闘があった。いわゆる〝血のメーデー〟である。

後藤田はこの三カ月後に警邏交通課長に就任した。血のメーデー事件は、警官の絶対数が不足している事実を実証したが、それは、日常勤務についている警官をこのような状況になったときにどういう具合に動かさなければならないかとの教訓も与えた。日ごろから部隊として動けるよう訓練し、早めに招集して、どのくらいでどういう部隊ができるか、どれだけの時間で騒乱地域に到着できるか、というプログラムがはっきりしていなければならないことを、後藤田に痛感させた。

当時は全国で十一万人の警官しかいなかったが、その警官を緊急時の部隊として組みたてるのは容易ではなかった。

後藤田が考えだしたのは、警視庁の中に「警視庁予備隊（のちの機動隊）」という組織をつくることであった。この発想の根幹にあったのは、戦前の警視庁にあった「特別警備隊（通称・新選組）」である。新選組は思想犯の逮捕時に駆けつける特殊な訓練を受けた部隊であった。これにならって日ごろは訓練などに励み、事があれば出動するという組織をつくらなければならないと考えた。

しかし、この機動隊構想は、日ごろ職務を持つ警官を緊急時に部隊編成にするというていどにとどまり、徹底したものにはならなかった。ともあれ機動隊の前身のような組織をつくることには成功した。その組織には「第二機動隊」という名が冠せられたが、警官の数が少なく、「組織の警視庁」といわれる警視庁でもこれが充分に稼働するほどの余裕はなかったのだ。後藤田に言わせれば、警察力不足という実態があらわれたのが、昭和三十五年の、いわゆる「六〇年安保騒動」だったというのである。

後藤田が警邏交通課長から警察庁会計課長に移ったのは、昭和三十年七月のことである。このとき取り組んだのが、警察の捜査の合理化であった。勘と経験に頼るだけの捜査を排し、鑑識を重視する方向をめざした。加えて広域犯罪や交通事故の多発などで、警察の対応もしだいにスピードを要求されるようになっていた。

ＧＨＱが日本に持ち込んだ国家警察と自治体警察の分離は、占領が解けたころから再検討されていた。旧内務官僚たちは、この警察制度を日本弱体化政策の一環として捉えていたため、その手直しは一気に進むことになった。後藤田によるとこの手直しを行なったのが、初代の警察庁長官斎藤昇であった。斎藤は内務省出身ではあったが、警察畑の出でなかったために、この大胆な改革が容易にできたというのである。石井栄三が次長としてその改革を支えた。

昭和二十九年七月一日に第五次吉田内閣の下で、国警と自治体警察が一本化され、都道府県の警察本部とそれを統轄する警察庁とにその機能を明確に分けた。このとき国警と自治体警察を合わせて十三万一千九百二人の警官の定員を、昭和三十二年三月三十一日現在（岸内閣時代）には十一万三千五百人にまで減員するという人員整理が決められた。吉田内閣はその在任中に行政機構改革を掲げていたが、その政策は吉田の退陣後も引き継がれたのである。

このような状況のなかで、警察機構の合理化、機械化は不可避のこととなった。後藤田はこの合理化、機械化を進めるにあたって、そのための国家予算をつけてもらわなければならず、自由党、民主党などの有力議員を訪ねて陳情をくり返すことになった。後藤田が代議士と接触し、ときにその交流を深めていくのは、この国警本部、警察庁時代からであった。

正確な日付は後藤田も記憶していないが、自由党の青年代議士田中角栄を最初に訪ねたのは、昭和二十七年の年末であった。田中は衆議院予算委員会のメンバーだった。次年度の予算で警察予算をふやしてほしい、というのが陳情の趣旨だった。後藤田はちょうど第二機動隊構想の腹案を詰めているときで、人件費の増大が予想されるために、何としても増額を認めてもらわなければ、と予算委員会のメンバーたちに陳情して歩いていたのである。

田中は後藤田より四歳下で、まだ三十代半ばであった。

田中は昭和二十二年四月に代議士に初当選して、すでに三回の選挙の洗礼を受けていた。後藤田は旧内務省の先輩である町村金五（当時代議士）から、「戦後タイプのメリハリのはっきりした代議士で、将来性がある」といった田中評を聞いていた。そこで後藤田は目白にある田中の自宅を訪ねた。田中は建設業に携わっていたのだが、すでに大邸宅を構えていた。陳情客や支持者がいつ訪れても自由に出入りできるようなあけっぴろげなところがあった。邸宅の芝生にはシェパードが放し飼いにされていて、この犬が来客の姿をみるたびに吠えた。

田中は党内での序列はまだ上位ではないが、官僚や先輩政治家に気にいられていた。誰とでも気軽に話すし、昼食時になれば食卓に座らせともに食事をするような気安さがあった。

君はいつ入省したのか、どういうポストをまわってきたのか、と田中は尋ね、そして故郷はどこだい、両親は健在なのかい、兵隊はどこへ行っていたの、といった質問を次々にしてくる。これからの日本は、われわれの手で再興しなければなあ、と言ったりもした。こういう会話は、ふつうは政治家は官僚とは話さない。「この件を先生にお願いしたいのですが」「ああ任せといてくれ」といったていどで、いわばお義理であった。そして、任せとけ、と言ったにも拘わらず、たいていはその場限りで終わる例が多かった。

田中はそういうタイプの代議士とは明らかに違っていた。

後藤田が警察行政の近代化、機械化、迅速化がいかに必要かを訴えると、「うん、うん」と言ってうなずいた。のみこみの早い代議士だと思った。後藤田の陳情内容を聞いていた田中は、「よし、わかった」と答えた。ここまではどの代議士とも同じだった。だが田中がほかの代議士と異なっていたのは、ほぼ一カ月後に後藤田のもとに電話をかけてきて、「あの件は君の要望どおりになった」と伝えてきたことだった。それは別に恩着せがましい言い方ではなく、ごく事務的に伝えただけであった。

こうしたことが重なれば、官僚たちは、田中を信用する。この政治家は自分が納得し、本当にそれが必要だと考えたときは、〈国のため〉という大義で動くというのである。だから国のためにどのようにこの陳情内容が役だつかを説明していき、田中がそれを納得すれば、「よし、わかった」という答えが返ってくるのであった。陳情の内容に納得しなかったとき、あるいはその陳情内容がさほど重要でないと判断したとき、田中は、「そりゃあ無理だろうな」と率直に答えるのであった。その場合は予算がつくことはなかった。

後藤田は国警本部の警邏交通課長、警察庁の会計課長のポストに就いていた七年近い間、ほかの代議士より幾分多めに田中のもとに陳情に赴いた。田中は昼は国会内にいることが多いので、陳情は夜になってから自宅でとなり、そのたびに夕食をともにした。

昭和三十年十一月に自由党と民主党が合同して、自由民主党が創立されたが、田中は若手の代議士としてしだいに実力をつけていった。田中は昭和二十三年の炭管汚職事件で起訴されたが、獄中から立候補し、その後保釈になり衆議院選挙に当選している。昭和二十五年の第一審判決では有罪となったが、昭和二十六年の控訴審では無罪になった。無罪となったあと、昭和二十九年には自由党副幹事長となり、三十一年には保守合同後の自民党の政策審議会委員を務めた。

この間、田中は吉田に気にいられたとは言えなかったが、吉田には律儀に尽くした。自由党の内部で反吉田の動きがあると、総務会でその動きを牽制する発言をくり返した。

吉田はそのような田中に目をかけはしたが、とくべつに重用したことはない。吉田の体質、とくに学者や官僚を大臣に用いるというエリート好みの体質は、田中には縁遠かったのだ。吉田は土建業界で育ったようなタイプには関心を示さなかった。田中はそれに耐えながら、官僚と官僚出身の政治家――たとえば吉田が重用した池田勇人《はやと》や佐藤栄作など――に近づいて人脈づくりと官僚出身者に特有の肌合いを頭に叩きこんでいったのである。田中はとくに豪放な性格を持つ蔵相の池田勇人と親しくなって、予算獲得の特殊なコネづくりを学んだ。つまり池田とじかに交渉して予算を獲得するというテクニックを身につけた。田中がのちに官僚を使うことに長《た》けているといわれるようになるのは、吉田やその系列の官僚たちの発想や習慣、それに人脈などを徹底して覚えてしまったからだった。そういう勘のよさ、吸収力の強さこそが、この政治家の肥料であった。

後藤田と田中の出会いは、実務能力に長け、誰もが認める仕事を進めつつあった中堅官僚と、貧困のために学問を身につけることはできなかったものの実学をとおして特異な才能を身につけた、生来頭の回転の速い若手代議士との交錯ともいえた。

後藤田は、警察庁時代、その後に移った自治庁官房長や自治庁税務局長の時代にも、田中のもとにしばしば陳情に行ったが、それはあくまでも公的な関係で、プライベートなつきあいではなかった、と言っている。だが、田中という代議士を間近でみて、幾つかの点で強く惹かれるものがあったのは事実であった。

後藤田は田中と知りあってまもなくのころだが、一度だけ田中がつぶやいた台詞《せりふ》をいまも鮮明に覚えている。エリート官僚と自分とを比較しての言であった。

「おれは池田（勇人）とは違う。池田が役人を使うのと比べると二倍の努力を必要とする。池田は自分が役人できているから、役人の考え方や役人の起案したものなどはちょっと目をとおしただけでわかる。そして自在に役人を使う。おれはどういう書類でも精読しないとわからん。二倍も疲労するよ。それから役人を動かすんだから……」

田中は努力に努力を重ねていた。後藤田はその努力する姿に信頼感と親近感を持った。田中の決断力、判断力、そして行動力、そして日々の努力、いずれも後藤田自身が自らに課しているものだった。後藤田にすれば、行儀や建前を語ることに慣れている官僚社会ではみることのできないタイプの男に出会って、自らの気質にこの代議士とは共通するものがあると理解したのではなかったかと思う。

私は、後藤田の育った徳島の山村に佇《たたず》むたびに、後藤田の幼少時の記憶の光景を思った。両親を喪ってこの寒村を出たときに後藤田の心象に刻まれた光景や風景は、そのまま日本の共同体からの離脱として脳裏に残る。田中もまた少年期に故郷を出るときに、新潟県の寒村の風景や光景を胸に刻んだはずであった。二人はその記憶を通じてお互いに親しみを持ったようにも思えた。

むろん、田中は後藤田をみて、「この官僚は出来る」と思い、後藤田は田中に接して、「この男は頼りになりうる」と考えたに違いなく、そういう実利での結びつきがまず最初に交錯したであろうが……。

後藤田は警察庁会計課長の折りに、警察機構、設備の合理化、機械化を意欲的に進めたが、その職務のなかで印象に残る出来事があった。国家公安委員長の正力松太郎との出会いであった。

正力はこのとき（昭和三十年代初頭）にはすでに七十歳を超えていた。後藤田にとっては内務官僚の大先輩にあたる。正力は警視庁警務部長を務めていたときに、虎ノ門事件（昭和天皇が摂政宮時代に難波大助によって狙撃された事件）の責任をとって内務省をはなれた。その後、読売新聞の社長、社主となった人物である。

警察庁がパトカーの導入を含めて通信施設の充実などの全国的な合理化を図りたいとの案を国家公安委員会に諮《はか》った。だが、正力の頭にあったのは、パトカーの通信設備とテレビのことばかりであった。それ以外のことには関心を示さなかった。後藤田に言わせれば、正力は、警視庁と警察庁の区別が最後までわからなかったと言う（後述するが、昭和天皇もまた両庁の違いがなかなか理解できなかった）。つまり旧体制の仕組を知っている者は、この新体制に違和感を持っていたということだった。

正力は、

「君、テレビを警察では使えないのかね。これを使う時代だよ」

としきりに強調した。日本は中央に山脈が走っている。それによって太平洋側と日本海側に分かれている。線路も道路も、通信電話などもそうだ。こんな不便はない。その壁を取り払わなければだめだ、それを可能にするのは通信設備だ、というのであった。つまり富士山の頂上にアンテナを立てるといい。正力はそんな意見をなんどもくり返した。

「そうすれば、現場の状況がすぐに本庁でもわかる。本庁はテレビをみながら指示できるではないか」

後藤田はそのとおりだと思った。だがテレビなどまだできたばかりの時代で、警察庁でもすぐに利用できるわけではない。大蔵省に予算を請求しても、そういう膨大な予算がとおるわけがない。それでも正力の情熱は衰えなかった。世界的に有名な八木アンテナの開発者八木秀次を呼んできて、国家公安委員会で講演させたりもした。

「大臣、お話の趣旨はよくわかるのですが」と後藤田は正力に言いつつ、「でもこれは無理ですよ。警察ではとてもできません。防衛庁ならいいと思いますが、警察では……」と言った。それでも正力は、「とにかくやれ」と言うのであった。

その後、警察庁がテレビのモニターを全面的に導入したのは、このときの正力の督励が伏線になった。正力に先見の明があった、とのちに後藤田は思った。

後藤田は正力と接することで、官庁と民間企業の肌合いの違いというものを初めて知った。正力は読売新聞を全国紙に発展させたのだが、それは、ワンマンで実力をふるうという前提があってのことだった。民間企業は、独裁的な体質が必要だとわかった。官庁にあっては、正力のような意見を長官や局長が提案したとしてもとおるわけがない。ひとりの意見がとおるほど官庁は甘くない。

後藤田は民間企業の同期生などから、

「役所というのは本当に非民主的だ」

と批判されると、すぐに反論する。

「冗談じゃない。役所というのは、ワンマンや独裁というのがとおらないシステムになっている。民間のお前さんたちのほうがよほど非民主的だよ」

実際、後藤田はそう確信している。

警察行政は昭和三十年代初めまで、内務省警保局と内務省地方局との間に、肌合いの違いによる対立があった。警保局畑は、治安を重視し、その治安を妨害する思想や信条までを問い、それを警察力でおさえ込むという傾向があった。これに対して、地方局は、治安を重視することに変わりはないが、社会情勢に応じて多発する事件そのものを解決するという考え方が主であった。つまり事件の背景にある思想や信条はそれぞれの個人の自由であり、その内容を問うことはなかった。

昭和二十七年五月の〝血のメーデー事件〟のあと、吉田内閣は破壊活動防止法を成立させ、破壊活動を主張する政治団体や思想団体を監視の対象とすることになったが、この法律が拡大解釈されて国民生活そのものに監視の目を光らせることにならなかったのは、地方局的肌合いの警察官僚が力を得てきたからでもあった。昭和二十九年の、前述したように国家警察と自治体警察が警察庁に一本化され、そのうえで政治的中立性、効率性、民主化を掲げたのは、地方局的肌合いの優越性を示した例でもあったのだ。

後藤田は、自らは地方局的肌合いの官僚であると自認していた。後藤田は部下に訓示をするときや、警察に過大な期待を寄せる者に対するとき、次のような言い方をしている。

「警察と軍隊とは基本的に異なっている。軍隊は相手を圧倒し、そして殲滅《せんめつ》する。つまり殺し合いを行なうというわけだが、警察は治安の維持が目的であって、個別に処理していくという役割を負っている。個人個人の刑事責任を追及するということでもある。そこが異なっている」

「どのようなことがあっても、警察というのは国民に銃をむけるようなことがあってはならない。いかに治安を守るためといっても、そのような愚かなことをしてはいけない」

後藤田は、昭和三十四年三月に警察庁をはなれ、自治庁（旧内務省の地方行財政部門を所掌）に戻った。七年の警察官僚時代に培った知識は、後藤田のその後の人生を決めることにもなった。年齢でいえば、三十八歳から四十四歳の期間で、その間に、後藤田は戦後派新官僚としての体質と信条を身につけていた。

家庭にあっては三児の父であり、子煩悩な父親でもあった。故郷の徳島に帰ることも滅多にないほど多忙な日々を過ごしながら、後藤田は父母の命日には仏壇で合掌することを欠かさなかった。後藤田家は真言宗であったが、後藤田自身は、「宗教にとくべつに関心はない」「信ずる哲学や思想などもない」という姿勢を貫いていた。父母の命日に合掌をつづけるというのは、自らの少年期の記憶を確認するという意味もあったのだろうが、後藤田はそのような心境を決して人に明かすことはなかった。

昭和三十年代初めに、おたふく風邪と百日咳を患って病院がよいをしたことがあった。おたふく風邪は頭痛が激しく、おまけに茶を飲もうとしても唾液《だえき》がつまるのか思うように飲めない日々が続いた。百日咳は子供から移ったものだった。体重が八十キロ近くになっていたのを六十キロ台に落とすよう医師に言われ、もっと体調に気をつけるようにと注意を受けた。激務のなかで、小休止することが必要になっていたのだ。

内務省十四年入省組には、海原治、平井学、後藤田と三人の徳島出身者がいた。昭和十四年四月に同期入省組が一堂に会したとき、この三人がいずれも本省見習いとなっていたので、「いずれは内務省も徳島閥になるのではないか」と冷やかされもした。三人はそれぞれタイプが異なっていて、それだけに進む分野も異なるだろうと予測されていた。やはり同期入省で本省見習い組だった牛丸義留は、次のように証言するのである。

「見習いは七人だったのですが、そのうち三人が徳島県人でした。このなかで、平井はとくにわれわれの間でホープだといわれていましたね。後藤田が年上で、平井が一年下、海原はその一年下でした。ですから後藤田が兄貴分で、三人のなかではいちばん大人びたところがあった。当時は、大学を出たばかりで誰もが嘴《くちばし》の黄色いところがあったけれど、後藤田はもう社会人という顔つきをしていましたよ」

平井は、建設大臣だった河野一郎に目をかけられて、警察庁総務課長から建設省の官房長になった。海原は後藤田と同じように警察行政に取り組んだが、しだいに防衛問題に関心を持ち、防衛庁に移った。後藤田が官房長として自治庁に戻ったのは、自治庁の幹部の小林与三次、奥野誠亮らの引きがあったからだった。かつての内務省が、いまでは自治庁という職員数わずか五百数十人にすぎない小官庁になっているのは、旧内務官僚にとってはあまり愉快なことではなかった。せめて「庁」を「省」に格上げしてほしい、との願いが庁内の空気だった。後藤田の自治庁官房長就任には、そうした期待がかけられていたのである。

さらに昭和三十四年にはいって、自治庁の幹部の間では、誰を未来の次官候補として残していくか、が話し合われた。事務次官の小林与三次、税務局長奥野誠亮らは、いまは警察庁に出ている後藤田がいいという点で一致した。当時の政務次官は自民党代議士の丹羽喬四郎であった。丹羽は内務省の先輩であり、水戸高校の先輩にもあたる。丹羽も後藤田に目をつけていた。内務省解体時に、内務官僚は警察に行きたがる傾向があり、警察畑に優秀な人材が集まっていた。丹羽は後藤田を自治庁に戻すよう、警察庁長官の柏村信雄に持ちかけた。

丹羽や鈴木らの意を受けて、柏村は後藤田に、「自治庁に行ってほしい。ただし、嫌になったらいつでも戻ってこい」と伝えた。小林や奥野も後藤田に会って口説いた。

「わかりました。しかし、いずれは警察に戻すという約束をしてください」

後藤田はそう要求した。小林や奥野は、とにかく戻ってくればこちらのポストから放さないでおこう、と計算していた。後藤田にすれば、せっかく警察行政が軌道にのりつつあるのに、という思いと、自治庁という小規模な器になったにも拘わらず、ここで苦労を重ねている旧内務省の先輩や後輩たちへの申しわけなさが重なって、気が重い誘いだったが、自治庁に戻ったのである。

後藤田が自治庁に戻って七カ月後に、大きな異動があり、事務次官の小林与三次のもと、財政局長に奥野、そして後藤田は税務局長のポストに座った。警察官僚としての道を歩んだ者が税務局長といったポストに就く慣例はなかった。それだけに自治庁側では次の次の次官として後藤田に英才教育を施そうとの意味も含まれていたという。

「実はこのポストも相当に専門的な知識を必要とします。でも彼は自治庁が期待して呼んだだけに、見通しも判断力も確かだったね。彼は税については素人同然だったと思いますが、かなり勉強したのでしょう。別に苦手意識もなく、無難にこなしていました。もっとも、無難にこなすというだけでも大変なことだったんですけれどね……」

と奥野は証言する。奥野にすれば、旧内務官僚としてこれだけ力をつけた官僚というのも珍しい、さすがわが役所はいい人物に目をつけた、と誇らしく思ったとも言う。後藤田は、まるで自治庁あげてのホープといった扱いを受けたのであった。実際、後藤田は官房長在任の七カ月間に、総務課長の長野士郎を督励して、自治庁を自治省に格上げするための法律案づくりに没頭した。省への格上げは旧内務官僚にとっては悲願であった。後藤田がまとめた法案（自治省設置法案）は、自治庁と国家消防本部を合体させて自治省にするという大胆な法案であった。

後藤田についての評判を当時の新聞記者や官僚に質していくと、むろん現在の目からみた「成功者のエピソード」という見方になってしまうが、幾つかの共通点があった。上役にぺこぺこしなかった、とにかく行動力があった、というふたつがその共通点となった。言いたいことは言う、筋がとおらなければ譲らない、というのであった。さらに、派閥に類するグループをつくらなかったというのも共通の後藤田評であった。

後藤田の年齢になれば、もう上の世代に目をかけられるというより、下の世代に目をかけなければならない。後藤田が自分より下の世代にあたる旧内務官僚で目をかけたのは、「上にかみついてくるタイプ」だったという。唯々諾々《いいだくだく》として従うタイプをあまり買わなかった。目をかけていたのは、内海倫（のち人事院総裁）、浅沼清太郎（のち警察庁長官）ら警察予備隊時代からの後輩で、山本鎮彦（のち警察庁長官）も買っていた。だからといって、彼らを自らの下に集めて派閥行動をとるようなことはなかった。それがまた後藤田の声価を高めた、と彼らも証言する。

先の奥野に言わせれば、自治省（庁）はとにかく議論をするのが好きな役所だった、と言う。この点では警察庁などと違って、自由な、つまり言いたいことを言える空気があった。後藤田自身はどこに行っても言いたいことは言い、主張すべきことは主張した。それが、良質な旧内務官僚の気風だと理解していた。

奥野は、後藤田ともよく話し合ったが、そのなかでも、次のような出来事が記憶に残っていると言うのであった。昭和三十八年のことだが、官僚が総選挙に出馬するときは、官庁を辞めて一定の期間を経ないと立候補できないという法案が、野党から国会に提出されたことがあった。国会で答弁に立った自治省行政局長が、それを認めるかのような答弁をした。奥野と後藤田は、「この答弁はおかしいではないか」と話し合った。「組合の人間だってすぐに立候補できるし、二世議員も親父さんが亡くなれば後を継ぐではないか。それなのに役人だけ、すぐに立候補できないと立法化するのはおかしい。何も目の仇にしなくていいではないか」

奥野と後藤田の意見が一致したので、省内の会議でその意見を持ち出してみた。行政局長は、野党が執拗にこの部分を突いてくるために、それに応じるような答弁をしただけだった。そこで奥野と後藤田はそれをひるがえさせて、官僚もすぐに立候補できると主張し、それを野党にも認めさせた。

奥野は、「そのときは私も後藤田君も立候補する予定などまったくなかったし、そういう野心も持っていなかったのだが……」と苦笑するのであった。官僚というのはとにかく事務次官というゴールに辿りつくことしか考えていない、と告白するのだ。奥野も後藤田もそのゴールにむかって最短距離を走っているとの自覚を持っていたのである。だが後藤田は、そのゴールを自治省ではなく、警察庁に置いていた。

自治庁が自治省になったのは、昭和三十五年七月のことだった。後藤田が中心になってまとめた法案をもって、自治庁では課長から大臣までの全員が与野党や他官庁をまわり、この悲願の法案の成立を陳情して歩いた。後藤田の後任として官房長のポストに就いた柴田護が、その著（『自治の流れの中で──戦後地方税財政外史』）で、旧内務官僚が「こんな厳密な徹底した根回しをやったのは、この時が初めてであり、かつ最後でもあった」と書いている。

後藤田自身、自民党議員の間を頭を下げてまわった。野党には、旧内務省の復活だ、とさわぐ一派もいた。だが旧内務官僚にとってはそれほど大げさなものではなく、他省より格下にみられる屈辱に耐えがたかったのだ。他省庁からも、自治庁は警察行政をとりこんで内務省復活を策しているのではないか、との声もあがった。

この法案が上程されたのは、昭和三十四年十二月からの安保国会といわれたときで、与野党の対立が激しくて国会そのものが休会になることが多く、旧内務官僚は一喜一憂しながら、国会の審議をみつめつづけた。最終日ぎりぎりで成立したときは、柴田などは人目もはばからず泣いたという。七月にはいって、首相官邸の中庭で省昇格の宴が開かれたが、解体時の悔しさがこの日に晴らされたと旧内務官僚は感涙にむせんだというのだ。

私が、「庁が省になったときはそれほど嬉しかったのか」と尋ねたとき、後藤田は議員会館の自室の回転椅子をくるりと一回転させ、「そりゃ、君、これは悲願だったよ」と言った。どこの国をみても内務省という官庁はある、それがないのは日本だけだ、とつづけ、

「内閣総理大臣は各省の閣僚に対しては権限を持っているが、その各省の官僚はそれぞれの役所に応じて行政を担当している。それゆえに、タテ割り行政の弊が出てくるのだ。そこが問題だからね。だが断っておくが、戦前のような内務省を復活させろなどというのではないよ。そんな短兵急な批判はしないでほしい。確かにかつての内務省のような巨大な権力が弊害を生んだ部分もあるから……。知事が公選制の時代に、官選時代の発想を持ち込んだってだめだ」

と断言した。後藤田は、昭和二十二年十二月二十七日の内務省の解体式に流した悔し涙を、自治庁に戻った段階ですでに拭い去っていた。これからの時代は、このような旧体制にこだわってはいられない、という意識にかわっていた。

後藤田は、税務局長の時代には警察行政とは距離を置いていたが、この間にもっとも警察行政の内容が問われたのは、「六〇年安保騒動」であった。この安保騒動を、後藤田は戦後初めての大がかりな騒乱とみたが、警察の警備力はそれについていけなかった。後藤田の発案であった「第二機動隊」は、国会周辺の警備にあたったが、それとて充分にデモ隊をおさえることはできなかった。

〈機動隊をもっと整備しておかなければだめだ。戦後の警察行政の手を抜いた部分がすべて露呈してしまった〉

後藤田は自治庁税務局長の部屋からデモ隊の渦をみながら実感していた。

もともとこの安保騒動を革命運動などと後藤田はみていなかった。

戦後は大学教育が一般化し、大学生が戦前に比べて飛躍的にふえた。後藤田の時代は、同世代の百人にひとりが大学に進んだにすぎなかったが、この期には五人にひとりは大学に進んでいた。政治的勢力がそこに火をつければ、このようなさわぎになるのは当然のことだ。もしこの大学生たちが大学を卒業しても、それを受け入れる職場がなければ、なおのことそのさわぎはふくれあがるだろう。彼らが大学を卒業したら職を与え、生活の安定を図るように考えるのが、国家の役目だとも思っていた。警察力だけでは限界があるとも考えていたのだ。

安保騒動のあと、池田内閣は所得倍増を標榜し、高度成長経済をまっしぐらに進むことを政策の中心に据えた。

後藤田もその政策に安堵を覚えた。つまりこれは国民生活の向上を図るというより、企業が設備投資を進めて、新たな経済システムをつくり、雇用の受け皿を拡大していくという意味がある、と解釈した。もしこれだけの大学生が就職先に不安を覚えながら、毎年三十万ずつ社会に吐き出されてきたとしたら、これは即治安上の大問題になるはずだった。

後藤田が感じた安堵感は治安の維持を考える者にしかわからない心理であった。だがそのような発想をする者がいなければ、この社会の安寧と秩序は保たれないだろうともいえた。

自治庁（省）税務局長時代を振り返って、後藤田は「このときの三年間（昭和三十四年十月から三十七年四月）が、私には役だった。警察を外からみることができたし、国税、地方税など税の勉強ができたから……」と洩らしている。

自治省は地方自治全般を担当しているが、そのために「地方から中央をみる目」が養われる。この官庁は交際費などまったくない役所で、局長室の来客用のたばこでさえ、局長自身のポケットマネーで賄っていた。自治大臣は昼食を役所の食堂で食べることもあったが、それさえ大臣の給料から差し引くという貧乏な役所であった。自治省の官僚はそれに馴れていたが、大臣のなかにはその質素ぶりにあきれてしまう者もいた。俺を馬鹿にするのかと怒った大蔵官僚出身の大臣もいたとのエピソードがあるほどだ。

こういう状況を見兼ねた地方団体の知事会、府県議長会、市長会、市議長会など六団体の東京事務所が自治省の備品を共同で買うという時代もあった。

地方自治体の利益を中央官庁に反映しなければ……という使命感が自治省の官僚には強かった。他省庁が地方自治体に中央集権風なゴリ押しをすると、自治省が地方団体の前面に出て他省庁との調整を行なった。当然、ほかの省庁からは憎まれることにもなった。

後藤田も、財政面で中央にその動きが握られているため、「三割自治」でしか動けない地方自治体の側に立った。後藤田の生来の負けず嫌いが顔をだしたともいえた。京都府知事の蜷川《にながわ》虎三は共産党も支持する革新知事だったために、中央官庁からはときに嫌がらせを受けた。そういうとき、蜷川の腹心が税務局長の後藤田を訪ねて来て、自治体財政の財源を生みだすためにどのような方法があるかを相談したことがあった。後藤田は、課員に地方債の発行を研究させ、それを蜷川の部下に伝授したりもした。以来、蜷川は、後藤田の尽力に感謝しつづけたというエピソードも、密かに自治省の関係者の間では語り継がれている。

地方自治体の財源を豊かにするためには、地方税の確保が問題である。実際は固定資産税、住民税、それに幾つかの微少な税だけしかない。大蔵省の徴収した国税からできるだけ引き出さなければならない。奥野や後藤田は、毎年、大蔵省とかけあった。ときにはどなり合いのやりとりもした。また大蔵大臣の佐藤栄作のもとに行って、「これだけ増額してくれなければ困る」と詰めよったこともある。だがいい返事は返ってこない。後藤田は、この時期に自民党の政調会長のポストに就いた田中角栄のもとに再びかよいつめた。

田中は、「わかった」と言って、自民党の要求の中に自治省の要求項目をもぐりこませた。後藤田と田中の関係は、この時代に相当に深いものになったと思われるが、二人ともこの期間については詳しくは証言していないので不明である。だが、旧内務官僚出身者が洩らす大蔵省に対する憤懣《ふんまん》を聞いていると、自分たちの言い分は聞かないが、田中の言い分ならとおした、というニュアンスがある。後藤田に限らず自治省の官僚の大蔵省に対する反撥と、彼らの田中ら自民党有力者への接近とはパラレルの関係にあるように思えてくる。

後藤田は税務局長時代に、地方税の引き上げに関して幾つかの手を打った。後藤田が失敗としてあげるのは、固定資産税の土地の評価である。土地問題調査会は、従来のシャウプ勧告以来実施されている収益還元価格ではなく、実勢価格に変えるべきであるとの答申を出した。後藤田はそれにのっとって、実勢価格に変えることに成功した。だが、その後、日本の土地価格は暴騰し、その税収が名目上ふえても実質的には税を支払えない者が続出し、逆に税収が見込めないという事態に陥った。後藤田がこの失敗を教訓にして、固定資産税の土地評価を手直ししていったのは、のちに中曾根内閣の官房長官になってからのことである。

自治省は料飲税の引き上げを考え、その法案を国会に提出したことがあった（昭和三十六年二月）。ところが自民党の地方行政部会が反対し、その反対に押されて幹事長の前尾繁三郎、総務会長の赤城宗徳、それに政調会長の田中角栄の三役が、自治省案の修正案を国会に提出した。引き上げの業種を限定し、その引き上げ幅をおさえようという案であった。飲食業界は自民党の代議士に圧力をかけ、その意を受けての抵抗であった。政府案と自民党案の正面からの衝突であった。

後藤田は、次官の小林与三次に、

「自民党の修正案はおかしい。私たちのほうが正しい。徹底的に抵抗したいのですが、よろしいですか」

と申し出た。小林は、「結構だ。大変な局面になるだろうがやってくれ」とうなずいた。後藤田は衆議院地方行政委員会の委員長の園田直《すなお》のもとにとんで行き、「これはおかしいのではないですか」と詰めよった。説明を受けた園田は「君のほうが正しい」とこっそり洩らした。

後藤田があまりねばるために、政調会長の田中は、「わかった。わかった。もう手を握ろうや」と申し出てきたという（坂東弘平著『後藤田正晴・全人像』）。それでも後藤田は納得しなかった。自治大臣の安井謙も後藤田の説得をあきらめた。結局、地方行政委員会で自民党三役の修正案は園田直が握りつぶして決着をみた。このとき提案説明にあたった幹事長の前尾は、「君の言い分のほうが正しい。だがこういうことが政党政治というものなんだ」とこっそり後藤田に伝えた。筋だけではない、いろいろなしがらみのなかで政治というものは動くのだよ、という老婆心からの忠告であった。総務会長の赤城にも呼びつけられ、「後藤田君、君の抵抗もわからないわけではないが、政党政治の時代に、少しいきすぎだ。その点を少し気をつけなければいかん」と忠告された。

「よく、わかりました」

と後藤田は頭を下げた。

だがこの一件は、自民党の有力者たちに、後藤田の存在を知らしめる結果になった。

「人の言うことをきかん奴だ」とか「生意気な役人がいる」との評判を生んだ。だが逆に自治省内部では、後藤田の硬骨漢ぶりを示すエピソードとして語られることになった。

「頼りになる男」「筋をとおす先輩」という評価であった。

後藤田は、官庁と政権党との戦い、という図に自ら選んで挑戦したことにもなったが、このことを通じて教訓を得た。たまたま党の三役が話のわかる前尾、赤城、田中といった人物だからよかったが、もしそうでなければ自分はとうにとばされていただろう、との述懐である。

この料飲税引き上げ法案騒動には後日談がある。後藤田が警察庁官房長に移ってまもなく、警視庁刑事部長の玉村四一（後藤田の内務省同期生）から電話がはいり、自民党の修正案をつくらせた地方行政部会系の代議士に業界から多額の金が渡っていることがわかったという。汚職摘発をするために修正案作成にいたる経緯を調べているというのだ。

後藤田は、「おい待ってくれ。それはやめてくれよ」と頼んだ。「どうしてだ」と玉村が質《たず》ねたので、自分の気持を率直に伝えた。

「おれをいじめた連中を、警察に戻ったら捕えたというのでは、敵討ちをしたように思われて困るよ」

結局、この汚職事件は表面には出なかった。


三年間の期限がきて、警察庁から「帰ってくるように」という要請がきた。後藤田自身も警察庁に帰りたかった。警察庁長官の柏村信雄は、「帰すと言ったではないか。彼には手がけてもらいたい仕事があるんだから」と強硬に自治省にねじこんだ。自治省では、次官の小林が、「こちらにいてほしい。警察に帰らなくていい。君は次官候補なのだから」と説得した。しかし、後藤田は決心を変えなかった。さらに小林は、後藤田を自治大臣の安井謙のもとに連れていき、大臣に直々に説得させた。安井も「自治省に残ってくれないか」と膝づめで口説いた。後藤田は、

「私も官僚ですから、どうしても残れと言われて命令を出されれば、残らなければなりませんが、できれば戻りたいのです」

と固辞しつづけた。それほど決心が固いのか、と安井も小林もついにあきらめた。

昭和三十七年五月、後藤田は警察庁の官房長として再び警察行政に戻った。このとき四十七歳であった。後藤田は内心で〈年季奉公があけた〉と思った。

第四章　治安の総帥としての素顔

後藤田は身長が五尺五寸（約一六六センチ）である。同世代の中にあっては平均的な背丈である。体重は十六貫（約六〇キロ）のときがもっとも体調がよい。もともと筋肉質なタイプであった。

旧制水戸高校のときには、体重計の針は十三貫（約四九キロ）と十四貫（約五三キロ）の間を揺れていた。陸上競技をしていたから、ぜい肉はつかなかった。東大では高文の受験勉強に専念していたためか、十六貫前後であった。陸軍の主計大尉の折りには、十三貫を切ることもあった。戦時下では、太る余裕もなかった。そして昭和二十年代半ば、十警察予備隊本部に籍を置いていたころに二十貫（七五キロ）近くになった。肥りすぎのためか体調も悪く、医師からは瘦せるように忠告された。減食と身体を動かすことで、十七貫（六四キロ）に落とした。その後は、十六貫を維持しつづけた。私が後藤田を取材していた時期（平成四年）は、十五貫（五六キロ）に落ちていた。

後藤田の体型は制服が似合った。主計将校のときの写真をみても、帝国軍人の凜《りん》とした様子が伝わってくる。警察庁の時代にも、しばしば制服を着ることはあったが、それは職務に打ち込む姿をすぐに彷彿《ほうふつ》させた。だが体型は制服が似合っても、後藤田という人間の気質は必ずしも制服におさまるわけではなかった。制服が無名性をあらわすとするなら、後藤田にはそのような制服は似合わなかった。

昭和三十七年五月に官房長として警察庁に戻ってから、十年後の昭和四十七年六月に警察庁長官を退任するまで、後藤田の体重はしばしば十四貫台に落ちた。表面上は強気にみえる後藤田も、内心では神経を磨《す》り減らしながら、この時代を過ごしたということの証である。戦後の日本の歴史でも、後藤田が警察行政の中枢にいた時代は社会の枠組が大きく揺れた時代であった。その苦悩が後藤田の体重にあらわれ、後藤田の制服はしばしば肉体を包むには大きすぎたりもした。

治安の総帥として――後藤田に言わせれば、それは大臣よりも重い仕事だったということになるが――、情報収集、解析、決断、実行、そして事後処理という役割は、平穏な時代よりもはるかに苦渋に満ちたものだった。

官房長という職務は、新聞記者との接触が多い。週に一回は定例の記者会見に応じなければならないし、しかも後藤田のもとには都道府県の警察本部の情報もはいってくるので、新聞記者も何かと理由をつけては官房長室に顔をみせる。それに庁内では、後藤田は「仕事ができる」「頭が切れる」「失敗を許さない」といった噂があり、記者たちにはその噂を確かめようとの心づもりもあるようだった。後藤田はそういう新聞記者の何人かと親しくなり、打ちとけた話もするようになった。高校時代、新聞記者になることを考えたこともあったし、朝日新聞社にはいりのちに編集局長にまでなった旧制水戸高校時代の親しい友人がいたこともあって、後藤田は新聞記者とのつきあいは嫌いではなかった。

朝日新聞の警察庁詰め記者鈴木卓郎は、後藤田と胸襟を開いて会話を交わす記者のひとりとなった。鈴木は、後藤田にずけずけと耳の痛い話もしたので、逆にそれが打ちとけるきっかけになった。

鈴木の第一印象は、〈彼は警察官僚にしてはユニークな人物だ〉というものだった。権力と官僚の関係について研究をしようと思ったら、後藤田は格好の研究対象になる人物ではないかと思った。鈴木自身、後藤田との会見の様子や取材のメモをすべてファイルにして残すことにした。つまり後藤田と接したときに後藤田から聞いたことはすべてメモにして保存することにしたのだ。

現在まで、後藤田について書かれた書は、このメモをもとにして鈴木が雑誌に書いた原稿が引用されていると、鈴木は断言するほどである。後藤田とはゴルフをしたり、酒を飲んだり、ときに議論を重ねたので、鈴木のファイルには後藤田が何気なく洩らした証言などが数多く含まれているというのだ。

鈴木の、そのメモのなかには、たとえば「わしは学生時代から六法全書なんてみたこともない。わしは頭はよくないが、仕事はとことんやる努力型だ。上下の区別なくずけずけ言うことにしているから、みんなに嫌われるんだな」といった述懐もあれば、「○○警察本部はミスばかりやっている。あれを新聞に書いちゃえよ。警察は新聞にたたかれないとよくならないんだな」という発言まで含まれている。むろん後藤田が六法全書などみたこともないというのはまったくの嘘だ。

「後藤田は口が悪い。人の悪口も平気で言う。そこがおもしろいところです。人にかみついたり、暴言を吐くだけでは、レベルの低い代議士並みですが、後藤田がそういう類の人物と異なっていたのは、悪口であっても筋がとおっていたことだ。理非曲直がはっきりしているから誰もが納得してしまう」

と鈴木は証言している。

後藤田の庁内でのコースは、すでに誰もが諒解していた。後藤田が赴任したときの長官は柏村信雄であったが、その後は江口俊男であり、次いで新井裕が継ぎ、そのあとが後藤田になるだろうといわれていた。これからの十年のトップ人事はよほどの出来事がない限り決定していると考えられていた。

むろん後藤田自身もその自覚は持っていた。

鈴木によると、後藤田は警察庁に戻ってからは、険《けわ》しい顔をしていることが多かったという。職務上の失態を叱るときにはすさまじい形相となった。相手の目をにらみつけ、口からは仮借《かしやく》のない語がとびだした。五尺五寸の身体全体に怒りが走った。後藤田には、カミナリとかカミソリといった渾名がつけられていたが、それは確かにあたっていたのである。しかし、その怒りが全身から退いていくと、一転して柔和になった。後藤田が幼年期から持っている、目を細めて相手の心をときほぐすような表情になった。

鈴木もなんどかそのカミナリに出会った。たとえば、こんなことがあった。

後藤田が警察庁長官の時代だが、過激派学生の爆弾事件が相次いだ。交番や警察関係の建物にも爆弾が仕掛けられた。後藤田もほとほと手を焼いたらしい。記者会見の席で、「なにかいい智恵はないだろうかな」と記者たちに尋ねた。鈴木が、「いい手がありますよ」と発言して、「警察がガードマンを雇ったらいいではないか」と提案した。半分本気、半分冗談である。後藤田の目が光り、鈴木をにらみつけた。

「このやろう、ふざけるな」

とどなった。後藤田の身体が怒りで震えているのがわかった。鈴木が詫びて、この場はおさまったが、後藤田にとってはたとえ冗談話にせよ、このような発言は許せないというのであった。後藤田は警察に対するいわれのない、そして根拠のないデマに類する話に真っ向から反論するだけでなく、警察行政を軽視するような発言には必ずといっていいほど怒った。

「警察官を公僕というのは何事だ。われわれを僕《しもべ》というのはどういうことか。国民と対等ではないか。公務員と呼んでほしい」

といった語も鈴木のメモにはおさまっているという。

後藤田自身が、警察庁では「順調にポストを異動した」というように、官房長を一年三カ月、そして警備局長を一年七カ月、警務局長を二カ月間担当し、昭和四十年五月に警察庁次長に昇進した。

この間の三年、日本は高度経済成長路線をひた走っている「経済主体国家」であり、国民はまだ大きな騒乱事件はなかった。昭和三十九年十月には東京オリンピックがあり、国民はアジアで初のオリンピックという国威の発揚に満足感を覚えていたし、街頭デモの類は、暴力沙汰になることはほとんどと言っていいほどなかった。後藤田が担っていた警備関係は、安保騒動が終わったあとの空白期だったのである。

警察庁警察史編纂委員会の編んだ『戦後警察史』を読んでも、この期は特別に大きな事件はなかったと記している。共産党については、「昭和三十六年七月の第八回党大会は、我が国を基本的に支配しているのは、『アメリカ帝国主義と日本独占資本』であるとする現状規定と二段階連続革命の戦略を盛り込んだ綱領を採択した」と言い、「国際共産主義の分野では、中ソの対立が顕著となり同党は微妙な立場に立たされたが、党中央は次第に中国共産党に同調する態度を示し、昭和三十九年にはいってからは公然とソ連共産党に対決する姿勢を明確にした」と書いている。

全学連は安保騒動の終結とともに、「その評価をめぐる指導権争いから分裂するに至った」としている。

労働運動内部でも、昭和三十九年の春闘での「四・一七スト」に、共産党が四・八声明を発表して反対するなど、社会党と共産党の対立が激しくなったと分析している。

右翼運動は、昭和三十六年二月の嶋中事件、十二月の三無《さんゆう》事件などが相次ぎ、右翼陣営内部で、「民族正当防衛論」や「クーデター待望論」が主張され、直接行動によって国家革新を達成しようとする傾向が強まっているとした。昭和三十八年半ばから、政府与党に民族色の濃い政策を実施せよとの動きが強まり、「河野建設大臣私邸放火事件」「池田首相暗殺未遂事件」なども起こった。

いまにして思えば、昭和三十年代後半は、四十年代前半への騒乱の胚胎《はいたい》期とも言うことができた。

後藤田自身は昭和三十年代を次のような流れで捉えていた。

〈戦争が終わって十年余、占領が解けて三年、日本は変革を余儀なくされる時代にはいった。昭和三十年の自由党と民主党の保守合同、社会党の左右統一は戦後の脱却を示すもので、東西の冷戦構造がそのまま国内に持ち込まれ、自民党は、アメリカの資本主義を、社会党、共産党などはソ連の社会主義に依拠していた。国民の大半は、自民党の主張するアメリカとの安保条約に立脚した資本主義体制を維持して経済復興を果たす道を選んでいる。一方で、アイデンティティーを求め、自主独立の基盤も求めていた。

現体制を守る官僚としては、資本主義を守らなければ、日本はどうなるか、という意思があった。だが現実には、理念や理想を追求するより、その日その日のことを処理するという状態に置かれている。池田内閣が「月給を二倍にします」といって所得倍増政策を採用したのは、戦後の復興から十年余をすぎ、国民に報いようとしたという意味だ。地道に働けば相応の見返りはあるということでもある。さらにベビーブームの世代が労働市場に参入してくる時代にはいり、社会の枠組を広げなければならない。もし、労働市場を拡大することに失敗すれば、日本の社会は維持できない。政治家や官僚がぼんやりと時代を見過ごせば、革命とて起こりうるかもしれない〉

後藤田によれば、そのような自覚が政治家にあるかないかが問われていたというのであった。後藤田は、昭和四十年代は経済が豊かになり、社会秩序が安定すると、たぶん管理社会への反撥が出てくるだろうとも予測した。後藤田は、「よく時代を見極める目をもった官僚たちは、こんな話をしていた」と言うのであった。

後藤田は、この期に警備局長として世情を以上のようにみていたが、在任中には大きな混乱もなくその役割を終えた。昭和三十九年三月にライシャワー米大使が暴漢によって刺されるという事件があり、これも一歩誤ると国際問題に発展する可能性はあった。後藤田はアメリカ大使館に出むき、自ら率先して現場で指揮にあたって誠意を示した。これには現場をあずかる警視庁も驚いたという。警察庁の局長は、ふつうどのようなことがあれ、現場に出ることはなかったからだ。

この時期に、後藤田の感性を示すエピソードがある。昭和三十八年十一月にアメリカのジョン・F・ケネディ大統領が暗殺された。この国家葬がワシントンで行なわれ、それは日本のテレビでも一部始終が放映された。まだ四歳の長男が、父親の死も知らず、敬礼をしているシーンが流された。これをみていた後藤田は人目もはばからずに泣いた。

「あの子供がかわいそうでなあ」

後藤田は、この四歳の長男の姿に自らの七歳のときの光景をダブらせていたのであろうか。こんなことがあってはならないよ、子供が不憫《ふびん》すぎる、とくり返すのであった。

警察庁次長になるまでの三年間、後藤田は改めて警察行政全般にわたって研究をつづけた。役所の机でも自宅でも、資料を読み漁《あさ》った。後藤田自身、どのような研究をつづけたかは特に語らないが、警察の長期的なプランを練っていた節が窺える。次長に就任してまもなく、後藤田は自由主義諸国の情報機関の視察と交流を目的に外遊した。このときにアメリカ、イギリス、フランス、西ドイツ、アジアでは台湾、香港、南ベトナム、タイなどをまわった。共産主義陣営との第一線で戦われている情報戦争の内実を確かめることができた。

イギリスの情報機関がもっとも組織だっていたし、その内容も深みがあるように思った。

事前にイギリスの情報機関からは、「ゾルゲ事件についての資料がほしい」と要請されていた。昭和十六年のゾルゲ事件は、日本ではすでに歴史上の一事件であり、その種の資料や書物は書店にさえ行けば容易に入手が可能だった。そういう資料を持っていったついでに、「どうしていまごろこんな事件に関心があるのか」と尋ねてみた。するとイギリスの情報機関の幹部が、

「いや、いまもその根が上海に残っているようなのだ。それでわれわれはそれを徹底的に追及しているんだ」

と答えた。

後藤田は、各国には各国なりの方法があると思った。日本は、情報収集、情報解析などの面でまったく立ち遅れているということがわかった。日本は防禦的な情報活動を専門にし、そのために外務省や防衛庁などの情報体制を整備しなければならないというのが、後藤田の実感であった。警察庁はその点では前面に出る機能は持っていないということも実感させられた。

情報機関の整備、という点も、後藤田の関心事のひとつとなった。

警察庁はこのころは、長官であろうと、次長、局長であろうと、同じ高文をとおった仲間という意識、つまり入省年度が異なっても、同じ釜の飯を食ったという仲間意識が濃厚であった。

次の序列はどうなるか、暗黙のうちに決まっているのだから、日常の職務に邁進《まいしん》すればいい。だから警察庁は、外にむかって対処するときは一丸となってぶつかっていった。その一枚岩が、警察庁の強さでもあった。事にあたっての対処をみていくと、それぞれの問題についてもっとも得意とする者が前面に出て戦う慣習ができあがっている。後藤田は政治の側と折衝するとき前面に出て筋をとおした。それが役割でもあるかのようだった。

後藤田が次長のとき、国家公安委員の欠員をめぐって、警察庁と政府が対立したことがある。警察庁は、長官が新井裕、次長は後藤田正晴、警務局長が秦野章という布陣であった。新井は昭和十二年内務省入省組、秦野は十五年入省組である。秦野によれば、このときの三役はわりあい気があっていて、その職務区分もそれとなくできていたという。新井も後藤田も現場まわりをしていないために、地方まわりをつづけてきた秦野はその面を担当したというのだ。国家公安委員問題は後藤田が担った。だがこのときは三役の足並みは揃わなかった。

国家公安委員の欠員に、佐藤首相は、元最高裁判事の真野毅を任命しようとした。佐藤は国会対策を考慮して、社会党が推してきた真野を任命することにしたのである。国家公安委員は、手続き上は国会の承認を経て、内閣総理大臣が任命することになっているが、事前に警察庁にその人事を示して諒解を得ておく慣例があった。真野は社会党委員長の成田知巳と親しく、護憲派の重鎮でもあった。政府は、真野を任命する、と新井のもとに示してきた。

ところが、新井、後藤田、秦野の三人は真野に難色を示した。とくに後藤田が反対の急先鋒であった。自治大臣、国家公安委員長の塩見俊二は、新井を呼んで、「もし真野が公安委員に任命されたら、君は辞任するのか」と尋ねた。新井が辞任しない旨を伝えると、塩見は「それでは私の言うことを聞いてほしい」と説得し、渋る新井の諒解をとりつけた。

このエピソードは、当時の警察庁詰め記者たちを取材して記述しているのだが、新井が諒解すると、秦野もそれに従ったという。秦野は新井に忠実だったからだ。残るのは後藤田だけになった。塩見が説得にかかると、後藤田は、「真野さんは最高裁の判事の時代に、自衛隊の基地は憲法違反だとの判断を示している。これについて私はとやかく言うのではない。だが警察は基地反対の闘争を取り締まっている。この立場はどうなるのか。そのような見解を持つ公安委員を上司として仰ぐことは断じてできない」

と強硬に主張し、その立場を譲らなかった。塩見の執拗な説得にも応じなかった。

後藤田は国会図書館から真野の著作をすべて取り寄せ読破した。真野のこれまでの判決文にも目をとおした。真野の思想で警察庁を監督されるのは組織として矛盾を生み、納得しがたいというのであった。後藤田は、

「任命されるのは構わないが、私は上司とは思わない」

とまで言った。

塩見は、既定方針どおり真野を公安委員に任命したが、のちに周囲の者に、「あの後藤田というのは骨のある男だ」と洩らし、後藤田の反対の論拠の整合ぶりをそれなりに納得したようであった。

結局、真野は昭和四十一年から十カ月足らず公安委員を務めたあと辞任した。塩見が真野を説得して辞任を促したのだ。塩見は真野に次のように言ったという。

「あなたももう七十歳をすぎている。若いときのようなことを言っていないで、警察のために尽くしたらどうか」

真野はその言をいれて、身を退《ひ》いたというのだ。

後藤田に関するこの種のエピソードは両面の意味を持っている。一面はこういう主張が体制の頑強な守護者という意味を持つとともに、もう一面は革新嫌い、進歩的知識人

に対する嫌悪というイメージにつながる。タカ派というイメージは、この後者の一面から発することになった。後藤田は警察庁次長、長官時代にタカ派のイメージで語られ、それが半ば中傷を交えて語られてきた。

だが後藤田を解剖していけばわかることだが、後藤田には、タカ派とか革新嫌いという決めつけで測れないものがあった。それは何か、といえば、官僚としての真髄をその価値観の土台に置いているということだった。後藤田は私の取材でも語っていたが、

「官僚というのは、日本をどの方向に導くべきかとか将来はどうあるべきか、というビジョンをえがくのが仕事ではない。日々の仕事は、この社会の安寧と法秩序を保つことで、利害の調整を図るのが主要な役目である。それを忠実に守るのが官僚に課せられた任務でもある」

という信念を持っている。これを警察官僚と限定して考えれば、特定の団体や組織の利害を守るのではなく、法秩序にもとづいて矛盾なく動くのが主たる役目で、いかなる場合でも事前に警察権力を発動することがあってはならない、ということになる。それには警察の行動が、法秩序や法体系に沿っているとの確信がなければ動けない。国家公安委員が、現行の法秩序や法体系に疑義を持っているとするなら、それは警察自体が守るべき法体系を自らが崩すことになるという認識である。

そういうあやふやな規範のもとで、われわれは動くことができるか、というのが、後

藤田の行為の根本であったのだ。

昭和四十年五月から四十四年八月まで、後藤田は警察庁次長の職にあったが、この期間は図らずも日本の警察の威信が問われた時代であった。全国の大学で学生の時代への異議申し立てが起こり、やがてそれが革命運動の色彩を帯び始めた。後藤田にとって、これはかねて予想していた動きでもあった。六〇年安保騒動が大学教育の普及による必然的な結果であったとすれば、七〇年の安保騒動ではより大学が大衆化し、管理秩序ができあがった社会に学生が反撥するのは当然であった。その世代の心情に共産主義者が単純な進歩史観を吹き込めば暴力化するというのは目にみえていた。後藤田はこの暴徒化した学生そのもののはね上がりは、既成の法秩序にもとづいておさえればいいとの認識であった。

だがこうした勢力を背後で動かす、あるいは煽動する者には激しい敵意をみせた。共産主義勢力や新左翼のイデオローグたちに対する後藤田の見方は、つねに厳しく、事あるごとに批判を行なった。むろんそのような言辞は公開の席ではなく、新聞記者との会見などでくり返した。たとえば、学生が暴徒化し、騒乱状態になっても、それ自体は決して怖くはない、警察力はそれに耐える装備と訓練を身につけている、警戒しなければならないのは、共産党だ、彼らは本質的には武装革命に転換する可能性があると洩らした。

この時期に、後藤田が新聞記者たちに洩らしていた認識を紹介すれば、以下のような言い方を容易に抜きだすことができる。

「過激派のテロで、第一線の若い警察官が殉職するのは気の毒であり、対策を急がねばならないが、本当に怖いのは過激派ではなくて、違法な手段で政権奪取をねらう共産党だ」

「羽仁五郎のように若い過激派をおだてて原稿料を稼ぐやつほど、この世で悪い奴はいない。お金になるといえば、何をやってもいいのか」

「学生がさわいで東大を解体しろ、と言って暴れるのは勝手だ。東大なんて官庁みたいなもので、官僚養成所にすぎない。しかし暴れる者には法秩序のもとでそれなりの責任をとってもらう」

後藤田は、昭和四十三年から四十四年にかけて、全国の大学で学生がさわいでいたときに、次長室にあってその情報を集め、解析するのに忙しかった。

〈私はそういう情報に触れて、基本的には革命など起こるわけがない。心配ないなと思った〉と言う。警官を殺しかねないような暴れ方をしているのに、逮捕されると、「お巡りさん、タバコくれませんか」などと言う学生がいる。大半の学生は、警官への態度が一変してしまう。憎しみの感情が稀薄なのだ。暴れる学生ほど家庭に恵まれていて、逆に警官のほうに能力がありながら経済的に大学に進めなかった若者が多かった。革命なんか起こるものか、先鋭化した暴徒学生は所詮《しょせん》は社会のはぐれ者にしかならないだろう、と後藤田は自信を持って答えることができた。

騒乱現場での対応は、ほとんどが都道府県の警察本部で済ませていたが、ときにはその都道府県本部の機動隊が東京に集まって騒乱状態を鎮めなければならなかった。そういうときには、主に後藤田が警察庁内で指揮をとった。

昭和四十四年一月に、東大の安田講堂にとじこもった学生を排除するときは、関東周辺の県の機動隊も東京に集めた。

後藤田にすれば、昭和三十年にはいってまもなく第二機動隊構想を打ち出したが、それは後藤田の狙ったような組織にならないことに不満を持っていた。その後、警察庁長官柏村信雄のもとで、警察官の増員が図られ、機動隊という専門の部隊もつくられるようになった。二十代の警察官を騒乱の現場に立たせるために装備を整え、訓練をし、現行法秩序の体系をみっちりと教えこみ、治安の守護者の意識を植えつけた。だが彼らは年齢の若さゆえに、現場に出ると暴走しがちであった。後藤田が東京に出動してくる各県の本部長に、「決して暴走するなという訓示を与えて送り出せ」と厳命したのも、双方に死傷者を出すべきでないとの判断からであった。

安田講堂の封鎖解除をめぐっての学生と機動隊の衝突で、後藤田は、「いかなることがあっても死者は出すな。学生たちに死者を出すな」と連日のように訓示した。鎮圧よりも死者を出さないことを重視するのは、後藤田自身の人生哲学ともいえたが、半面で後藤田はもっと政治的な判断も持っていた。警察がその気になって実力を行使すれば、学生を追い払うというのは簡単である。だがそれでは警察国家の謗《そし》りを受けてしまう。
「われわれの任務は、この安田講堂だけで終わるわけではない。治安というのは、長期的にみて取り組まなければならない。必要なのは、彼らに敵対心だけを与えないことだ。いずれ彼らも善良な市民として育っていくわけだから、そういうしこりを残すと長い目でみれば不利になる。いま、必要なのは彼らの行動を国民から浮きあがらせてしまうことだ。なんと愚かなことをしているのか、と理解してもらうことだ。少々対応が遅れて、警察は何をやっている、と非難されても構わない。われわれは軍隊とは異なるのだから……」

　後藤田はこのような訓示をくり返した。

　安田講堂封鎖解除の折りの学生と機動隊の衝突は、終日テレビでも放映された。これをみていた国民は、むろん瞬時にはまるで活劇をみているような心理状態になったが、やがてこの衝突自体に空虚な思いを持ったはずだった。「学生は何をやっているのか」「こんなことをして何になるか」「これが革命というのか」としだいに冷めていったはずであった。

機動隊が火焔《かえん》びんの炎をくぐりながら、東大の建物をひとつずつ解放していった様は、まるでシナリオが進むようにあるドラマ性をもって進んだ。耐えに耐えている機動隊、そこに石を投げ、火焔びんを投げつづける学生、機動隊は少しずつ学生を追い詰めていく。こうして最終局面は我慢に我慢を重ねた機動隊が制圧するという構図になる。

こうした構図のすべてが、後藤田によってえがかれたとはいえないが、後藤田が、警視総監の秦野章を中心に現場で苦労をする警視庁を支えて行なったことはまちがいなかった。

あの騒乱の場にいた東大教授の一団は、こういうシナリオのなかでは、哀れな道化役者であった。彼らの社会的無知や驕慢《きょうまん》が、結果的にはこのような図式を生んでしまったというのが実に鮮明になってあらわれた。

後藤田はそのような時代の状況を、テレビを通じてえがいてみせたのである。

学生の騒乱もこれ以後衰退し、一時期のような盛りあがりはなくなった。学生たちの提起した問題が解決するか否かは、治安当局者の関知するところではなかった。そこにまで関与していけば、それは治安当局の領域を超えた逸脱行為である。したがって後藤田は、学生たちの暴走は批判したが、その因になっている問題についてはまったく発言しなかった。それは後藤田がそのようなことに意見を持っていないというのではなく、むしろ強い意見を持っていたが、それを表明するのは自らの役目ではない、と明確に割りきっていたからであった。

後藤田は、警察庁次長の時代にふたつの「戦い」を余儀なくされていた。ひとつは外にむかっての「戦い」であった。この時代は騒乱がつづき、それを鎮圧するプロセスを通じて、治安という本来の意味を社会に知らしめることだった。治安は決して前面にでない、後ろに控えているだけという構図を教えることだった。それは迂遠《うえん》ではあるけれど、国民には結果的に安心感を与えることになるという信念であった。

もうひとつの「戦い」とは、長官をめざしての戦いであった。長官は警察官僚としての到達点である。後藤田はその到達点に達したいとの希望を強く持っていた。

警察庁次長の折りに、自治省が事務次官として後藤田を出してほしいと警察庁に要望を出したことがある。次官のポストがまもなく空くので、その後任として後藤田がほしいというのであった。だが、後藤田はこれを断った。長官の新井裕もこれを諒承し、後藤田はあえて自らの退路を断《た》って、警察庁でその官僚生活を終える決意を固めた。

長官が不在のとき、後藤田がかわって記者会見に出たことがある。長官は長官用の椅子に座って、まず折り折りの情勢について話す。それから新聞記者の質問を受ける。後藤田は記者団の前にあらわれても、その椅子には腰かけなかった。記者たちが、

「次長、長官の席に座ってください」

と勧めても、決して座ろうとはしなかった。

「いや、王座に座るわけにはいかない」

そうして記者たちの輪のなかにはいって、質問を受けた。それが、後藤田の慎み深い性格なのか、それとも何かほかのことを意図しているのか、記者たちにはわからなかった。後藤田がこのような態度をとることによって、何らかの意思表示をしていると受け止めたのは、日ごろから後藤田とつきあいのある記者たちであった。

先の鈴木の証言になるのだが、後藤田の本音があらわれたのは、後藤田が長官になってからだったという。その本音というのは、長官になった折りに、

「長官なんか二年もやればいいんだ。四年もやる非常識なのがいるから、わしも待たされて、退任後のスケジュールが狂ってしまった」

とはっきりと言った。その豹変ぶりは見事だったと鈴木は証言する。

それまでの後藤田は、耐えることが多かったという。新井に仕えている間は、非難がましい言動をみせることはなかった。多くのことは、新井の指示どおりに動いたし、新井に譲るほうが多かったという。そういうことは、すべて大事の前の小事として割りきっていたともいうのだ。官僚にとって、それが身の処し方のもっとも重要な点でもあった。

やはりある新聞記者が、「新井さんはなかなか辞めないね」と後藤田に語ったことがある。後藤田は、

「そんな軽率なことを言っては困る。それは上御一人《かみごいちにん》の問題である」

と言った。

新井は、学生の騒乱という時代にめぐりあわせたという理由で四年の任期を務めた。確かにこの四年間は治安を危くする事件がつづいたために、身を退くチャンスを失ったともいえる。しかし、新井は、次の長官に後藤田より二期後輩の高橋幹夫を予定していたとも言われた。新井は一高、東大、高文といったコースの者にこだわっていたともいわれるが、それは充分ありうることとしても、新井の意図は明らかにされていない。後藤田はそのような新井に含むところがあったのかもしれないが、それも表面上はわからない。

後藤田が次長に四年もとどまっていたのは異例のことだった。このことについて、旧内務官僚のなかには、「警察庁内部で、後藤田長官では厳しすぎるという反撥もあった」と証言する者もいる。後藤田になれば、日々肩の力が抜けなくなるとの危惧であった。むしろそれは後藤田にとっては名誉な評価であったが、そういう空気は警察庁内部に広まっていた。

この動きを知った同期入省組の海原や平井は、むしろ後藤田擁立運動を行なった。

「われわれは、後藤田が厳しいからこそいいのではないか、警察行政にはそういう人物が必要なのだと、新井さんにも伝えました。われわれはもともとそういう教育を受けてきたのですから……」

と海原は言う。自民党の有力者にもこの意見を伝えまわった。当時の自民党幹事長の田中角栄は「そうだったのか」と一言だけ言った。こうした擁立運動は相応の圧力になった。官僚の人事では、何よりも序列が尊ばれる。もし後藤田が長官にならなければ、この序列が崩れるだけでなく、庁内の官僚自身の士気にも影響を与えることになる。「学生の騒乱もピークをすぎた」という理由で、新井が後藤田に長官の椅子を譲ったのは、昭和四十四年八月のことである。

辞令が交付される前日（八月十一日）に、新井と後藤田の新旧の長官の記者会見が行なわれた。

新井が、どうにか大任を果たすことができたと退任の挨拶を述べた。次が後藤田新長官の挨拶であった。

「私はまだ長官ではない。だが後藤田は、辞令が交付されるまでは長官ではない。したがって所信は言えない」

と言ったきり、口を真一文字に結んで一言も発しなかった。異様な光景だった。翌日の新聞には、後藤田の硬骨漢としてのエピソードとして紹介されたが、その場にいた記者たちのほうが居たたまれなくなったというのが真相であった。新井もバツの悪い顔をしていた。後藤田だけが腕組みをして空をみているのだ。このとき、記者たちは後藤田の怒りの深さを垣間見《かいま》たのである。

警察庁長官というのは、警察の中立性、客観性を守るために、独自の任命システムになっている。警察庁自身が次期長官を推薦して総理大臣の承認を得る。そのうえで国家公安委員会が任命することになっていた。警視総監もまたそのようなシステムになっていた。

つまり長官が退任していくときに、次の長官を推していくという慣習であった。その人事には内閣や議会が直接に口をだすことはできない。そのために歴代の長官は、政府と衝突することも珍しくなかった。初代長官の斎藤昇は、吉田首相の更迭《こうてつ》の意思を受け入れず、国家公安委員会も「更迭の理由はない」と言ってその要求に応じなかった。政・警分離が徹底していたのである。

昭和二十九年七月一日に国警と自治体警察が一本化した折りに、この分離が確認された。このシステムをつくりあげた斎藤昇は、警察への政治力排除、中立性を貫いたという意味で、後輩の警察官僚からは信頼を集めることになった。後藤田は、斎藤を警察行政の中興の祖と言って賛えるが、「とくに斎藤さんの時代に、中立性を守るという意味が、長官と警視総監の人事は国家公安委員会と警察庁自身が決めることと確認できた点にある。自らが決めるというのが重大なのだ」と言うのである。

斎藤は初代長官として一年で退任した。その潔《いさぎよ》い姿勢もまた後輩の警察官僚の範となった。もっとも、国家警察本部の長官という時代から数えると、七年半の長期にわたり、それが職員の間に倦《う》んだ空気をもたらしてもいた。その後、石井栄三が長官になり、三年一カ月その職にあった。自らが出処進退を決めるとなれば、当然、長くそのポストにとどまろうとするのは人情でもあった。

次長時代の後藤田は、同期入省組やその前後の入省組、さらには後輩の課長などと、「この調子では、われわれが八十代半ばになってやっと長官ということになるか。こんなことってあるかい」とつぶやきあったりもした。

石井のあとを継いだのは、柏村信雄であった。柏村は六〇年安保騒動のときの長官であった。首相の岸は安保騒動の折りの警察の対応に不満を持ち、柏村に対して何かと牽制をした。岸は安保騒動をのりきるために警察官職務執行法（警職法）の改正案を国会に上程した。まるで戦前の警察立法のようなこの法案の審議は国会で紛糾し、結局は廃案となった。柏村はこの法案にのり気ではなかった。国民から反感を持たれては、日本の警察行政にあたっているわれわれが困る、と言って、むしろ廃案になったのを喜んだほどだった。

昭和三十五年六月十日に、アメリカの大統領新聞係秘書ハガチーが、アイゼンハワー来日の先遣隊として日本を訪れた。反安保改定のデモ隊に囲まれたハガチーは、ヘリコプターでアメリカ大使館へ避難する事態になった。このとき、岸は、柏村にも自衛隊の出動をにおわせたが、柏村はこれを受け入れなかった。柏村は岸に会うなり、

「この状態は自衛隊ではどうにもなりません。首相が国民の声を聞かれることのほうが大切かと思います」

と逆に釘をさした。これは、のちのちまで警察内部での語り草になったが、柏村は暗に岸に対して退任しなさい、と迫ったのだ。岸が警察力を頼みとせず、自衛隊の出動を求める意思を示した背景には、柏村への怒りと不信があった。逆にそれは、警察がいかに中立を守ってきたかの証《あかし》にもなった。この柏村も四年九カ月間務めた。だがこの四年九カ月という長い任期の背景には、次のような秘話があった。

昭和三十七年に、安保騒動も一段落し、新たに警視庁警備部に五個の機動隊を新設したり、公安部を設置したので、柏村は自らの役割が終わったと身を退くつもりであった。そして自治大臣の篠田弘作とともに記者会見に臨んだ。席上、篠田が柏村の労をねぎらい、引退後の天下り先には政府系団体の重要なポストを用意している、と発表した。柏村はこの一言を聞いて、その場で退任を拒否してしまった。

「いいポストを用意されると言われては、私は退任できません。二十万余の警官が日夜

がんばっているときに、私がいいポストに天下りしては、警官たちに申しわけない」

柏村は、そう言ってもう一期務めてしまった。

「自分の退任は自分で決める」

という警察庁長官の〝中立性〟を示す美談として、この柏村のケースも語り継がれてきた。

柏村の次の長官、江口俊男は二年で退任し、その後任の新井はまた先に述べたように四年務めることになった。

後藤田は、先人たちの退《ひ》き際をみて、自らには「任期は二年。状況によって三年、それ以上はいかなることがあっても、このポストにはとどまらない」ことを課していた。後藤田は、柏村が後藤田を自治省から警察庁に戻してくれたことに加え、ときの政府に対する気骨のある対応ぶりの一徹さから、柏村をもっとも尊敬できる先輩のひとりにあげていた。柏村のような硬骨と新井のような国際感覚を身につけたい、というのが表向きの言葉であったが、柏村に対してほかの誰よりも賞賛の言葉を吐くことが多かった。

後藤田は警察庁長官になった当日、人事院ビルの講堂に警察庁の課長以上を集めて訓示を行なった。前日に、新聞記者の前では口を真一文字に結んで一言も発しなかったのに反し、この日はそのうっぷんを晴らすかのようによく話した。

「わが国のいかなる政党、団体、組織といえども、議会制民主主義の枠を超えて、暴力でもって政権の転覆を図る勢力は、徹底的に容赦なく摘発し、取り締まらなければならない。そのような暴力団体を制圧し、国家体制を守ることがわれわれに与えられた任務である」

という趣旨を強い口調で語った。後藤田のそのときの表情は日ごろの怒りをあらわすときの表情よりもさらに厳しく、過激派学生の取り締まりには強い姿勢で臨むことを明らかにした。

後藤田にすれば、安田講堂に立てこもった学生を排除することで、学生運動の段階は終わったという認識だった。それ以後は、一部過激派学生による革命運動として国家体制そのものに挑戦する段階にはいった、と考えていた。そうした革命家を職業とする一団の運動に対処することが、警察庁長官としての自らの任務であることを明確に表明したのであった。

後藤田の時代にはいって、確かに革命運動の動きは、体制を変革させるためにはいかなる暴力をも行使するという過激化の方向にむかった。赤軍派の武闘組織が生まれ、それが摘発されたし、昭和四十五年三月三十一日には、やはり赤軍派が日本航空のよど号をハイジャックし、北朝鮮にむかった。こうした左翼の過激化に呼応するように、十一月二十五日には、作家の三島由紀夫が楯《たて》の会会員を率いて自衛隊の東部方面総監部に乱入し、自衛隊によるクーデターを訴え、それが容れられないと三島と楯の会の会員ひとりが自決をした。

昭和四十五年は、こうした事件のほかにも千葉県成田では空港建設をめぐり農民、過激派学生が、機動隊と衝突をつづけたし、反公害、ベトナム反戦運動なども活発化した。

後藤田は、これらの事件で直接指揮をとったわけでなく、事件の経過について報告を受けるだけで、それほど強い印象を持ったわけではなかった。よど号では自民党代議士（運輸政務次官）の山村新治郎が北朝鮮に随行したのを覚えているだけだし、三島事件では「何とも気持の悪い事件だった。思いだすのも嫌だ」という印象しか語らない。私の推測をいえば、後藤田は、この時代を共産主義勢力が巧妙に戦略を使いわけ、合法面と非合法面を連動させながら運動を進めているとの認識を持っていたようであった。こうした運動は治安だけでみていくのは誤りであり、しかも法律だけでもおさえることはできないと考えていたように思える。

後藤田は、共産党に対して強い不信感を抱いていた。

共産主義理論に対する関心は、ある一定の年齢になれば誰もが捨ててしまう。後藤田は、もともとこの思想には旧制水戸高校時代から一線を劃していたし、東大時代にも関心は示さなかった。後藤田が恐れたのは、共産党の戦略であった。この政党は巧妙な論をしばしば用いた。たとえば、共産党は、その革命方式では、「敵の出方」論を説いていたが、これは「敵」が素直に共産党に政権を渡すとは思われないから最終的には暴力革命も辞さない、という理論でもあると後藤田は理解していた。したがって、治安の長期的展望からいえば、対共産党が最大の治安対策であると確信していた。共産党は『赤旗』によって、「警察当局は過激派を泳がせている。警察と過激派は一体である」との論を執拗に強調した。こうした論は、歴史的にどの国の共産党も用いたもので、それ自体は珍しいことではない。自らに不都合なことはすべて治安当局のせいにするとの論法である。

後藤田は、こうした論を聞いたときなど新聞記者に、

「おい冗談ばかり言っているぞ。警察は過激派を捕まえることができなくて弱っているんだ。いまの警察は、過激派を泳がせるほどの力はない。そんな時代じゃないよ。共産党さんも警察を買いかぶっている」

と洩らした。このような政治的狡智《こうち》に長けた論にむきになって反論するのはまったくばかばかしいと思いつつ、そういう論法こそが共産党の戦略であり、それにうかうかと乗らないようにしようと考えていたのだ。

後藤田は、警察庁長官として全国警備局長会議などで、共産党に警戒を怠ってはならないと、しばしば強い調子で警鐘を鳴らした。昭和四十六年七月五日の会議では、次のような演説を行なった。

「日本共産党は巧妙な戦術を用いて国民を欺いている。微笑戦術をとりながら、国民の持っている警戒心を解いて支持の拡大を進めている。しかしこの姿は真の姿といえるだろうか。少なくとも警備警察の幹部たる諸君は、微笑の蔭に隠された革命勢力としての共産党の本質は少しも変化のないことを銘記していなければならない。そのための諸対策を積極的に進めなければならない」

共産党に対して、当時これほどあからさまに見解をあらわす政治家や官僚は少なかった。しかも治安の総帥の発言であったから、その意味は政治家よりもはるかに大きかった。

当時、東京、大阪、沖縄などで次々と革新系の知事が当選していた。これらの知事は美濃部亮吉や黒田了一のように、学者出身であることが多かった。教壇マルキストとも言うべきこのような学者は、確かに折りからの革新票が伸びる時代にあっては、集票マシーンにはなりえた。だが、彼らの実務能力では政党の傀儡《かいらい》と化すのが目にみえていた。事実、彼らの周囲には共産色の濃い官僚が側近として仕え、情報や資料は彼らの手に握られていった。

後藤田は、そのような革新自治体に強い不満を覚えた。誰もが共産党の戦術に警鐘を鳴らさないなら、自らが先頭に立って発言をすべきだとの覚悟も持った。

『赤旗』は、後藤田の発言に執拗な反論を行なった。当時の紙面をひもといてみれば、その反論のすさまじさがわかる。後藤田が旧内務官僚出身であり、特高の体質を持っているとのお定まりの公式を手を替え品を替えといった調子でくり返した。後藤田を「特高」という一語でくくり、そこに大衆弾圧の元兇というイメージを定着させようとする意図は、歴史を真摯《しんし》にみつめようとする人たちにとっては、きわめて乱暴な論であった。

共産党の国会議員団が大挙して長官室に抗議に来るとわかると、後藤田は「抗議をされるいわれはない」とはねつけた。お定まりの抗議につきあわされて、どのような受け答えをしたにせよ、『赤旗』で書きたい放題に書かれるに決まっているからであった。

先の鈴木卓郎のメモから、このときの後藤田の言い分を引用すると、後藤田は次のように言って抗議を無視し、議員団を門前払いしたというのである。

「わしは法律を守る責任がある。違法なことを部下にやらせた覚えはないので、共産党から抗議される心当たりはない。抗議なら受けつけないから庁舎内に一歩も立ち入ってはならない。もし、わしの意に反して立ち入るなら全員を住居不法侵入罪で逮捕する。しかし、何か警察に陳情をしたいというなら会ってもいいけど……」

後藤田は鼻であしらったと言っていい。

共産党に対する後藤田の態度はこのような姿勢で一貫していた。隙をみせまいとする姿勢ともいえたし、小手先の細工を弄するより真正面から対峙する姿勢を貫いた。

後藤田は、自身が特定の思想、宗教を持たなかったから、そのようなひとつの思想、ひとつの宗教にしか価値観を置かず、ほかを認めない者に――これは私の推測になるが――軽侮の念を持っていた。こうした対応は、自らの人生ではないか、自らが考え自らで勝ちとっていく人生ではないか、確かに人には能力や才能の違いというものがあるが、最終的には本人の努力によって生きて行く以外にないではないか、という後藤田自身の強い信念に由来していると思える。

後藤田は、新聞記者の取材を受けて、「尊敬する人は」とか「信条は」といった質問を受ける立場になって、「そんなものありません」と答えた。揮毫《きごう》を求められると、そういうのはお断りしているんだ、と受けなかった。宴会には必要なだけしか出席しなかった。興がのると、旧制高校時代に覚えた詩吟を披露した。夜は早めに自宅に戻り、侑子夫人と談笑するのが習慣になっていた。後藤田の三人の子供は長女が医学生、長男と次男もそれぞれ大学に進んでいたが、子供たちと談論を交わすのを何よりも大切にしていた。自分は家庭の味を知らなかった、だから子供にはそういう寂しさを与えたくない、と言うのであった。

後藤田は、長官室ではつねに「怖い顔」をしていると、庁内ではいわれた。

後藤田の前に出る下僚は、緊張で直立したままであった。失敗は叱責され、成功は賞賛された。怒声をあげるときは全身から声が出ているようだった。だがその怒りがひと区切りつくと、こんどは柔和な表情で励ました。その後藤田の表情の方程式がわかってくると、下僚たちは後藤田に人間的な魅力を覚えるようになった。

女性への痴漢対策のために、特殊な防犯ベルが開発されたことがあった。防犯課長が後藤田のところに持ってきた。彼としては褒《ほ》められると思ったに違いない。後藤田はその報告を聞くと、顔色を変えて怒りだした。

「おい、お前、そんなものを持たなければ、女性は東京の街が歩けないのか。警察は何をしているのか」

防犯課長は返す言葉がなかった。

「ついでに言っておくが、最近、東京の街を歩いていると、『女性の夜のひとり歩きはやめましょう』という看板が立っているが、あれは一体どういうことだい。警察の無知無能を宣伝しているようなものだ。そういう意味ではないだろう。そう思うなら早急に取り外しなさい」

後藤田の言うとおりであった。この後、後藤田はその防犯課長が看板を取り外したことを賞賛したという。叱る、褒める、のタイミングのとり方が巧みなのであった。かつて後藤田の部下だった官僚は、「叱られなかった者はいないが、恨んでいる者もいない」と洩らしている。そのような人心掌握術は、後藤田の身につけた最大の武器でもあった。「後藤田は現場を知らない」という評が、警察庁内部にはつねにあった。確かに後藤田は、本庁ばかりにいた。官僚としての道筋で、富山県の警察部と神奈川県庁に出ただけで、昭和二十一年十二月からは東京にばかりいた。後藤田自身、その評を気にしている風はあった。

「長官は現場を知らないという批判には、どう答えますか」

と新聞記者に問われたとき、後藤田は例の負けず嫌いの口調で、

「地方勤務をやったからといって、だめな奴はいつまでもだめさ。そんなことはたいしたことではない」

とはね返した。だが後藤田は、この面では人一倍の努力をしていた。道府県の本部長に出される長官通達は、つねに現場を考えて細部にわたっていた。たとえば昭和四十四年に交通事故の死傷者が百万人を超すという事態になったが、後藤田は交通警官の数をふやし、交通違反に目を光らせるよう通達を出した。そのようなときの通達や訓示の内容は、交通事故を減少させることが目的であって、徒《いたず》らに違反者の検挙をふやすことに汲々としてはならない、というものだった。地方の警察本部の情報（犯罪手口や犯罪情報など）もコンピュータを使って全国集中管理方式を採った。とくに交通警察関係の犯罪には率先して全国規模の情報管理体制を整備した。

警視総監の秦野章は、昭和四十二年三月から四十五年六月まで、そのポストにあった。後藤田、秦野コンビがほぼ一年間つづいたが、秦野は高文を合格したあと、地方まわり

が長かった。後藤田と親しいという関係ではないが、気脈が通じているところはあった。秦野は旧制高校を卒業しているわけではなく、旧制中学時代に実家が破産したために年季奉公をつづけながら高文に合格した苦学力行組であった。

秦野は、旧制高校の校風については、自分にはまったくわからないが、と前置きしつつ、「水戸高校というのは、ほかの高校と違って助けあう気風があるらしいし、排他的でない」と言う。水戸高校出身者には、「よく『あいつはたいした男だ』といわれたよ」とも話す。もっとも、「あれはほめ殺しかな」と苦笑するのだが……。秦野は、昭和二十五年に徳島県の警察本部に出ていた。そこで後藤田の長兄耕平、次兄英治朗とも知りあった。耕平は医師ではあったが、そのころは県会議員を務めていた。英治朗の話では、このころ徳島県の県会議員は四十一人定員だったが、そのうちの五人は縁戚関係にあったという。それほど一族からは地方政治家が出ていたのだ。英治朗自身は政治と関わりを持たず、事業を興していた。

秦野は、耕平や英治朗と後藤田の兄ということで交際を深めた。後藤田の姉の好子の長男明弥は市内で歯科医院を営んでいて、秦野は歯痛になるとかよったという。「兄二人と、姉さんが本当に後藤田をかわいがっていたね。後藤田は兄や姉のおかげで今日があるとつくづく思う」と言うのである。

秦野は現場まわりが長かったので、現場に精通している。

後藤田が長官になったとき、秦野は警視総監だったのだが、ある会議で、「長官。中央が現場を知らないで指示をだすと大変なことになる。あなたも現場を知らないし、犯罪捜査もしたことがないが、よく采配をふるってほしい。この点は頼みますよ」

とぶったそうだ。後藤田は、わかった、と言わんばかりに聞いていたと秦野は証言する。秦野はこのことを後藤田にというより、後藤田周辺にいるキャリアにむかっていったのだそうだ。秦野は、「後藤田はそんなことは百も承知だから、彼の周辺の幹部連中に釘をさしたんだ」と証言している。

その秦野からみても、後藤田は現場を見抜く目を持っていた、という。それだけあの男は勘がいいうえに、状況を正確に把握する能力を持っていた、というのである。

後藤田は、長官時代に多くの情報を集め、それを的確に解析したうえで決断し、実行に移したといわれるが、情報収集は後藤田にとって重要な職務であった。後藤田はあけっぴろげに何でも話すようにみえるが、半面で守るべき情報は一切外に洩らさなかった。長官という立場上、集まってくる情報には政権中枢の情報から対外関係、それに国内の諸々の情報まで含まれていた。

後藤田はとぼけるのがうまい——というのが、新聞記者たちの評判だった。それもとっさにとぼけることができた。すでに長官のもとには報告が届いていると思われる件に関して、新聞記者が質しても、「ほう、そんなことがあったのかい。初耳だね」ととぼける。

ふつうなら、ぶっきら棒になってシラを切るか、それとも心の動揺を隠せずにうなずいてしまうところだが、後藤田にはそれがなかった。

「そうかね、そんなことがあるのかね」

という具合であった。後藤田はどのような会話を交わしても、頭のなかでは、その話を組みいれてしまう骨組を持っているようだった。この骨組がどのていど強固か、というのが、官僚の資質の条件になると思われるが、後藤田にはその骨組がほかの誰よりも固まっているとの感は、確かに私もインタビューのたびに受けたのである。

後藤田の水戸高校の同窓生のひとりが、甲信越の県警本部長を務めていた。この同窓生が会議で上京した折りに、後藤田と雑談を交わす機会があった。この本部長は雑談の合い間に、新潟の幾つかの田中角栄系の企業は経理が杜撰《ずさん》すぎる、いつか司直の手がはいることになるかもしれないと洩らした。田中角栄は当時、佐藤内閣のもとで自民党幹事長を務めていた。庶民的な人気は高かった。

後藤田が田中角栄にどのていど近づいているか、この本部長は知らなかったが、それでも田中は官僚人事を熟知していて、自在に官僚を操っているとの噂があった。それを案じて、後藤田にあの政治家には気をつけたほうがいい、との意味をこめて言ったのだ。

後藤田はうなずいて聞いていた。

この本部長は、この情報を後藤田が自分の中にどのような形でファイルしたかは知らない。ともあれ、後藤田のもとにはこういう情報もはいってきていたのである。後藤田はこのような情報を得ても、それを田中に告げるタイプではない。田中角栄との交流のなかで、田中をみつめる、あるいはその人物像のフレーム作りの重要な鍵にしたはずであった。

のちにこの本部長は、後藤田が田中内閣のもとで官房副長官になったとき、田中のお金には気をつければいいが……と案じた。しかし、後藤田が金銭に関しては潔癖で、その点で田中とは一線を引いていると聞き、安堵した記憶があると語った。

昭和四十六年は、過激派の学生が爆弾闘争を行なった時期であった。とくに下半期は爆弾の開発も巧妙になり、人を殺傷することに抵抗のなくなった過激派のセクトが、頻繁に爆弾闘争を進めた。この年の年譜をみると、十月十八日には東京・港区の日石ビル地下郵便局で小包爆弾が爆破し、郵便局員が重傷を負っているし、十二月十八日には警視庁の土田国保警務部長宅に届いた小包爆弾が爆発し、土田夫人が死亡するという惨事まで起きている。

十二月二十四日には、警視庁四谷警察署追分派出所脇に置かれたクリスマスツリーのはいった紙袋が爆発し、警官一人が重体、通行人二人が重傷を負うという事件が起きた。警官が殺傷の対象になるテロであった。

このテロに怒りを顕わにした後藤田は、どのようなことがあっても犯人を逮捕せよとの厳命を下した。後藤田のこのころの表情は険しく、どのような冗談も受けつけなかった。重体の警官を見舞い、必ず犯人を逮捕するとも約束した。

この年の九月十六日から二十日までは、成田空港予定地の強制代執行があり、過激派に襲われた三人の警官が焼死するという事態が発生した。後藤田はこのような事態がつづくことに苛立った。このころの記者会見で、激高した後藤田は身体をふるわせて、

「警官三人が殺されたために、千葉県知事が工事を一時ストップしたいと言ってきたが、そんなことは反対派を喜ばすだけではないか、やると決めたらやるべきだ、と言ってやった。千葉県警本部長が辞表を持ってきたが、こんな紙切れ一枚が何になる、それより部下を殺した犯人をこの長官室まで連れてこいと言ってやった」

と語っている。俗な表現になるが後藤田は、白昼公然と警官が殺されたというのに逮捕もできないのか、ふざけるんじゃない、と怒声を浴びせてやりたかったに違いない。過激派に対してマスコミは甘い、という怒りも洩らした。

後藤田を取材していてわかったことだが、後藤田はこのころ文字どおり命を張って戦っていた。歴代の警察庁長官の誰もが体験したことのない状況に置かれていた。その体

験は、かつて後藤田が陸軍の主計大尉として第十方面軍司令部にいたときと同じだったと言ってもいい。後藤田の表情がとげとげしくなるのも当然であった。

後藤田はこのころ世田谷の一軒家に住んでいた。その周囲はつねに機動隊が護衛していた。後藤田には長官専用の電話番号があり、その電話が自宅に取りつけられた。ほかに自宅で使っている電話もあった。それらの電話が、夜になるといっせいに鳴ることがあった。受話器をとると切れる。そしてまた鳴りだすのである。終夜、鳴りつづけるわけだから、家族が眠れない日もつづいた。

後藤田の話では、電話を布団で包み、音が聞こえないようにし、警察庁からの連絡用に、暗号まがいの数字を使う特別の電話を設置したともいう。

後藤田家には日に幾つかの小包が届く。送り主が誰であろうと、それは決して開けず、まず風呂場に持っていく。夜になって警視庁から爆弾処理班がやってきて、小包のひとつずつに金属探知器をあてて行く。音がしなければすぐに開封する。音がすれば処理班が警視庁に持っていって開ける。「音がしたのがありましたか」という問いに、後藤田は不快な表情で「幾つかあったよ」と答えた。もし、家人が開けていれば、大怪我をするか、あるいは死亡しているという危機の日々だった。

後藤田は、小包が届いたからといって、それを乱暴に紐《ひも》を持ってはこんではいけないんだ、と言って、小包爆弾の原理を説明するのであった。小包の上の紐が交差している部分を持ちあげれば、それはそのまま爆薬に点火するようにつくられているという。そこで紐の部分は決して持たないように小包を掌にのせ、しずしずと風呂場まではこぶというのであった。

後藤田はそのような手つきを真似ながら往時を回想するのであったが、その動作には緊張感がただよっていた。

後藤田にすれば、家族の安全も日々の心配事であった。小包には気をつける、大型封筒でも気をつける、どのようなことがあっても紐は持つな、そういう注意が家族には徹底していた。油断をすれば、すぐに命に関わるという時代であった。

土田警務部長宅に送られた小包爆弾は、土田夫人が送り主名が知り合いだったために安心し、紐を持ってはこぼうとした瞬間に爆発したというのであった。土田夫人は一瞬の隙をつかれたのであった。

後藤田は、情報を正確につかみ、それを守れば危機は脱することができる、という体験をこのときも学んだ。こんな爆弾なんかで死んでたまるか、と後藤田は、過激派に対して徹底した戦いを挑むことを自らに誓った。ここでひるむのは、治安の総帥としての誇りも面子《メンツ》も失うことになるからであった。後藤田の表情にはすさまじい怒りが宿り、それはしばしば警察に対して理解のない政治家や財界人にも苦言を呈するようになった。

ある政治家とゴルフ談議を交わしたときに、その政治家が「後藤田君のゴルフはよく飛ぶそうだが、どんなショットをするのか」と尋ねた。すると後藤田は「ゴルフなんて簡単ですよ。ボールを馬鹿な政治家か意地の悪い新聞記者の頭だと思ってひっぱたけばよく飛びますよ」と答えたという。ときにまだ三十代の代議士がバッジをつけているというだけで、傲慢な口をきいたときには、後藤田は露骨に軽侮の表情になり、「あんな若造が偉そうな口をきいて」と周囲に洩らすこともあった。

ある月刊誌には、後藤田が佐々木直日銀総裁、佐藤一郎経済企画庁長官を前にして、「諸悪の根源は地価にある。その根源をつくった元兇は銀行にあり、その元を辿れば日銀に行き着く」と苦言を呈したという。これが事実か否かはともかくとして、後藤田の当時の心理を考えれば充分にありうることだった。

後藤田自身が警察庁長官時代にもっとも印象に残っている事件としてあげるのは、昭和四十七年二月十九日からの連合赤軍による浅間山荘事件である。赤軍派と京浜安保共闘が合体して連合赤軍を結成し、山岳にはいって武装革命の訓練をしていたが、その過程で同志の思想的基盤が弱いとして総括という名のリンチ殺人を行なった。連合赤軍からの脱出者の証言や警察の捜査などによってこの実態が明らかになり、メンバーは相ついで逮捕されたが、追い詰められた幹部ら五人が、軽井沢の河合楽器保養所、浅間山荘に逃げこみ、管理人の妻を人質にして警察側と撃ち合いを演じた事件である。

浅間山荘に連合赤軍の五人が銃を持って立てこもったという報がはいったときから、警察庁には対策本部が設けられ、後藤田がその責任者となった。後藤田の下で直接に指揮をとったのは、警備局長の富田朝彦であった。

この浅間山荘事件は、ほぼ十日間にわたってテレビでも放映されたが、日本国内で警官と銃を撃ちあうという、事件としてはきわめて稀有な事件だった。機動隊三千人近くが土嚢《どのう》を積んで浅間山荘周辺を取り囲むという状態で、これはまさに市街戦でもあった。警備陣は人質の女性がいるためになかなか突入できず、そのために「朝早くとか夜おそくに突入してしまえばいいではないか」とか「人質を早く解放するよう努力すべきだ」といった一般からの批判の声もあがった。だが警備本部はそういう声を無視して、少しずつ状況を整理していったうえで山荘へ突入するというプログラムを考えていたのである。

そのプログラムは、主に後藤田が中心になって練られた。

後藤田は赤軍派が浅間山荘に立てこもったとの第一報がはいったときに、すぐに次のような判断をした。後藤田自身の証言である。

「まずこの場合、警察の目的は何か、ということです。私にとってはそのことがもっとも大事なんだ。警察の立場としては、何があっても被害者の立場を守るということです。犯人から守るということです。そうなると人質の女性を守るということが第一義だ。これはやらねばならん。次に重要なのは犯人の逮捕だ」

つまり人質の女性を救出するとともに犯人も逮捕することが最善で、女性を救出できても犯人を逮捕できない場合が次善である。最悪なのは人質に何らかの不測の事態が起き、犯人も死ぬ場合である。この三つのケースを吟味してみると、やむをえず犯人を射殺するという選択肢をとることもありうるのだ。

このように選択肢を詰めたうえで、山荘の内部はどのような状態になっているか、を後藤田は調べさせた。

犯人は数人とわかる。人質は女性一人。一度に犯人たちの抵抗力を失わせないと人質の救出は無理だ。密かに外から便所の様子を調べさせると、いずれの人間も生存しているのがわかる。この山荘には煙突があり、その煙突の内部にこっそりと集音機を仕掛けて、山荘内部の音をさぐることにした。犯人たちの会話や物音などを集め、それを解析して、人質女性の安否から犯人たちの動きや心理状態を確認した。

そのあと後藤田は、心理学者、精神科医などを集めて、このような状況下で人質の女性はどのていど精神の均衡を保つことができるか、生命にも差し障りがないか、を検討してもらった。生存そのものは数時間から一カ月と幅広いことがわかった。通常は一週間ていどという示唆も受けた。

その一週間でまたもとの精神状態に戻るか、と後藤田が尋ねると、医師たちは、拘禁状態だから一時的にそうなるのであって、一週間でまたもとに戻るというのである。

〈一週間をメドにしよう〉

後藤田はこうして基本方針を定めた。この間にどうゆさぶりをかけて、どう懐柔また は追い詰めるか、といった計画もたてた。三日目には連合赤軍の坂口弘と吉野雅邦の母親にマイクで「出て来なさい」と呼びかけさせた。四日目、山荘に通じる電線が切られた。五日目には機動隊が強行偵察を行なうためにガス弾を打ちこんだ。六日目、放水を山荘に浴びせたほか、騒音テープを流した。犯人たちは、頑強に抵抗した。そして十日目の二月二十八日に強行突入の方針を決定した。この間、機動隊は山荘をとり囲み、犯人たちは山荘の窓から顔をだして銃撃してきた。

二月二十八日、クレーン車の鉄球が山荘の三階を壊した。犯人たちは機動隊を銃撃し、警察官二人が撃たれて殉職している。ざんごうから顔をだして肉眼で事態を確かめようとしたのがアダになったのだ。一線の指揮官というのは、どうしてもこのような焦りを持つものだ、と後藤田は思った。犯人の持っている銃は望遠鏡つきで、三百メートル以内ならほとんどまちがいなく命中する。そういう情報も機動隊員の中に流してあった。

集音機からはいる犯人と人質の声をつねに確認しながら、一連のプログラムは進められた。犯人の心理を読み、少しずつ追い詰めていったのだ。三つの選択肢のうち最善のケースが可能か否か、がつねに摸索された。二月二十八日の夕方、ついに機動隊の決死隊が山荘に突入し、人質は救出されて、五人の犯人は全員逮捕された。

後藤田は長官室にとじこもって、すべての情報を掌握しながら、基本的な指示を出しながら、長官室には国家公安委員長の中村寅太も詰めることがあった。中村は後藤田に一任し、このような状況下でもうろたえるところがなかった。後藤田に一任して、その責任は自分がとるという腹の据わった態度であった。いざというときに頼りになる政治家だ、と後藤田は思った。

記者会見の席で中村は、二人の警官が殉職していると告げ、涙を流した。

この警官のほかに民間人一人が、山荘にはいろうとして犯人から射殺されている（四日目）。警官の制止をなんどもふりきってとびだしての死であった。この民間人は麻薬を用いていた節もあるとされている。

記者会見では新聞記者が、早く突入しろ、取材しているわれわれも寒くてたまらない、と突入を迫った。後藤田は、あんたたちのためにやっていることじゃないよ、という意味の言葉で応酬した。夜闇にまぎれて突入すればいいではないか、という声もあった。むろんすべての条件が揃っているなら、そのほうがいいに決まっている。だがこの地は夜になると氷点下十五度にもなる。ポンプで放った水がすぐ凍るほどの寒さであった。装甲車のキャタピラがすべって、山荘にあがって行くこともできない。早朝や夜の突入はかえってむずかしかったのだ。

予定した一週間が過ぎ、十日間となったが、後藤田は長官室のテレビでその動きをみつめていた。

二月二十八日、いよいよ山荘に突入するための決死隊が編成されるときに、後藤田は現地の指揮官に、次の者は決死隊から除くようにと密かに指示を出した。「長男は外《はず》すこと。妻帯者及び子供のある者は必ず外すこと」というのであった。要するに、長男以外の独身者にしろというのであった。この指示はもっとも後藤田らしい配慮であった。このような配慮に対して、職務遂行にあたってそういう条件をつけることが必要なのか、という声も起こりうる。独身者なら危険なところに追いこんでいいのか、といった声も出てこよう。後藤田はそういう反論に答えないが、しかしこうした配慮は、〝戦場〟での最高司令官のものとしては適切だと言いうるだろう。後藤田自身はそのことに誇りを持っているはずであった。

犯人を逮捕した翌日、後藤田はヘリコプターで、この浅間山荘にむかい、その内部を検分した。玄関をはいったとたん催涙ガスで涙がとまらないほどであった。犯人たちが外の空気を入れるために必死に窓をあけたこともわかった。

部屋の中は荒れたままだった。ある一室に椅子が雑然と積み重ねてあった。この一室の壁を破り機動隊員が楯を手に突っこんで行ったことがわかった。内部では相当の肉弾戦も行なわれたのであろう。犯人たちはやみくもに銃を撃ちまくったとの報告もはいっていた。後藤田は、この状況でよく死者がでなかった、と思った。警視庁第九機動隊の隊員を替えなければと思いつつ、人間は土壇場になるととんでもないことをするものだなあ、と改めて感じいっていた。

浅間山荘事件は、三つのケースのうち最善のケースで落着した。突入以前の二警官の死亡がなければ、すべてがうまくいったと評価できたのに、と思った。この二人の警官の葬儀で、後藤田はその行動を賛え悼みつつ、満点の評価に至らなかったことを詫びた。

後藤田は記者団に、「第一線警官の厳しさをしみじみと思った。なんとも言えない気持だ」とも洩らした。記者団に話した中に次のような一節もあった。

「一日中テレビをみながら作戦室にいたが、午後五時すぎからは夜にはいると犯人の逮捕はできるのか、と辛《つら》い思いもした。しかしこちらが辛いときは相手はさらに追いこまれた状態になっていると思っていた。……はっきり言って彼らには警官を銃撃する以外にどんな目的があるというのか。連合赤軍の主だった者は逮捕したとしても、まだ残党も多く、こうした過激なグループがなくなることはないだろう。反省する点も多いが、警官の死はわれわれとして最善を尽くしたうえでの殉職だった。断腸の思いだ。相手を射殺することは簡単だが、人質を撃ってはならないという、手足をしばられたうえでの警察活動だから辛い。警官は戦争をしているわけではないから、一方的に相手を攻撃するわけにはいかない」

後藤田の言にひそんでいるのは、後藤田自身の本音であった。こういう連中の感性や思想を人間として疑うという意味だった。怒りのニュアンスが言葉の端々に含まれていた。

連合赤軍はこの時代の政治的、社会的病理をよく反映した事件であった。革命の名のもとに行き着くところまでいきついてしまった青年たちのあがきでもあったし、過激派学生の突出した部分が最終的にはこのような残酷な光景を生みだしたともいえた。かつての太平洋戦争で、ときに日本軍は玉砕という形で自らの肉体的な決着をつけたが、そのような方向に自らの意思だけで進んでいくというのは、政治的病理という以外になかった。

妙な表現になるが、後藤田のような発想のほうがはるかに筋がとおり、時代を超えた普遍性を持っているのに、その後藤田が「血も涙もない警察官僚」と謗《そし》られたのは、確かに時代そのものが歪んでいたともいえる。

この事件を契機に、国内では連合赤軍の影響を受ける過激派の行動は鎮静化していった。後藤田にとって、それがせめてもの救いであった。

後藤田の二年十カ月の長官在任中に起こった事件のなかには、近代日本の歴史上でも後世に語られる事件も少なくなかった。連合赤軍事件もそのひとつであったが、昭和四十七年三月の外務省機密電報漏洩《ろうえい》事件もまたそのひとつであった。国家機密か国民の知る権利か——といった論争を生んだ事件であった。

後藤田はこの事件についてはあまり語っていない。現代社会の大きな問題であるにも拘わらず、しかしその内実が明らかになってみると、その経緯にはきわめて低次元の事実がみえ隠れしてきて、一気にこの問題は終息してしまったからだ。ただ後藤田はこの事件を通じて、ある政治家の気骨をみることになった。それは佐藤内閣の官房長官だった保利茂である。後藤田は自らの周辺の者に、「保利さんはあらゆる意味で有能な人で、バランス感覚もある。政治家として尊敬に値する」と賞賛の言葉を洩らしているのである。

この事件の発端は、昭和四十七年三月二十七日の衆議院予算委員会から始まった。社会党の横路孝弘と楢崎《ならさき》弥之助が、外務省の機密電報をもとに沖縄軍用地の復元補償問題で日本側が「支払い肩代わり」をする密約があると質した。これには佐藤政府も驚いて、その機密電報がなぜ社会党にわたったのかを調べ始めた。政府としては密約がなぜ洩れたのか、そのことに狼狽《ろうばい》してしまったのだ。外務省が調査を進めると、外務省の安川壮外務省審議官付の蓮見喜久子事務官が件《くだん》の電報をコピーしたことがわかった。

そこで外務省は蓮見を国家公務員法違反で告発した。警視庁は蓮見を逮捕、この電報のコピーを受けとった毎日新聞政治部記者の西山太吉も国家公務員法第百十一条違反容疑で逮捕した（四月四日）。外務省は蓮見を解雇処分にした。毎日新聞は、西山は「国民の知る権利」を守ったとして、全面的な支援態勢を布《し》いた。

この経緯のなかで、西山の逮捕は「報道の自由に対する重大な挑戦」という視点が強調され、野党は佐藤内閣を攻撃した。国会議員、法律家、学者、文化人らによって「国民の知る権利を守る会」が発足し、西山記者を守れの声があがった。

佐藤首相はこの機密漏洩に感情を爆発させ、新聞記者の入手の経緯について問題がある、と批判したが、閣内からも「首相は新聞記者のモラルと法律問題を混同している」と批判されるほどになった。佐藤は福田赳夫《たけお》外相を注意処分にし、外務省もまた省内で独自の処分を行なった。

マスコミでは、「知る権利」の侵害として、さわぐ声もあったが、法廷で西山の蓮見から機密文書を入手するプロセスが明らかになると、その声もしだいに弱まった。西山は蓮見と関係を結び、それを理由に資料の入手を迫っていたことがわかってきた。男性は職務上の功名心から接近し、それを女性は愛情と受け止めた、といった構図が明らかになった。しかも西山はこうして入手した文書を社会党にわたし、国会で質問させることによって一足先に特ダネが書けるという計算もしていた。

第一審で蓮見は事実を認めて有罪、西山は無罪となったが、検察側控訴による第二審で西山は懲役四カ月、執行猶予一年を宣告された。西山の上告も昭和五十三年に棄却となった。この間、西山は毎日新聞を退社し、毎日新聞もこの大きなテーマからは身を退くという形になった。

一連のこの事件は、初期には確かに「国家機密か知る権利か」の鬩《せめ》ぎ合いでもあった。だがある時期からは、西山と蓮見の交情によるアンフェアな文書入手という側面が暴かれ、しだいに野党の政治家、法律家、文化人なども「知る権利」を口にしなくなったのである。

後藤田はこのとき捜査の側の責任者として、ふたつの巨大な勢力の間に挟まれることになった。ひとつは佐藤政府であり、もうひとつはマスコミであった。

後藤田のもとに刑事局長の高松敬治が、西山逮捕の諒解を求めてきたとき、後藤田は次のように言ったというのだ。

「それは容易じゃないぞ。逮捕するのはいいが、検察のほうで起訴できないとなると問題になるぞ」

検察は人事が警察のように独立していないので不安だった。ところが、高松が自信があると答えたので、後藤田は、

「これは政治問題になっているのだから、政治家が情報とりに走りまわるに決まっている。捜査の機密が洩れないように、警視庁で取り調べにあたるのは二人か三人に限定して、捜査二課長から刑事部長、警視総監に必ず報告させるようにしろ。君のところには

刑事部長から報告させて、おれに伝えろ。必ずそれを守ってほしい」

と指示した。

後藤田は、たぶんこの問題について西山の取材そのものに疑義があることを確信していたらしい。後藤田周辺の人物の証言では、男女関係がどのようなものか、どういう経緯でその関係はつづいたか、などを警視庁はすべてつかんでいたともいう。つまり、蓮見は女性としての弱みから、機密文書の持ち出しを図ったことが歴然としていたというのである。さらに、西山と社会党の間では、この文書をめぐって金銭の動きもあったといわれている。

何が知る権利か——というのが捜査当局の一致した見解であったらしい。

佐藤首相はしばしば後藤田のもとに連絡役をよこして、捜査はどうなっているのか、と確かめてきた。佐藤は社会党と西山の容認できない関係を内々に知り、それを逆手に使って社会党を黙らせようとしていたのだ。加えて、西山が日米繊維交渉の電報も同様に入手していたことに激怒していた。だが後藤田は、「官房長官にお話ししてありますので」と言って細部は語らなかった。後藤田は官房長官の保利に対して、一部始終を伝え、そこでどのような戦略を進めるべきか、話し合ったようでもあった。保利はもともと毎日新聞の前身である東京日日新聞の記者出身で、こういう形の情報入手については強い批判を持っていた。私の取材の折りにも、後藤田は保利に対する深い信頼を語ったが、その理由については、このときとは別の話を持ちだした。

その話とは、東大安田講堂の事件のあと、佐藤内閣は時限立法で大学管理法をつくることになった。大学の正常化、キャンパスの維持などを目的にしたものだが、このとき官房長官の保利から、後藤田は呼ばれて、

「これに罰則をつけたいが、それを考えてくれ」

と命じられた。しかし、後藤田は日ごろの持論、「重い罰則というのは感心しません。なぜならああいう事件を起こしている者は確信犯ですから、重くすればするほど逆に使命感のようなものを持ってしまうからです。大学を管理する側がしっかりしていればいいんです」と述べた。罰則を重くすれば解決すると考えるのは誤り、確信犯には刑を軽くして対応したほうがいい、というのが後藤田の考えであった。保利はこの考えにうなずいた。保利は後藤田の考えをバランスがとれていると言い、後藤田も保利は的確に状況をつかむ政治家だ、と評価したのだ。

外務省機密電報漏洩事件では、後藤田は、毎日新聞記者に「西山記者を辞めさせて、元記者とすればいいではないか。そうすれば傷も少なくてすむ」とこっそりと伝えている。毎日新聞の名誉が傷つく事態になるとの心くばりであった。だが毎日新聞社側はますます「知る権利」に固執した。

私はこうした一連の動きの中から、国家機密と知る権利という時代にとっては大きな

テーマが、見事なまでに矮小化《わいしょうか》されたという高度な政治技術が読みとれると思う。そして事実の細部が明らかになれば、その政治技術によって、誰も傷つかないで事態がおさまったと理解できる。この高度な政治技術は、後藤田のような官僚のもっとも得意とする手法かもしれないという気がするのだ。

この経緯を通じて、後藤田の心中には、佐藤首相をこれまで自分がみてきた首相のなかではタイプの合わない政治家とみていることが窺えた。長官としては佐藤内閣の方針のもとで動くのであったが、この首相から後藤田はそれほど重視されていないとの感も受けていたようだ。その理由として、かつて後藤田が長官に就任するや大幅な刷新人事を行なったが、それが佐藤には気にいられなかったからだと指摘する警察庁ＯＢの証言もあった。

後藤田は自らの任期を二年、何か大きな事件があったとしてもせいぜい三年と割りっていた。だから特別に政治家に遠慮するつもりもなかった。それに警察庁長官というのは、自らが辞めると決めたときが退任の時期という慣例もあった。そうは言っても、国家的な事件が起きれば、そういう慣例などあってなきが如きものだった。その日のうちに辞表を提出しなければならないこともある。

実際に、後藤田にはそのようなことがあった。

昭和四十六年九月中旬、後藤田が長官に就任して二年がすぎていた。後藤田自身が考えていた任期の切れ目のころである。後藤田のもとに佐藤から連絡がはいった。「後藤田君、皇居のほうに悪さをする過激派がいるようだから注意してほしい」と言うのであった。沖縄の返還交渉が進んでいて、沖縄の本土復帰もほぼ決まっていた。もっとも、本土復帰が本土並みのアメリカ軍基地存続であるならば反対、という声もあった。後藤田は台湾軍司令部や第十方面軍にあって、この隷下の部隊が沖縄で玉砕しただけに、沖縄の本土復帰には強い関心を持っていた。沖縄復帰が真の戦争終結とも考えていた。

佐藤からの連絡は、どうやら復帰反対派が何事かを起こすはずだ、というものであった。佐藤はどういうルートで情報をとるのか、この種の情報をよく知っていた。後藤田に言わせれば、「佐藤総理は情報に明るい人だった」ということになる。後藤田は佐藤の助言にうなずき、本多丕道《ひろみち》警視総監に警備を固めておくように、と命じた。皇居内は皇宮警察の管轄だが、皇居の外側は警視庁の担当になっているからであった。

ところがその一週間後の九月二十五日に、沖縄青年委員会のメンバー四人が、天皇の訪米反対の封書を持って坂下門から皇居に乱入した。二人はすぐに警戒中の警官に逮捕されたが、ほかの二人は宮内庁正面玄関に発煙筒を投げつけたあと逮捕された。

これは後藤田にとって大失態だった。佐藤から事前に情報がはいっていたのに、皇居内に乱入されたからだ。後藤田は本多に進退伺いを書かせ、後藤田自身も進退伺いを書いて、国家公安委員長の中村寅太に届けた。しかし、その進退伺いはすぐには受理されなかった。

一カ月ほどを経て、中村から後藤田のもとに連絡がはいった。たぶんこの間に中村と佐藤の間で話し合いが行なわれたのであろう。詳細はいまもわかっていないが、あるいは佐藤は更迭の意思を持っていたが、中村がそれを押し止めたのかもしれない。とにかく後藤田のもとにはいった連絡は、「辞任するに及ばず」というものであった。中村は後藤田を呼んで、

「私も在任は長くはないでしょう。総理の任期もありますからね。君が辞めるのは、私が辞めるときにしてほしい」

と言った。後藤田も諒解して、「辞めるときはご一緒させていただきます」と同意した。後藤田自身、自分としては辞める心づもりは充分できていたという。事実、後藤田は、皇居内に乱入された、という事実もさることながら、事前に情報がありながらそれに対応できなかったという悔しさが残った。情報に負けた、という悔しさでもあった。

後藤田は旧制水戸高校時代から、天皇については国家の機関のひとつと考えていたと思われる。東大時代、内務省に入省後、あるいは陸軍の主計将校になっても、それは変わっていない。現人神《あらひとがみ》という受け止め方や天皇親政について、肯定的な発言をしたこと

がなかったからである。

後藤田の述懐によると、昭和天皇に人事の案件で会ったことがあるという。その折りに、後藤田は警察庁の機能、そして役割などを具体的に説明していったが、昭和天皇は、とうとう最後まで「警察庁と警視庁などの違いがおわかりにならなかった」という。警察庁と警視庁との明確な区分けは一般社会でもできていないというのが後藤田の実感でもあるようだった。

後藤田は長官時代に、自らを語るマスメディアの論調が、あまりにも事実と異なっているのに驚いた。後藤田は、「私のイメージはまるで極悪人並みだ。百万遍も悪口を書かれた。悪口というより嘘八百ばかりだった」と憤慨する。確かに長官時代の後藤田について書かれた記事を集めて読んでみると、なぜこれほどまでと思うほど事実の裏づけの片鱗もない中傷記事が幾つも出ている。

とりわけ後藤田と国際興業社主の小佐野賢治との関係については、きわめて不快な嘘が徘徊《はいかい》している、というのであった。

ある新聞記者がかつてこんなことを書いた。

「(後藤田が参議院出馬を考えたころ)世田谷の小佐野邸を訪ねることが多かった。参上する時は常に手ぶらだったのに門から出てくる時は必ず大きな紙袋を抱えているのを新聞記者が目撃している。誰にでも遠慮のない振る舞いの多い後藤田が、小佐野の前では校長先生の前の中学生のように直立不動……」

後藤田に言わせれば、どうしてこういういいかげんな記事になるのかというのである。この新聞記者は後藤田の古い友人だが、これはあまりにもひどい、事実と正反対ではないか、と言うのであった。警察庁長官に就任するまで、後藤田はマスコミに何を書かれようとそれほど気にしなかった。だが自分の知らないところで、あまりにもひどい中傷記事を書かれているのを知り、それ以後は友人の勧めもあって抗議をすることにした。

小佐野との関係にしても、昭和二十三年の警視庁保安部経済第二課長の時代に、一期後輩の橋本健寿の紹介で出会ったにすぎない。小佐野は実業に手をだしていて、とにかく働き者だったという。後藤田は一切の利害関係なしに友人としてつきあってきたことは、以前から明らかにしていた。

「小佐野という人物は学問はないかもしれないけれど、よく勉強するし、努力もした男だったと思う。一代で財を成すのだから、それなりの力は持っているということだ。私は戦後の何もないときに箱根の彼の持っている強羅ホテルによく泊まりにいきましたよ」

と言い、小佐野との関係では、官僚時代にただの一度も陳情を受けなかったというのが印象に残っているというのであった。

警察行政の内容が、国民に明確には理解されていない。治安がどのような役割を果たしているか、それも知られていない。一部の国民の間には、戦前の特高のイメージを引きついだ警察悪玉論があり、マスコミなどがそれにあてはめようと、後藤田のイメージをタカ派、硬派といった具合に塗りあげていったというのが事実であろう。

警察内部には伝統的な親分、子分といった人間関係が支配している。義理や人情の古い体質を持っている。宴会での人間関係づくりも重要であった。そういう宴席が潤滑油にもなっていた。だが後藤田はそのような人間関係を極端に嫌った。もたれ合い、慰め合い、それに情がらみの人間関係から何が生まれるのだろう、それは自らの弱さをカバーするだけのことではないか——そういう合理主義的な面が、後藤田にはある。その性格が警察内部では煙たがられるような土壌があった。そういう土壌に妥協しなかったのが、後藤田の官僚としての矜持《きょうじ》であった。

後藤田が長官になって一年後、警察庁は、「都市化に伴う警察行政の総合対策」を発表した。経済成長社会のひずみ、犯罪の広域化、国民意識の変化などに対応して、警察行政の見直しを図ったのだ。昭和二十九年に国警と自治体警察が一本化して始まった現行警察制度のなかで初めての基本的方針の再検討であった。

大都市では住民の連帯感が薄れて、犯罪捜査はいきづまっていた。昭和三十四年前後には六〇パーセント台だった検挙率は、四十四年には五四パーセントにまでさがっていた。そのために、警察内部の体質改善、コンピュータ導入による合理化、タテ割り組織の弊害を超えたプロジェクトチームの採用、さらには住民の持つ生活上の不満などにも耳を傾けていくと謳《うた》った内容だった。ほとんどの新聞は、この内容を「住民本位を強化」するものとして一面トップで紹介している。

これは後藤田が、一年間にわたって有識者の意見を聞いてまとめたものだが、新聞記者には、「明治時代からの警察組織の運営方法とその裏にあった考え方の総反省である」と説明した。

後藤田は警察内部の古い体質に大胆にメスを入れることを宣言したのだが、警察内部の親分、子分という古い体質は、後藤田の時代から急激に変化していった。そこに後藤田自身の性格が反映していたのはまちがいないことだった。

後藤田は自らの歩みのなかで、こういう性格を変えるつもりは一切なかったと思う。自らの思うやり方で自らの考えの筋をとおせたことは、後藤田にとっては僥倖《ぎょうこう》だったと言うべきだろう。

後藤田は長官時代に周囲が驚きの声をあげるような配慮を行なった。それは私の取材でも誰もが一様に指摘したことであったが、たとえば他県の機動隊を東京に出動させるときは、食糧をどう調達するか、下着を何枚もたせるか、どこに泊めるか、どのようにして休憩を与えるか、そういうこまかいことを指示するというのであった。

こまかい計画もなしに、「それ行けっ」というようなこと——こういうやり方を好んだ者もいたようだが——はしなかった。そういう計画は無責任といってむしろ軽蔑した。

この事実は後藤田がこれほどこまかいことに気をくばる長官であった、というエピソードとしてしばしば語られた。だが私は、そういうエピソードを聞きながら、いやそうではあるまいとつぶやいていたのだ。はっきりいえば、後藤田は「人間の営み」ということをもっともよく知っているのだ。食に飢えたり、風呂にもはいれずにいたり、雑魚《ざこ》寝《ね》のような生活をすれば、人間の精神状態が日ごろの状態を維持できるわけがない、これでは人間としての感性や知性を低下させるだけだ。

後藤田のそういう信念は、陸軍の将校として主計を担当した経験からつくられたものともいえるだろう。だが、幼少期からの生活のなかで、自分が経済的にいかに恵まれていたかを知ったときから、「恒産がなければ恒心なし」との信念が固まったようだった。加えて、共同体の古老の智恵が若い世代に適切な助言を与えるように、自らの役割もそこに置いていくようになったのだ。

後藤田は自らの後継者を次長の高橋幹夫に決めていた。その高橋が糖尿病で倒れ、警察病院に入院したときに、後藤田は密かに担当医に会い、「高橋の健康で職務は務まりますか」と打診している。「毎日、執務中にも一時間ほどの休憩は必要でしょうな」「それなら大丈夫だ」と言って、高橋の回復を待った。後藤田は、政局とにらみあわせながら、自らが退く時期を図った。

昭和四十七年六月、政局は揺れていた。佐藤首相の退陣が決まり、後継者として通産相の田中角栄と外相の福田赳夫に分かれ、佐藤派内部での綱引きが始まっていた。七月五日には自民党の総裁を選ぶ自民党大会が開かれることになったが、福田と田中とどちらが有利か、まだ情勢は判然とはしていなかった。後藤田はこの政局の空白期に辞任することを決意した。

六月二十二日、後藤田は記者団の前に姿をあらわして、「わしは辞任することにした。後任は高橋だ」と告げた。それまで後藤田退任の噂はなかった。その機先を制するように、後藤田自身の口から辞任をはっきりと告げたのであった。

そして次のように言ったと、当時の新聞には報じられている。

「出処進退は自分で決めればいいことであり、他人には誰も相談しなかった。わしも指示を受けるつもりはないんだ。今日辞めるということは次長の高橋にも言っていない。辞める時期というのも、総裁選の予測がつかないいまを選んだのだ」

後藤田は、このあと新聞記者たちに、「君らに迷惑がかからんように夕刊の締め切り時間も調べておいたんだ」と言って笑った。新聞記者たちは、この長官は何から何まで型破りな性格だととまどいながら、本社に原稿を送った。

この日の夕刊には「後藤田警察庁長官、退任を表明」という記事が、どの新聞にも二段扱いで掲載された。後藤田は長官室で夕刊をながめながら、さてこれからどうしようか、さしあたりはひと休みしなければ、とつぶやいていた。三十三年間の官僚人生、そのうち十七年間は警察官僚だったが、その生活を終えるという感慨より、背中に背負いつづけた荷をようやくおろすような身の軽さを感じていたのである。

第五章「指導者の黒子」という衣

昭和四十七年七月七日の午前、二階堂進は首相官邸に呼ばれた。そこで二階堂は、首相の田中角栄から「官房長官を頼む」と要請された。だが二階堂は、「それだけは勘弁してほしい」と応じなかった。田中の腹心といわれている二階堂も、このポストにだけは就きたくなかった。

内閣の番頭としてこのポストはあまりにも多忙だ。二階堂に言わせると、昼も夜もない。外国の首脳からは夜でも電話がはいるし、内政、外交、社会、経済、それこそあらゆる動きに政府としての見解を述べなければならない。田中自身、佐藤前首相から官房長官をやるようにと勧められても、「それだけは私はしない」と断りつづけてきたのを、二階堂は知っていた。だから、「角さん、あんたもこれだけはしなかったじゃないか」と拒みつづけた。

「頼むよ。これはあんたしかおらんのだ」

田中の執拗な説得に、二階堂は渋々といった気持で引き受けた。せっかくわれわれでつくった内閣だ、そうまで言われては、というのが、二階堂の本音だった。「でも辞めたいときはいつでも辞めさせてもらうよ。それを条件にしてほしい」と二階堂が言うと、田中は手を上下に動かして「わかった、わかった」と言った。二階堂が組閣本部にとどまっていると、最初にはいってきたのが後藤田であった。

「二階堂さん、警察庁長官だった後藤田君だよ。あんたの下で、官房副長官をやってもらおうと思っている」

二階堂はこのとき初めて後藤田と対面した。警察庁長官という色眼鏡でみるせいか、ずいぶん「怖い印象」を受けた。二階堂が後藤田に注目したのは、浅間山荘事件であった。あの十日間の犯人を心理的に追い詰めていったプログラムは、後藤田が指揮して進めた理詰めのものだと、二階堂は議員仲間から聞いていた。たいした仕事をする男だと思った。だがこうして目の前にいて、自分の下で働くとなるといささか不安であった。

警察行政の責任者が、官房にはいるのはどうかな、と二階堂は思った。素直に嬉しいという気持にはならなかった。田中内閣は「おい、こらの警察」というイメージでみられるのではないかとも案じた。二階堂は、田中の頭のファイルには、各省の幹部のデータがすべて詰めこまれているのを知っている。田中がいつ後藤田に着目するようになったのかは知らないが、もし自分が首相になったら、誰を首相官邸に置けばいいか、田中はそれを当然考えていたであろう。だから、その結果として後藤田を選んだとするならこれも仕方のないことだが、それにしてもわざわざ警察官僚を選ぶというのは解せなかった。

しかし、それから一カ月もしないうちに、二階堂はこの元官僚は自分の考えていた警察官僚とは異なるタイプだと気づいた。二階堂の証言である。

「毎週、閣議があるでしょう。そこでの法案の説明や各種の行事の説明は官房副長官がすることになっている。この閣議の前に、後藤田さんは僕の所に来て、一件ずつ詳しく説明をして、それで僕が判を捺《お》すという決まりになっているのです。この仕事の進め方をみて、私はこの人は丁寧に誤りなく、完璧に仕事をする人だなあと驚きました」

そのことがわかると、二階堂は日々の仕事のすべてを後藤田に任せることにした。二階堂は判を捺すだけにしたのである。そして、官房長官とはこんなに楽だったか、と思うようになった。

後藤田は、この二階堂と昭和五十年代、六十年代、もっとも腹蔵のない会話を交わせる同僚となるのである。

後藤田自身は官房副長官の仕事を通じて、行政と政治のつなぎの部分を理解していった。一カ月前にはこのような仕事に就くとは露ほども考えていなかった。警察庁長官という激務を終えたのだから、まず家族サービスをしなければならないだろうと考えていた。夫人の侑子と、結婚して二十八年目で初めて公務のない日々をヨーロッパで楽しんでいるはずであった。

それが首相官邸で長官時代よりも多忙な日々を送っている。そう考えると、後藤田は田中との〝奇縁〟に思いをめぐらさざるをえないのであった。

警察庁長官を退任することになって、後藤田は退任の挨拶に有力政治家や各省庁の幹部の間を歩いた。通産大臣の田中角栄に挨拶に行くと、田中は、これから何をするつもりだ、と訊いた。いや別に考えていませんが、とにかくひと休みしますよ、もう疲れました、と言う後藤田に、田中は、通産省のある公団（産炭地域振興公団）の名をあげ、そこの総裁になったらどうか、と誘った。後藤田は、それは自分にはむいていない、と遠回しに断った。

田中とはそれで別れた。警察庁長官として田中のもとにはしばしば陳情にいったが、個人的なつきあいはしていない。陳情回数ではむしろ大蔵大臣の福田赳夫のほうがはるかに多かった。後藤田は警察庁長官として大臣と党三役にしか陳情しなかった。自らのポストにふさわしい陳情相手はそのクラスと考えていた。特定の個人との交際を深めて色つきのように思われるのも嫌だった。

田中から後藤田のもとに連絡が来たのは、七月七日の早朝であった。「今日は一日家にいてくれ」と言うのだ。しかし、後藤田はその言を無視して退任の挨拶まわりに出かけた。霞が関の高速道路入り口付近で長官車の車内電話が鳴り、すぐに官邸に来い、と田中に命じられた。このエピソードは、すでに後藤田によってなんどとなく語られていて、とくに新しく加筆する部分もない。

だが、後藤田は田中と会って、官房副長官を頼むよ、はい、わかりました、と言っただけではなかったと思われる。後藤田は、私の取材でも、「田中さんからは役所の人事を任されていたから……」という意味のことを言ったが、このときに田中から、官房副長官として事務方を任せる、役所の主要な人事や人材の配置も君に一任する、といわれたとも推測できる。さらに、政務担当の官房副長官には二年生代議士の山下元利が座るのだが、後藤田はその領域にも発言を広めていいとの諒解を与えられたと思われるのだ。

事務担当の官房副長官というポストは、佐藤内閣の時代にできている。各省庁の事務次官会議を主宰する役割を担うポストであった。しかし、しだいにこのポスト自体が力を持つようになっていく。それが後藤田時代からであった。後藤田は、一年五カ月で官房副長官を辞任（昭和四十八年十一月二十五日）する。その後任には、自らの意を押しとおすといって警察庁警備局長だった川島広守を据えている。川島は旧内務省十七年入省組である。

この官房副長官は、佐藤内閣のときは小池欣一（厚生事務次官、旧内務省十八年入省組）で、田中内閣のあとの三木武夫、福田赳夫、大平正芳、鈴木善幸とつづく内閣では、いずれも旧内務省の流れを汲む厚生省や労働省に入省し、のちに厚生事務次官を経験した者が占めている。中曾根内閣になって、旧内務省入省組がいなくなり、厚生省入省の藤森昭一がこのポストに就いている。大蔵、外務、通産などの事務次官が就いたことがないのは、旧内務省（系）の事務能力に対する信頼と、旧内務官僚の結束の固さを示しているともいえる。

後藤田はその土台づくりを行なったのである。

後藤田が田中の話をその場で引き受け、そのときから官邸にはいったままになったのは、このような構図をにらみ、旧内務官僚として官僚の世界を動かすという意図があったからだ。後藤田自身、実際に官邸にはいると金バッジがないことでいかにあなどられるかを知り、議席を持つことを望むようになる。それが選挙への出馬も考える契機になったと言っている。だが、後藤田は官邸にはいったときから、自らの次の人生は議席を持つことだと決めていた節もある。

警察庁長官をはなれたとき、後藤田はまだ五十七歳であった。公団や公社の総裁としてのんびりと過ごすような人生を望んでいなかった。社会や時代と関わりを持つエネルギーはまだ全身にあふれていた。だから官房副長官というポストは、そのエネルギーを発露する場所としても、さしあたりは格好のポストであった。

後藤田は、官邸にはいって、田中の執務室に入りびたりになった。田中との間でコミュニケーションの呼吸を整えておかなければならなかったからだ。二階堂や山下は、すでに田中とは呼吸も合っていて、とくに二階堂は政治家の間では、田中のミラーマンといわれているほどだった。二階堂の動きをみれば、田中が今何を考えているか、どのような政策を意図しているか、それがわかるという意味の渾名であった。山下にしても、田中の意中を察して動くという習慣を身につけていて、阿吽《あうん》の呼吸をのみこんでいた。後藤田も田中との間にその呼吸をつくらなければならなかった。

田中は、自らの内閣がすぐに取り組む政策は、ふたつあるんだ、それを君も側面から支えてほしい、と言った。

「外交は日中国交回復、内政は日本列島の改造だ。このふたつと当面取り組んでいく。だがわしにはまだ幾つものやりたいことがある。選挙法だ、教育改革だ、それに防衛問題だ、行財政改革もだ。どれをとっても大変なことは承知だが、わしは大胆に行動力をもって取り組んでいく」

後藤田は、田中の言を聞いているうちに、この人物は確かに学歴はないかもしれないが、すべてを実学で学んだという強さを持っている、と改めて感心した。理論がどうのとか、理屈がどうのとか、そんなことをあまりこまかくは言わない。官僚のように少しずつ事態を進めたり、変えたりするのでもない。大胆に大きく変えようとする。その姿勢に後藤田は共感を覚えた。

田中は、「君は内政を頼むよ」と言って、まず列島改造についての土地問題を研究するよう後藤田に命じた。すでに田中は自民党政調会長の時代に、都市計画大綱案を決めていて、それが首相になる前から『日本列島改造論』というタイトルで本になり、書店で売りだされていた。この書はたちまちのうちにベストセラーになった。

「日本列島の改造を何としても実現したいんだ。その具体的方向を各省の連中を集めて研究してほしい」

それが田中の命令だった。後藤田はさっそくこの問題に取り組むことになった。後藤田は田中のこの大綱を改めて読んだ。何人もの学識経験者にも話を聞いたし、各省のスタッフにも具体的にこのプランについての意見も求めた。そうしたあげくに、後藤田が辿りついた結論は、これは「政治の理想」であるという信念であった。

当時の後藤田は、日本列島改造計画の根本には、「国土の均衡ある発展」という考えがあると受け止めた。

後藤田の証言である。

「要するに全国の国土を東西南北に高速道路網と高速鉄道網をもって整備するということですよ。東京を中心に各地方の中心都市を二、三時間で結ぼうというわけでしょう。なにしろ日本は社会資本整備が欧米と比べても格段に遅れていたから、これを機に整備を図るというのは政治の理想になるわけだ。僕はこれはすごい計画だなあと思いましたね」

　しかし、後藤田はこの計画には何かが欠けているとも思った。ソフト面である。この計画を実行するための法体系が明確にされていない。このことがもっとも重要に思えた。さらに生活は便利になるし、ビジネスも一挙に迅速化されることになるだろうが、国民の精神的な充足感はどうなるのだろうか。この社会整備を行なうための意識変革が国民の間にできあがっているだろうか、という不安もあった。だが後藤田はこの不安にこだわるよりも、当面は土地問題を実務的に見直して法体系をつくることに力をそそぐことにした。

　民間では、すでに列島改造ブームが起こっていて、企業の土地買い占めが始まり、地価の高騰がすさまじい勢いでつづいていた。その騰勢のすさまじさは、田中や後藤田などの予想をはるかに超えていた。こんなことをしていたら、日本の経済は土地資本制になるとの危惧さえ生まれていた。

　後藤田は各省庁のスタッフを自ら指名して、土地問題の基本的認識を固め、具体的な対策について練ることにした。後藤田は、各省庁の次官、局長クラスで省庁内でも優秀と折り紙をつけられている官僚に目をつけた。こうして集められたのは、大蔵省主税局長の高木文雄、農林省大臣官房の官房長三善信二、経済企画庁総合開発局長の下河辺《しもこうべ》淳《あつし》、運輸大臣官房審議官の原田昇左右、建設省宅地部長の河野正三らであった。内閣審議室長の亘理彰が幹事になって、この会合はつづくことになった。毎週一回午前八時からともに朝食をとりながらの会合であった。

むろん後藤田はこの会議には欠かさず出席した。

土地とはそもそもどのようなものか、私有権はどこまで認められるか、自由な商品として認められるか、などさまざまなテーマをたてながら論じた。

日本列島改造を進めるには、憲法上土地には私有権が認められているが、それも公共の福祉からみた場合は一定の制約を受けても構わない、という論が前提になければならなかった。私有権が優先されるだけでは、この計画は進まない。だがこれらの会議では、「土地はいかなる理由があっても、現行の法規上は自由な商品である」という結論以外にはでなかった。現行の法規上では、日本列島改造論はむずかしいという暗黙の諒解ができていった。

後藤田は私有権を認めるにしても、利用権は公共の福祉とからませて上位に置くべき、という立場をとった。しかし、これも現行法規ではむずかしいという認識であった。

一年余もつづいたこの会議での討議内容をもとにして、国土利用計画法が立法化された（昭和四十九年六月二十五日）。この法案は、第二条で基本理念を掲げ、国民生活や企業の生産活動を重視しつつ、「公共の福祉を優先させ、自然環境の保全を図りつつ、地域の自然的、社会的、経済的及び文化的条件に配慮して、健康で文化的な生活環境の確保と国土の均衡ある発展を図る」と謳った。土地の開発にあたっては一定の枠を超えると関係機関に届けるとか、土地の利用にあたっては特定の地域に乱開発が行なわれないよう制限を加えるなどといった条文が、眼目になっていた。土地の私有権に制限を加えるというより、私有権の拡大に歯止めをかけつつ、公共の福祉とのバランスを保とうというものだった。

日本にはこれまで土地の私権と公権との調和を図る法律がなかった。私権が優先するあまり、その開発、利用は無秩序になっていたが、それに歯止めをかける初めての法律になった。歴史的な意義を持っていたのである。

この法律にもとづく官庁として、国土庁がつくられ、昭和四十九年六月二十六日に発足した。

後藤田はこれらの各省庁のスタッフと話しあっているなかで、しだいに列島改造論の実施が無理だと確信していった。当時の後藤田の胸中を、きわめて簡単に代弁するならば次のような台詞となっただろう。

「土地の私有権はそりゃあ大事だろう。だがそのうえに胡座《あぐら》をかいていていいのか。社会生活や国民経済にプラスに働くように、土地の私有権というものを使っていかなければいけないのではないか。私有権ばかりを重視していては国民生活はどうなるのか」

後藤田はこの会議でもこのような含みの意見を強調していたという。当時の出席者の話では、その考えは理解できても、現行法規ではそれは無理だし、もしここにメスを入れたら私有権そのものの規定に変化が起こるというのがほかの出席者の意見であった。確かにかつて戦時下の日本では、陸軍が私有権を無視して紙切れ一枚で土地を収用していったために、国民の反感を買った、という歴史的事実があった。

後藤田によれば、当時、日本全国の世帯数は約四千万、そのうち三千万世帯は土地の所有者だったという。そのなかには東京など大都市圏で二十坪しかなくても億の評価になる土地もあるし、田舎では千坪、二千坪でも値のつかない原野もある。資産価値といってもそこにはあまりにも大きな格差がある。固定資産税だけでなく、新たに税をかけるといっても不公平である。そこで税制を高くしてとにかく市場に土地を出させようという案も考えたという。

昭和四十九年春に、生活関連物資の売り惜しみ、買い占めが起こり、狂乱物価の時代が始まった。産油国の石油生産の二五パーセント減といった国際要因と地価の異常な高騰からくる失政が原因であった。日本列島改造計画は、このときに高度経済成長時代の終焉《しゅうえん》とともに徒花《あだばな》に終わった。

後藤田は、日本列島改造論の実行をめぐって、「政治の理想と現実」の乖離《かいり》を具体的に知った。だが国土利用計画法という法案を生んだことには満足感があった。

後藤田がこのときに集めた官僚の集団を、マスコミは「後藤田機関」といって、情報がここに集中するようになったと報じた。後藤田に言わせれば、この会（朝食会）は政策プランメーカーであって、後藤田調査機関などではなかったという。大方、警察庁長官というポストからくるイメージだったのであろうが、確かに後藤田にはこの期に、そういうイメージが増幅していった。

朝食会のメンバーだった原田昇左右は、現在（平成五年八月）衆議院議員だが、「この会合は土地問題の基本的な枠組を論議する場でしたが、副産物として官庁間の考えの相違を調整できることになったし、後藤田さんを中心にして各省の人的つながりも生まれた。みんなで協力していこうという機運ができたのも大きかった。後藤田機関というほど、後藤田さんが切り盛りしていたわけではなかった」と言っている。だがこのときのメンバーが、中曾根内閣の行政改革の折りに一斉に協力態勢を布いた。大蔵省の高木が国鉄総裁になって、国鉄民営化への路線に傾斜していったのは、その好例である。

後藤田が私のインタビューで最初に発した言葉というのは、「マスコミでは僕のイメージはひどい状態に増幅された」であった。右手を片側に傾け、そしてその手をこんどは逆に大きく傾けて、「こっちへ行ったり、あっちへ行ったりした。僕自身はまったく変わらないんだけれどね」と言った。それはこの官房副長官のときの官僚の集まりが充分に理解されずに一気に増幅されてしまったという意味であった。そのイメージを消す戦いが、後藤田には課せられたのだ。そしてこの戦いはこのときから実に政治家として独自の力をもつまでつづくことになる。

後藤田は、田中内閣の裏方として、実際に各省庁間の調整役を担った。田中が後藤田に期待したのもそこにあった。

田中は各省の高級官僚たちの序列やポストはむろん、生いたち、学歴など個人的環境まで把握していた。高級官僚の誕生日にプレゼントを贈り、本人を恐縮させたというエピソードもあった。田中は、「もし、僕が東大に行っていたら、君と同期だよ」と官僚の肩を叩いたというエピソードも残っている。官僚を巧みに使いこなす、その頭脳をポストを与えるという恩義でしばって利用するということに関しては、それまでのどの党人政治家よりもはるかに抜きん出た才能を持っていた。

後藤田を身近に置いて分身のように使ったのは、田中自身、有能といわれる官僚を自在に重用しているといった神話をもって霞が関ににらみをきかせる効用を考えたからに違いなかった。だから田中は、日中国交回復といった外交面では後藤田を使わなかった。田中は、日中国交回復では外務省の中国課長橋本恕《ひろし》を使った。田中と橋本は、田中が首班指名で勝つ六カ月も前から、連絡をとりあっていた。田中はすでにそのときから自らが首相になったら、日中関係の正常化を行なうという意気込みを持っていた。

田中が外相の大平正芳とともに訪中し、周恩来首相や毛沢東主席と会って、日中共同声明を発表し、国交回復を行なったのは昭和四十七年九月二十九日であった。田中は、その成果をもって羽田空港に帰ってきた。留守居役だった後藤田が、空港に出迎えにいき、田中の発表するステートメントに耳を傾けていると、自民党の長老だった保利茂が、後藤田の耳に口を寄せて、

「田中君というのは本当に運がいい男だ」

とつぶやいた。保利は、後藤田の畏敬する政治家であった。政治家として決断するときには一方の情報だけで決断しない、必ず情報を重層化するという保利の手法が、後藤田の体質に合っていた。

自民党の中にも日中国交回復に反対する勢力は少なくなく、田中の立場とて決して安泰ではなかった。それなのに大胆に決断し、こうして成功させて日本に戻ってくる、国民は歓迎している、という図をみれば、確かに「運がいい男」といえた。保利もそのことを言っていたが、しかし後藤田が保利の言をいまなお忘れていないのは、単にそうした表面上の意味だけで理解したからではなかった。

〈田中は運がいい、というのは、この男がそれだけ事前の情報収集、解析を行ない、そして決断、実行力に優れているからだ〉

と後藤田は考えたのだ。

後藤田自身、自らの軌跡を考えて、運がよかった、と思うことがある。台湾軍司令部

の時代に飛行機のコースを変えるよう言い、それを貫いたのが生と死を分けた。警察庁長官時代にも小包爆弾で死ななかったのは、包装の紐を決してつかまなかったからだ。運がいいという裏には、目にみえない部分の蓄積があるからだ、というのが後藤田の信念であった。

後藤田が田中に惹かれていくのは、田中が「運がいい男」だったからではなく、運を自らに引き寄せる能力を持っていたからだった。

佐藤首相は福田に禅譲したかったが、田中はそれを承知で佐藤の目の前から佐藤派の議員を引き抜いていった。そういう行動力は、戦うときには断固戦うという決断力を持っていたからこそ生じるものだった。そして、首相になるという運を自らの側に引き寄せた。後藤田は田中のそのような行動力に一目置いたのである。

日中国交回復という成果をもって、田中は衆議院の解散にふみきった。昭和四十七年十二月十日の総選挙で、意外なことに自民党は大敗し、過半数を辛うじて維持しただけだった。共産党が三十八議席を得て第三党に伸びた。

後藤田はこのときの衆議院選挙に出馬しようと考えていた。地元の県会議員や財界人からも打診があった。大体は反三木武夫派の者だった。もっと徳島を豊かな県にしてほしい、というのであった。田中はその動きを知ると、「まだ早い。準備ができていないではないか。それに田中政治を実現するためにもう少し手伝ってほしい。官邸も空っぽになるし……」と釘をさした。官房長官だった二階堂は、実は、これはあまり知られていない話だが、と言って、次のような話を紹介した。

田中は、後藤田を官房副長官に据えるときに、「君には内閣改造をするときに必ず大臣になってもらいたい」と約束していたという。ところが後藤田は、「それは受けられません。私は選挙民の洗礼を受けなければそういうポストには就けません」と答えた。そこで、この話はなかったことにするとなったそうだが、二階堂は、そのやりとりを聞いていて、大臣病の多い時代に、しかも議席を持っていなくても大臣になれるというのに、この男は筋をとおすなあ、と思ったそうだ。

あえて選挙にでなくてもいいではないか、というのが、このときの二階堂の感想でもあった。

後藤田の熱意に、田中は、「次のなるべく早い選挙に出馬することにして、それまで官邸にいてくれ」と言った。それで後藤田も納得することにした。そして田中がその後藤田に次に取り組むように命じたのは、選挙制度の改革であった。

田中が、選挙制度の改革に取り組むと明言したのは、昭和四十八年四月三日であった。田中は、もともと小選挙区制論者で、この制度がもっとも日本にはふさわしい、共通の基盤を持つ二大政党が、政策で争うべきだ、というのが持論だった。そうすれば選挙資金もかからない。日本という国は同族社会だから、二大政党がチェックしあえばいいんだ、というのであった。社会党や共産党はそれに気づいていない、とも言ったが、むろん田中の胸中には共産党の伸長を防ぎたいとの意思があった。一九八〇年代には自共対決時代かと予測する声もあがっていた。

田中が選挙制度の改革の名のもとに小選挙区制を提唱したのは、政府の諮問機関である選挙制度審議会が、小選挙区と比例代表制の並立案を答申していたからだった。自民党のなかには鳩山一郎内閣以来、一貫して小選挙区制を提唱する意見が底流としてあり、これがときに浮上してくる。このときもまたそうであった。

昭和四十八年五月二十日には、自民党は区割り委員会を発足させたが、野党の反対が強く、国会審議はストップしてしまい、結局田中は六月十八日になって小選挙区制への取り組みを断念すると発表した。

当初、田中は小選挙区、比例代表制で押していくつもりだった。自治大臣の江崎真澄にそのための準備を命じた。後藤田には、選挙制度改革のなかでも、選挙区の区割りについての原案を一刻も早くつくれ、というのであった。

「君のように議席を持たない者のほうが利害がからまないから、客観的なものができるだろう」

と田中は言った。

後藤田は、選挙制度審議会のメンバーである細川隆元、大浜英子などを訪ねた。委員たちは、「これまでいくら答申を出しても実行しないではないか。そんなものやっていられない」と一様に不満を洩らした。そこで後藤田は、委員をひとりずつ説得して歩き、審議会をもう一度軌道にのせ、区割りの審議にもっていった。相変わらず細川は、「こんなものつくったってやれるのかい。できっこないよ」

とくり返していた。しかし後藤田は、「できるかできないかはやってみなきゃ、わかりません。とにかくやってみてください」とねばった。ほかの官僚なら、「まあ、先生そうおっしゃらずに……」とご機嫌をとるのだが、後藤田はこういうときは誰にも同じ口調であった。そのために誤解されることもあった。

こうして区割り委員会は発足したのだが、自民党内部からも反対の声があがった。それぞれの議員の死活に響くわけだから、その声は田中にとっても無視できない。そうなると、田中はすぐに後退してしまった。

官邸に呼ばれた江崎は、田中から「あれはやめるよ」と一言告げられただけだった。江崎は自治大臣として、早くしろ、とせっつかれ、こんどは、やめたよ、とあっさり言われる。その後始末に音をあげていた。それは後藤田も同じだった。「後藤田君、あれは無理だ。やめることにしよう」と言われて、それまでの作業はすべてとりやめになった。実は、この段階で後藤田は、当時の日本各地の人口にもとづいてかなりこまかい選挙区割りの原案をつくっていた。その仕事を通じて、図らずも全国の選挙地図を覚えてしまった。このときに取り組んだ選挙制度の改革というテーマは、後藤田自身の終生のテーマとなったのであった。

衆議院総選挙のあと、後藤田は、本格的に次の選挙に立候補する意思を固めた。予想されるのは、昭和四十九年七月七日の参議院選挙であった。その前に衆議院の解散があれば衆議院選挙、だがさしあたりは参議院選挙に的をしぼったのである。

このころ徳島の自民党県連を牛耳っている三木武夫から、

「おい、後藤田君、君は全国区からどうなんだ」

と言われたことがあった。警察行政を担っていたんだから、全国区のほうが集票しやすいではないか、というのであった。加えて、徳島の地方区には三木直系の久次米健太郎がいる。久次米は村長、県議を四期、県議会議長、党県連会長なども務め、昭和四十三年に参議院議員に当選していた。徳島での三木の番頭格といわれていた。三木にすれば、俺の地盤で喧嘩を売るのか、という心境であったのだろう。

後藤田は、地元でしか立候補できない旨を三木や県連の幹部に告げなければならなかった。というのは、警察庁ではキャリアを配置するときに出生地には配属しないという決まりがあった。それに、警察庁では内規によって任地での立候補をとめている。なぜなら在任中に政敵を倒すことも可能だったからだ。その結果、警察官僚が選挙に出るなら出生地からしか立候補できなくなっていた。後藤田は、現在のように比例代表制も導入されていて、名簿に名前がのるような場合なら、その選択もできたであろうが、当時は徳島から出馬する以外になかった。

後藤田のこの言い分に、三木派色の強い県内の県議や県連の幹部はあまりいい顔をしなかった。だが、議席を持つという志を立てた以上、後藤田はひるむことはなかった。土曜日の午後に東京を発って徳島に行き、徳島で支持者の集まりに顔を出し、県連の実力者や県の有力者に挨拶をするという日々をくり返すことになった。そして月曜日の朝には東京に戻ってきた。

徳島市に家を借りた。故郷の美郷村に隣接した鴨島町にも家を借りた。

昭和四十八年春からは、県内での後援会づくりが始まった。徳島市内の建設会社の一角に後援会事務所を置き、後援会員の募集を始めた。そのときのパンフレットをみると、表紙に後藤田の写真があり、「総理の直系で明るい徳島を築こう」という大文字が刷られている。その横に「徳島に新しい政治の流れを！」と「〝決断と実行力〟で郷土の繁栄」というふたつのスローガンが掲げられている。パンフレットの一頁目には、田中が推薦文を寄せている。「徳島県の皆さん！　私はこのたび〝決断と実行の政治〟を推進するにあたって後藤田正晴君を内閣官房副長官に任命しました」で始まっている。

そして次のように書いている。

「二階堂長官も彼の手腕を信頼して内閣官房の仕事の大半をまかせ切っている様子です。

後藤田君はご承知のように長い間役人生活を送りました。それにも拘らずおよそ官僚らしからぬ〝土臭さ〟に加えて旺盛な自主独立の気概があり、統率力、企画力、責任感も群を抜く感があります。政府各省庁の次官、局長クラスも彼を信頼して難しい各省庁間の事務の調整、指導を受けているようです（以下略）」

後藤田がいかに有能な官僚であり、自分もどれほど頼りにしているかが語られている。後援会の趣意書には、「後藤田こそ〝あすの徳島〟のにない手だ」「後藤田を新しい郷土のチャンピオンとしてわれわれの希望を託そう」という会だと説明されている。

後藤田の「歩みと素顔」を書いているのは、故郷の美郷村長の矢西保であった。その生いたち、その略歴、田中総理との関係、スポーツマン、という項目に分かれて書かれている。このパンフレットを読む限り、後藤田は一般の県民にはまったく無名同然だということがわかる。パンフレットは後藤田家は藩政時代から庄屋として知られているといい、「正晴さんのおおらかで坊ちゃん然とした風格はこうした〝育ちのよさ〟の所産だといえましょう」ともいう。長兄の耕平は、「医師、村長、県議として活躍、〝カミソリ県議〟として県政界にその名をとどろかせました」と言い、「次兄英治朗氏は海運業界に進出、豊益海漕社長のほか、最近では大型海上輸送時代の先駆を切って徳島―千葉を結ぶオーシャンフェリー株式会社を創立、その代表取締役として活躍するなど業界重鎮のひとりであります」というのだ。後藤田正晴はどういう人物なのか、どこの村の出身なのか、どんな家庭で育ったのか、など実にわかりやすく説明している。旧制富岡中学の同窓会では、田中は今太閤といわれているが、後藤田はその今太閤の軍師真田幸村だ、と語られているとのエピソードも紹介されている。

後藤田は、土曜、日曜に徳島に戻るたびに、選挙の持つからくりの渦のなかにはいっていった。それまで選挙に関わったことがなかっただけに、後藤田は御輿《みこし》をかつがれながら、しだいに選挙とはこういうものか、と思うようになった。後藤田支援の核になっているのは、兄の英治朗の会社の社員であったり、肉親、係累であったり、県庁の平凡な職員であったり、幼馴染であったりした。彼らのほとんどは選挙にはずぶの素人でもあった。そして、その周辺に選挙ゴロと称される人物などが徘徊することになった。

後藤田の選挙運動を当初から手伝った美郷村長の矢西保によれば、後藤田は「未知の人の前で話したことがないから、どう話したらいいかわからんよ」とボヤいていたという。人に頼み事をするのも得手じゃないと洩らしたし、有権者と握手をするタイミングがつかめず戸惑っていた。なぜ握手をしなければならないんだろう、とつぶやくこともあった。有権者の中に裸で飛び込むというにはまだ官僚としてのてらいが残りすぎていた。

後藤田は、月曜日の午前中に官邸の二階の執務室にはいると、徳島にいるときとは一転して、政治と行政のつなぎ役に徹した。閣僚たちもほかの官庁との調整を図る事項では、後藤田の手腕に期待することにもなった。「後藤田君、これを頼むよ」というのであった。

週に二回、月曜日と木曜日は後藤田の主宰で事務次官会議が開かれた。どの省庁でも次官は後藤田より五、六歳下になっている。席上しばしば官庁間の縄張り争いで事務が停滞してしまうと、歯に衣着せずに注文をつけた。が、後藤田にすれば、調整するという意味は、彼らの言い分を全部聞いている限りいつまでも状況は動かない、どこかの官庁が一歩退かなければならないということだった。だから、後藤田は、「これは通産省が省内でまとめてほしい」とか、「農林省はこの要求を科学技術庁の言うとおりの方向でもう一度練り直してほしい」と遠慮なく言った。

真偽は不明だが、各省の課長がいつまでも抵抗をつづけていると、後藤田が直接電話をかけ、ときに人事権をちらつかせて調整にのりだした、というエピソードがメディアで報じられたこともある。後藤田なら、言うことをきかない官僚には、そういう手を使うかもしれないと思わせる雰囲気が確かにあったのだ。

日中国交回復の折りに、外務省と通産省が台湾との貿易をめぐって対立したことがあった。外務省は中国側の意向に配慮して、貿易量そのものを少しずつでも減らすよう要求し、とくに兵器に転換される恐れのある機器類は輸出しないよう要求した。「中国はひとつ」と明言した以上、台湾との通商関係を変更しなければならないというのである。

だが、通産省は、それに反対し、従来どおりの通商関係を維持したいと主張した。このとき、後藤田が間にはいった。

後藤田は田中の方針をすべて頭にいれていた。

つまり、台湾との実務関係はすべて維持していくというのであった。田中は、そのことを中国側に認めさせているというのであった。外務省は渋々と後藤田の調整を受け入れた。

二階堂は、後藤田のそのてきぱきとした調整に舌をまいた。後藤田は、田中の意をすべて知っていて、特別に相談することなく決めていくからだった。

文部大臣の奥野誠亮は、教職員の給料を引き上げて人材の質を揃えようと、人材確保法の提出を進めていたが、公務員のなかで教職員の給料だけを引き上げるのはおかしいと、他省庁から反撥が起こった。奥野は法案の提出前に田中と人事院総裁には話をとおして諒解をもらっていた。しかし、閣議ではほかの閣僚から不満の声があがった。

後藤田は、各省庁の事務次官と話し合って、教職員の質を高めるのは田中内閣の重要な政策である、と説いた。このときは、時間をかけて丹念に説いていった。そして結局は、文部省の考えた方向で、この法案はまとまった。

こうした手腕に、田中も一目置くようになった。自分が考えているよりも、この男は判断力、行動力を持っている、この男に任せておけばいい、と官邸でも口にするようになった。二階堂も山下も、その言に異存なく、官邸の官僚支配力は後藤田のもとに集中することになった。後藤田の存在は、各省庁だけでなく、自民党内にも知られるようになった。むろん当然のことだが、反撥の声も大きくなっていった。

その反撥が顕著にあらわれたのが、参議院選挙であった。後藤田もまた少々思いあがっていたと言うべきかもしれない。

昭和四十八年十一月二十五日、後藤田は田中内閣の改造の日に官房副長官を辞任した。東京をはなれて徳島市でしばらく過ごすことになった。翌年七月の参議院選挙までには八カ月もあった。それだけの準備期間があれば当選は可能、と後藤田自身も考えていたのだ。

この参議院選挙は後藤田自身、「自分の人生の最大の汚点」と言い、「しかし、この選挙によって自分の不明をはっきりと知った。人生のうえではプラスになる出来事だった」と述懐するように、後藤田にとってはその後の人生を決定する体験となった。そして、後藤田が田中に対して負い目を持つ重要な出来事ともなったのである。

当時の新聞、雑誌などを改めて調べてみると、後藤田は「東の糸山英太郎、西の後藤田正晴」と並び称される金権選挙の象徴とされている。後藤田が警察庁長官のポストにあった折りには、不偏不党、政治的中立を説いていただけに、また選挙違反を取り締まる立場の警察のトップを務めただけに、後藤田への風当たりはほかの者より倍加したのは当然であった。後藤田が指名した後任の警察庁長官高橋幹夫は、後藤田派の選挙には法律違反が多いといった報道が氾濫《はんらん》するなか、「警察ＯＢの違反捜査に遠慮があってはならない」と指示を出した。それがまた報道に輪をかけることになったのである。

徳島はもともと政争の激しい土地柄だった。加えて選挙そのものに熱中するプロのようなタイプも多かった。産業経済が弱い地で、選挙がたかりの構造に傾斜しやすい面があったのだ。飲食のたかりも常識化していた。当初、後藤田の周辺に集まった素人集団は選挙に関わったことがなかったので、後援会活動が事前運動に抵触するなどと考えず、それこそやみくもに突進し、そこに前述のようなプロの選挙ゴロが加わって露骨な事前運動を展開するという図式になった。

この参議院選挙の徳島県の顚末《てんまつ》をまず俯瞰してみると以下のようになる。

昭和四十八年四月二十四日に自民党の県連会長に就任した三木与吉郎が、就任の弁を述べたなかで、五月一日に次期参議院選挙の公認候補を県連総務会の投票で決定すると発表した。抜き打ちの発言だった。このとき、候補者として予定されていたのは、現職の久次米健太郎と当時はまだ官房副長官だった後藤田の二人である。後藤田は立候補すると公然と叫んでいたわけではないが、後援会づくりが進んでいて、前述のように後藤田自身が〝土帰月来〟といった状態をつづけていた。それに後藤田側の運動員が県連の総務会のメンバーに現金入り封筒を送って、後藤田支援を要請していたという事実もあった。

自民党県連の総務会のメンバーは、定員が三百七十四人であった。徳島県選出の国会議員（五人）と知事、それに県議、市議、町村長、町村議会議長、各支部の支部長などの幹部によって構成されていた。各支部では、久次米を推す者と後藤田を推す者とが対立し、機関決定ができなくなってしまった。そこで県連総務会の投票で決定することになったのである。

県連会長の三木与吉郎は、総務会の投票箱は封印したまま東京の党本部に送り、椎名悦三郎副総裁と双方の代理人の立ち会いで開票すると発表した。その結果を尊重するというのであった。

五月一日に予定どおり投票は行なわれた。投票箱は封印したまま東京にはこばれ、党本部の金庫にしまわれた。だがこの投票箱を開くことには、三木副総理がうなずかず、放置されたままになってしまった。なぜこんなことになったかというと、九月三十日に行なわれる県知事選の候補者を誰にするか、それももめており、この開票自体が新たな摩擦を起こすからという理由であった。結局、知事選では三木武夫直系の武市恭信が当選を果たした。

その後、十月一日になって三木与吉郎は、自民党県連は後藤田を推薦候補とすることになった、と発表した。五月一日の県連総務会の投票結果は明らかにされなかったが、後藤田が二百十一票、久次米は百四十九票だったといつのまにか知られていた。

こうして、自民党公認の後藤田と農協を支持基盤とする非公認の久次米との対立になった。

後藤田はこのあとに官房副長官を辞めて徳島に戻ったのである。

それからの八カ月、参議院選挙の徳島選挙区は後藤田と久次米の金権選挙と、長年の派閥争いの代理戦争の戦場という趣になった。つきつめれば、田中角栄と三木武夫の代理戦争であった。双方ともふんだんに現金をばらまいた。金権選挙は後藤田陣営だけでなく、久次米の側にしても同じであった。そのうえで、後藤田陣営が東京と直結しての徳島県の開発を訴えれば、久次米はお涙戦術で支持者の拡大を図った。後藤田は田中派の大臣や幹部の支援を受けたし、文化人なども応援にやってきた。久次米の応援には三木派の代議士が次々に徳島にやってきて、後藤田は警察官僚であり、そのような体質は郷土の代表にはむいていないと激しい批判を浴びせた。

結局、昭和四十九年七月七日の参議院選挙（七夕選挙）では、久次米が同情票も集めて十九万六千二百十票を獲得したのに、後藤田の票は十五万三千三百八十八票にとどまった。後藤田は完膚なきまでに叩きのめされるという結果になった。

開票が終わったあと、徳島県警は選挙違反の摘発にのりだした。後藤田陣営は二百六十八人もの検挙者をだした。後藤田陣営が使った選挙資金は十億円に達するのではないかとマスコミは伝えたが、事実はそれほどではなかったにしても、その三分の一は使っただろうともいわれた。この七夕選挙自体、田中角栄が企業ぐるみ選挙、金権選挙を行なったと批判されたが、後藤田の選挙が、その代表的な例だとの屈辱的なレッテルを貼られることになった。

後藤田は、開票結果が明らかになった段階で、「私の不徳の至すところです。皆様の期待に応えられなかったこと、改めてお詫び申しあげます」と慣用句ともいえる語を並べて、支持者に頭を下げた。だが内心では屈辱のほかに、自らの選挙運動がまちがっていた、との自省も感じていた。

以上が表向きの俯瞰図である。そのうえで後藤田自身の自省をいま一度解析してみることが、現在では必要になるだろう。

この選挙運動でみられた後藤田の姿勢には、それまでの後藤田の軌跡がそのまま反映していたともいえる。たとえば、久次米はとにかく至る所で土下座をして泣いた。「泣きの久次米」といわれるほど、それは徹底していた。逆に後藤田は、当時の支持者に言わせれば、「身体をそらせていた」というのである。官僚風の姿勢で庶民とは打ちとけにくい態度だったというし、田中首相を始め中央の要人が送りこまれてくる選挙運動は、権威の押しつけそのもののようにみえた。

しかも、後藤田陣営の田中派代議士は、徳島で陳情を受けると、「後藤田君をとおすと、すべてパスするはずだ」と言ったりしたが、この利益誘導発言はむしろ反感を買ったというのが事実であった。

後藤田に限らず旧内務官僚が選挙に出馬しても、最初の選挙では必ず失敗するという言い伝えが旧内務官僚の間にはある。たとえ当選しても、下位であるとの定説がある。なぜかといえば、彼らは自らが戦うのではなく、周囲にかつがれるという姿勢を崩さないからだ。いわゆる「殿サマ選挙」で、一段上からみていて、有権者の次元にまでおりてこないからであった。後藤田も三十三年間の官僚生活のなかで、そのような習性を身につけてしまっていた。選挙事務所では、支持者が当初は「長官」と呼んでいたのである。

田中があまりにも露骨に後藤田に肩入れしたことが、逆に選挙民の判官びいきを生んだ。このときの選挙では、田中が前面に出て全国をとび歩き、徹底した金権選挙を行なった。私は徳島に取材に赴いた折りに、当時の選挙参謀だったひとりに話を聞いたのだが、田中のルートで選挙資金がはいり、それが潤沢だったと証言している。後援会に集まった後援者の浄財に比べて、その額はあまりにも大きすぎた。その金に次々とプロの選挙好きがむらがった。そのようにして金をわたすのが選挙なのか、と思った者もいたというから、後藤田陣営は見事に彼らに食いものにされたともいえる。

後藤田のために一言だけ弁解するならば、後藤田はこうした金のばらまきに一切手を染めなかった。これは当時の選挙に携わった者が一致して強調する点で――特に後藤田を弁護するのではなく、後藤田はそういう金の流れについて本当に知らなかったというのが事実なのだが――、後藤田はそういうものに関わらないのが立候補者の役割と考えていたのである。このこともまた「殿サマ選挙」であった。もちろん、後藤田に責任がないということではない。後藤田が選挙のドロドロした実態について無知だったという意味での責任は問われることになる。

徳島県の政治風土は、三木武夫を頂点にピラミッド型にできあがっていた。三木は東京にあって、天下国家を論じ、地元の陳情などには目もくれなかった。それが三木の政治家としての矜持《きょうじ》でもあったのだ。しかし、それにも拘わらず当時、三木系列によって県政の構図が決まり、この構図の一角にくいこまなければ、建設業者は仕事にありつけず、地元の利益の恩恵にあずかることもできなかったのが現実であった。つまり、三木武夫という政治家の足元でも、ほかの地方自治体と同じように利権構造ができあがっていたのだ。

この利権構造の恩恵にあずかることのできなかった層、三木の政治姿勢に不満を持つ層など、それまで徳島県内で眠っていた反三木層が、後藤田の出馬を歓迎したのである。

こういう層は、本質的には従来型の選挙（表面上はきれいな語で飾っても戸別訪問、買収、利益誘導などは当たり前に行なわれる）を継承したにすぎなかった。

当時、徳島は「百分の一県」と地元ではいわれていた。日本全国で四十七都道府県なのだから、「四十七分の一」であるべきなのに、すべての指標が国全体の百分の一だというのであった。道路舗装率は五八パーセントで全国レベルでは四十五位という低さだったし、失業率の高さはつねに全国で五位とか六位だった。年間県民所得は平均百三十万円で全国で三十一位、商品販売額従業員一人当たり千百四十三万円で全国四十四位、社会教育費人口一人当たり三千百九十二円で全国第三十九位であった。これらの数字は、今回、私が取材した折りに、当時の後藤田の選挙参謀のひとりが古い大学ノートをさがしだしてきて示してくれたものだが、県民の生活は将来の展望のない状態だったというのである。

明治十年前後、徳島市は日本で十本の指にはいる大都市であった。人口も七万人はいたというし、藍産業で栄えていた。もともと四国では蜂須賀の殿様がもっとも栄えているといわれていたのに、後藤田の出馬当時は、四国のなかでさえ陽の当たらぬ県になっていた、というのであった。

後藤田は徳島振興の切り札として祭りあげられた〝象徴〟でもあった。後藤田の後援会会長（平成五年）小川信雄は地元で日亜化学工業という全国的に有名な企業を興した実業家で、旧制富岡中学での後藤田の同級生だったが、後藤田が東京から戻った折りに後援会の会長をと要請された。その後二十年間会長をつづけている。その小川は、反三木の感情を抑えがたく、

「徳島は三木さんによって開発が遅れた。そりゃあ三木さんは中央で著名な政治家かもしれないが、県民の生活に思いを馳せたことはあるのか。百分の一県を脱皮させる前向きのことをしたのか。あのとき後藤田に頼ろうとする県民の感情は当然のことだった」

と言っている。後藤田は本来の自分自身の政治信条を伝える前に、あまりにも巧妙な三木派の戦略によってつぶされた、と断言してはばからない。あのときは三木派の戦略(後藤田つぶし)が巧みに進行したというのである。

三木の周辺は、田中金権選挙の牙城が徳島である、と東京のマスコミに情報を流しつづけた。三木は、久次米の後援会に出席することになっていた徳島市長が、東京に出張した折りに雲隠れをし、出席しなかったことを、「私は大政翼賛会の非推薦で選挙をとおり、東條英機らと戦ってきた。いまはそれよりもひどい時代だ」と語った。これもマスコミの格好のニュースとなった。

三木は公然と田中を批判したが、後藤田自身を直接には批判しなかった。三木は後藤田を批判するような小物ではなく、私の狙いは田中の金権体質への怒りにあるという戦略だった。クリーンな三木とダーティな田中といった構図をつくろうとの政治的計算が

あった。しかも、三木は事あるごとに戦前の弾圧政治も語った。それは警察官僚である後藤田への連想を呼びさまそうというものだった。

後藤田はこのような構図を当時はっきりと理解していたとは思えなかった。御輿にのってゆらりゆらり揺れていた。これが旧内務官僚の体質そのものだったのである。

後藤田は、現在、次のように証言するのである。

「私の推薦をめぐる過程でいろいろな確執があり、中央では田中さんと三木さんの対立の構図をつくってしまった。田中さんにこのことで迷惑をかけた。実は、県連が東京に持ち込んだあの投票箱は、椎名副総裁と両派の立ち会い人のもとで、東京に着いた数日後には開票していたんです。それは公表しないということになっていたが、私が勝っていたんだ。結果についてインチキがあったなどといわれたが、それは絶対になかったと言っていい」

「それで選挙になったのだが、これは私の不徳の至すところという以外にない。大変な金権選挙になった。私のほうも、相手のほうもだが……。相手は農協活動の一環として選挙運動をやったので、なかなか違反にならない。私は細部にわたってはいまも誤解されている面があるが、話しだすと言いわけになってしまう。それであまり話をしたくない。とにかく私のために熱心に運動をしてくれた地元の秘書を始め、田中さん、田中派の人びとには迷惑をかけた。このことは終生の負い目になっている」

「私は警察庁長官だったので、当然、選挙違反についての取り締まりも厳しく言っていました……。でも捜査をしないで命令するだけの立場だったから、選挙運動の何たるかは詳しくは知らなかったんだなあ」

後藤田は、この選挙で田中批判の突破口が開かれたことになり、それが申しわけないという気持をいまも持ちつづけているようだった。

当時の報道によれば、参議院選挙のあとの閣議で、田中が三木に「三木さん、徳島はおめでとう」と言ったのに、三木は返事もせずに部屋を出ていったという。選挙から五日後には三木副総理が、十日後には、福田蔵相、保利行管庁長官が辞職し、「金権政治」の田中とは一線を劃す姿勢を明らかにした。

田中が後藤田の選挙を通じて〝三木つぶし〟に動いたのは事実であった。

二階堂によれば、田中はあのときヘリコプターで全国遊説に出ていたが、愛媛にはいった折りに、予定になかった徳島にも急に行くことにしたという。東京の官邸にいた二階堂は田中に連絡をとって、「それはやめたほうがいい」と伝えた。その前に三木派の代議士が官房長官室にのりこんできて、「田中が徳島に行くなら行ってみろ。思い知らせてやる」とどなったので、「できるだけ行かせないようにする」と約束もしていた。それで必死にとめたというのだ。

ところが徳島県連の選対委員長が、「隣りまで来ているのに、徳島に来ないとはどういうことか」と怒ってくる。それで田中は徳島にはいった。二階堂は、徳島市内だけならいいか、と思ったそうだ。ところが、田中は県内のいたるところで後藤田支援の演説を行なった。現地の成りゆきでそうなったのである。これで田中と三木の関係は修復不能になってしまった、と二階堂も認める。

思うに田中と後藤田の思惑には異なった面もあったのだろうが、後藤田には、田中内閣が崩壊していくきっかけをつくったという負い目が残り、田中にはこの政争に敗れるという現実が残った。三カ月後、田中は『文藝春秋』で金脈問題を鋭く批判され、十一月二十六日に、「政局の混迷を招いた」と辞任の表明を行なった。

後藤田は還暦を前にして肩書きのない市井人のひとりとなった。

自省の日々がつづいた。世の中は甘くない、これまで役人ということで世の中を甘くみていた、という自省だった。社会の表と裏、人間の言とその心、その違いを感じた。自分は表しかみていなかったというのであった。そういう自省の日をとおして、改めて、官僚時代とは異なった目で社会と人間をみつめることを自分に課した。

後藤田周辺の人びと——なかには選挙で献身的に働いた者でさえ——も、掌を返すように、後藤田のもとをはなれていった。失意のとき、どん底のとき、どれほど人の真情がうれしいものか、肌身に沁みて感じた。これまでの人生で、あまりにも恵まれていることが多かったことの反動、そんなふうにも受け止めた。苦境のとき、人の情を知って袖に涙がふりかかる、といった演歌があったように思うが、と後藤田は言いつつ、まさにそういう心境になったと洩らすのであった。

失意のとき、もっとも嬉しかったのは、自民党幹事長に就任する大平正芳の一言だった。

東京に帰って自民党の党本部に行き、大平のもとに挨拶に行った。大平は、多忙であったが、わざわざ時間をとってくれた。

「まあ、座れや」

と椅子を勧めた。しばらく雑談を交わした。後藤田が辞去するときに、大平は、

「後藤田君。必ずこんどは東京に攻めのぼってこいよ。応援するからな」

と励ました。後藤田の姿をみても避ける者が多く、口をきいてもくれないときだっただけに、大平の言葉に後藤田は絶句してしまった。このときのことも終生の記憶として、後藤田の脳裏に残ることになった。

後藤田は、徳島市に居を構えた。故郷の美郷村の隣町鴨島町にも構えた。

すべて初めから、人生そのものをもう一度初めからやり直すことにした。もう徳島型の選挙とは一切手を切ることにした。次兄の英治朗が、失意の弟を支え、真に信頼できる者だけを後藤田の周辺に置いた。美郷村長の矢西保、そして英治朗とその会社の社員、

県庁職員を辞めた河野保夫、それに後援会活動を最初から手伝った武市行雄、縁戚にもあたる県会議員など、ほんの数人が後藤田の手足となって動くことになった。

英治朗宅の応接間に集まって、徳島県内全域の地図を広げ、そのすべての地域を歩くことにした。こんどの選挙では迷惑をかけました、と後藤田自身が一軒一軒お詫びの行脚をすることが決まった。県会議員クラスは一切対象にしない、とにかく一般の人と接する、飲み食いなどに金は使わない、「任せとけ」と大見得をきるタイプは相手にしない、という点も確認した。五万人に会う、五万人と話をするという目標を立てたのである。後藤田はそれまでの官僚としての自分をすべて洗い落とすことにしたのであった。

日中は、ときに妻の侑子を連れ、その町村に住む後藤田に好意的な住民の案内で一軒ずつ訪ね歩いた。夜は、その地区の支援者の家に泊めてもらい、座談会を開いたり、雑談についやした。

昭和四十九年十一月から五十一年十一月までの二年間、後藤田と後藤田が真に信頼する徳島の支持者、それに妻と長男は県内のほとんどの地域を歩きまわった。参議院選挙の不始末を詫び、今後の支援を頼みながら歩きつづけた。後藤田は冷たい、威張っている、頭が高い、言葉づかいが傲慢と言われるたびに、それを正していった。「おっさん、こんちは」という気さくな挨拶言葉も口にできるようになった。それは後藤田に本来そなわっている性格だったが、三十三年間埋もれていたその性格をまた浮かびあがらせるという訓練期間でもあった。

後藤田は雨が降ると長靴にはきかえ、山の谷間にある一軒家でも挨拶に行った。こういう体験をとおして、後藤田は忘れていた共同体の絆《きずな》をごく自然に思いだしていった。握手をしてくれる者は必ず支援者になってくれる、それぞれの地域で好感を持たれている人物に支援してもらわなければ後藤田自身の人格も疑われる、ということだった。ああ自分はこういうことを忘れていたんだ、こういう人たちが日本を支えてくれている、という実感を味わった。

「先生、まあ、あがんなはれ」

「今日は忙しいけん。まだたくさんまわらないかんけん。ここであがるのは遠慮するわ」

「そんならお茶でも……」

とお茶を持ってくる農民。意外なところにいる縁戚関係者。小学校、旧制中学の同級生やその兄弟。彼らが励ましてくれるのが、後藤田にとっての救いでもあった。

後藤田を故郷周辺の町村を案内して歩いた矢西保は、いまもこのときの後藤田の真摯な態度のひとつひとつを覚えている。それまで後藤田は誰とでも気軽に話すということができなかった。それが日一日と直っていった。峠で握り飯をほおばりながら、故郷の山川に目を凝らしてもいた。いろいろご苦労をかけるなあ、と労《いたわ》りの言葉もごく自然に吐いた。どんな家に泊まっても、幼児を膝のうえに乗せて、徳島弁で話した。矢西は、昭和二十年代の三木武夫を思いだすこともあったという。

少壮の三木は、昭和二十年代に徳島の町村のすべてにはいり、演説をし、日本をわれわれの手で変えよう、との意気込みを示した。矢西もまだ二十代で、三木のそういうエネルギーに感服した。徳島には三木のようなタイプの青年政治家が無数にいた。後藤田の甥である井上普方《ひろのり》とて、当時は徳島大医学部の学生であったが、「新しい時代をつくろう」という情熱を持って政治家を志し、まず県議になったというのだ。三木に関していえば、しだいに中央で有力者になるにつれ、あのときの地元有権者にみせた情熱を失って行ったと矢西には思えた。

矢西は三木とも顔見知りであったが、落選後の後藤田の真摯な情熱に惹かれて、行動をともにするようになると、三木と会ってもそっぽをむかれることになったと苦笑いをするのであった。

後援会会長の小川信雄は、この二年間の後藤田を評して、乱暴な言葉だが……と前置きしつつ、「後藤田はあの二年間の麦ふみで、人間的に一まわりも二まわりも大きくなった」と言った。後藤田と人間的な信頼で結びついたグループの人びとは、後藤田がその後も傲慢になったり、増長したりすることはなかった、と口を揃えて言う。

この二年間、後藤田は東京の政局とはほとんど関わりを持たなかった。田中が退陣したあと、三木内閣が誕生し、三木は徳島で圧倒的な人気を集めた。しかし、三木のもとに地元の陳情を持っていけず、実利面ではプラスはないという、きわめて日本的な発想も県内にはあった。後藤田はそういう声とは明確に一線を劃して、ひたすら「麦ふみ」をつづけていた。

政局はロッキード事件で揺れていた。

昭和五十一年二月四日、アメリカ上院外交委員会多国籍企業小委員会の公聴会で、ロッキード社の海外での違法献金が暴露された。当初はこれが日本を揺るがす事件になろうとは誰も予想しなかった。しかし、しだいに田中が標的となっていることが明らかになり、ロッキード社の代理店である丸紅が、ロッキードの次期対潜哨戒機PXLの導入を有利に進めるために、田中に政治献金をしていたという「事実」が露見してきた。

そんな折りの二月九日の夜のことである。鴨島町の後藤田の借家で、後藤田をかこんで矢西、河野らが、さて明日はどこをまわるか、今日はどうだったか、と話し合っていた。誰もが行脚そのものに慣れて、未知の人びとに会うことを楽しみにすらするようになっていた。

そこに電話がはいった。後藤田への連絡であった。

受話器を取って何事か話していた後藤田が突然、「何を馬鹿な」「そんなことはない」

と怒気を含んだ声をあげた。そして、メモ帳をみながら、「俺を殺す気なのか」とどなった。後藤田は、受話器を置くと、「東京に行ってくる。とんでもない話だ」とつぶやいた。後藤田は怒りのためか、身体が震えていた。矢西には、後藤田の目に涙が浮かんでいるようにみえた。

後藤田は徳島に車をとばし、そこから東京にむかった。徳島市では会見を申しこんできた新聞記者に、

「僕はいま、衆議院選挙をめざしてがんばっている。こんな不当なことを言われて涙がでるよ。久保君は僕を殺すつもりか」

と答えた。事実、後藤田は涙声だったと証言する新聞記者もいる。

久保君というのは、防衛庁事務次官の久保卓也であった。久保はこの日の記者会見で、「国防会議の直前に、四次防策定のときにPXLは国産でいくと決定していたのを、田中首相の部屋に、当時の後藤田官房副長官と大蔵省の相沢英之主計局長がはいって協議した結果、白紙還元となった。これはドル減らしのための一環だったのだろうが、防衛庁には知らされていなかった」と発言したのだ。久保発言が事実なら、PXL導入のために田中と後藤田、相沢がロッキード社の要請を受けて国産でいくとの決定を白紙還元にしてしまったことになる。

後藤田は自らの日程を綴ったメモ帳を確かめ、さらに国防会議の事務局長であった海

原治と克明に話し合ったうえで、国防会議の開かれた日（昭和四十七年十月九日）に官邸で三人で話し合った事実がないこと、むしろ後藤田は二階堂や田中と話し合って、対地支援戦闘機などは防衛庁の要求どおり国産にしたほうがいいとの結論を出したこと、などを確認した。国産か輸入かで、大蔵事務次官と防衛事務次官の間に対立が起こり、後藤田に一任となっていたのだ。後藤田はすでにこの分野の練習機は国産なので、一連の戦備も国産でいいと決めたのである。

後藤田は、日記を持参して防衛庁にのりこみ、防衛庁長官の坂田道太と久保に強く抗議をした。久保の話はすべて違うではないか、と詰めよった。国産と決まったときに、事務次官の久保が「（大蔵省に）勝った」と喜んだではないか、という秘話まで持ちだした。

坂田は謝罪し、久保も誤解だったことを認めた。

後藤田はそれを書面にするよう要求し、久保に行政上の処分をしてほしいとも言った。坂田は釈明書を書き、久保も詫び状を書いたが、後藤田によると、久保の詫び状には事務次官の肩書きがはいっていなかったために書き直してもらったというし、坂田の文面には、「久保発言の一部が誤解を生み……」とあったが、それを「一部ではなく全部である」と言ってはねつけたという。

久保は記者会見を開いて、「協議の内容は私の記憶違いだった。不適切だった」と詫びた。それをテレビでみていた後藤田は、その発言ではまだ不充分だ、と顔をしかめた。あたかも田中と同じように後藤田にもロッキードの献金攻勢の動きがあったかのごとく一般の人びとに思わせるものだった。白を黒と言い、黒を白と言っているではないか、というのであった。後藤田は久保発言の中に、自分をおとしいれようとの企てを感じたようでもあった。

久保は、ロッキード疑惑が防衛庁に及ばないようにとだけ考え、まったくの虚偽の発言をしたことがのちに明らかになる。

後藤田は徳島に戻ってきても、しばらくは怒りを隠さなかった。

ロッキード問題が政治的に拡大していくにつれ、取り消されたはずの久保発言は、意識的に政敵に利用されていった。支持者の中にも、「先生、本当か」と言う者もいた。そのたびに後藤田は、事情を説明し、坂田の釈明書や久保の詫び状を示した。なぜこんなことになったのか、と後藤田は、ロッキード問題の構図に不自然さを強く感じた。

矢西は、後藤田の話を聞いて納得し、それを選挙民に伝えた。矢西たちにとって、後藤田のこの行脚がなぜこのような妨害にぶつかったのか、と不思議でたまらなかった。何かの企みがある、後藤田を当選させないための意図があるのではないか、とも考えたというのである。

昭和五十一年七月二十七日、東京地検特捜部はロッキード事件にからんで、田中前首相を逮捕した。外為法違反容疑による逮捕であったが、田中は八月十六日に収賄罪容疑で起訴されることになった。前首相から一転して獄中の人となり、法廷に立つことになったのである。

このときも後藤田は、東京に出むいて事情を調べたが、すぐに徳島に戻って行脚をつづけた。後藤田はとにかく衆議院に議席を持つこと、そこに自らのすべてをかけ、当面はそれ以外に目をむけずに全力を投入することにした。

昭和五十一年十一月に衆議院は解散し、十二月五日に総選挙が行なわれた。後藤田は第二位で当選した。三木は現役の首相として、十万二千五百十九票を獲得し、後藤田は六万八千九百九十票を得ての当選であった。

この総選挙の前、三木は後藤田になんとしても議席を与えたくなかったらしく、県連のある幹部に、「後藤田を落とせないか」と言っている。これは県連のある人物の直話なのだが、このときその幹部は、三木にむかって、

「あれだけ県内を歩かれたら、とても無理だ。後藤田を落とせといったって、下についている者はもうはなれないよ」

と諭したという。三木の田中憎し、後藤田つぶしは徹底していたのだ。選挙前の予想では、後藤田は最下位当選か次点かといわれていたのだが、県連の選挙のプロは、参院選で苦杯をなめて以来二年間にわたる「麦ふみ」で後藤田の票は固まっていて、マスコ

ミの見方とは反対になるだろうと予想していた。しかし、三木は、何かひとつのスキャンダルさえあれば、つぶれるとみていたのだった。

当選の日、後藤田事務所前には三百人を超える支持者が集まった。「先生を出せ」という叫びに促されて、後藤田は事務所からあらわれた。当時の報道によると、顔面は蒼白で目は定まらず、両脇を支えられて歩いた。事務所の入り口から壇上にあがるまで、伏し目がちであった。泣いているようにもみえた。後藤田は精も根もつきていたのだ。一回は壇上にあがったが、そこから降りて、「高い所からご挨拶できる身でもないので……」と、弱々しく言った。「皆様のおかげです。県民の願いを国政に生かすため必死にがんばります。私をこれからも助けてください。私をよくみていてください」と言って後藤田はまたうつむいた。二年に及ぶ行脚をひとこまずつ思いだし、どうにも立っていられなかったのだ。

こうして六十二歳の一年生代議士が生まれた。

後藤田は、このときから別な人生を歩むことになった。これまでは指導者の黒子であった。官僚という世界そのものがそうであった。後藤田は、そのなかで独自に自らにふさわしい衣を身につけていた。しかしそれも指導者の黒子としての着替えのようなものであった。だがこれからは、たとえ指導者の衣になることがあっても、それは自らが縫い、着色し、着こなすことができるはずのものであった。

後藤田の表情にようやく柔和さが戻ったのは、選挙のあとしばらくの時間を経てからであった。この新代議士は徳島で再生したのを自覚したのである。

後藤田とともに行脚をくり返した者の中から何人かが東京にむかい、そういう後藤田の秘書として一年生代議士を支えることになった。

昭和五十一年十二月に当選してから、二年ほどの間、後藤田は目立った動きはできなかった。自民党内では、その代議士の存在の重さは当選回数に比例していくのだが、後藤田とて当初はその例外たりうることはできなかった。田中派の一員として閥務に特別に精をだすわけでなく――確かに田中派では幹部扱いされていたが――、かといって議会活動で重要な役割を与えられるというわけでもなかった。

自民党の総務局長に奥野誠亮が座ったが、奥野は、あえてそれまでなかった次長というポストを設けて、そこに後藤田を座らせたという。このポストは選挙対策が主な仕事になるのだが、奥野にすれば、同じ旧内務官僚として全国の情勢を知っている点で心おきなく自らを補佐してもらえると考えたからだった。

後藤田が当選した総選挙で自民党は過半数を辛うじて上まわり、その責任をとって三木は退陣した。その後、福田赳夫内閣が誕生していた。福田は田中内閣以来、事務レベルで交渉をつづけていた日中平和友好条約の締結をまず政策のひとつとして重視する姿勢を示した。それを側面から支援するために日中友好国会議員団（団長・山下元利）が結成され、北京を訪問した。中国側が平和友好条約の中に覇権条項をいれるよう要求し、福田内閣はそれを拒んで交渉が難航していた。後藤田も議員団の一員として北京にむかったが、この段階では、まだ発言力も充分に確保することはできない立場だった。

後藤田の対中国観は、きわめて複雑であった。台湾軍司令部にいただけに、植民地支配の実際の姿をみているし、自らもまたその一翼を担う形になっていた。戦争が終わったその日、台北では台湾人が街に大挙してあらわれ、爆竹を鳴らして喜んだ。表面は日本の統治に賛成していても、心中では民族の誇りが傷つけられていたことを目のあたりにしたのだ。それは後藤田自身にとって衝撃的な光景であった。

中国に対しては、歴史的にある程度、こちら側が一歩退くという姿勢が必要だとは思っていた。だが中国側が一方的に要求してくる国際情勢の認識を、日本の国益上そのまま受け入れるわけにはいかないとも考えていた。

昭和五十二年十二月、田中派では日中国交回復に先駆的な役割を果たしたという立場から、この難航している交渉を促進するために幹部が北京にわたることになった。二階堂進と大村襄治、それに後藤田が加わり、三人での訪中だった。後藤田はこのときの訪中がもっとも印象に残った。

それは、文化大革命でいったん失脚し、この年八月に副主席に復活したばかりの鄧《とう》小平と会うことで、中国のトップ政治家の発散するエネルギーを初めて確認したからであった。鄧小平と会うにあたって、三人の間では覇権条項の件を持ちだすか否か話し合ったが、後藤田は、こういう機会だからこそ持ちだすべきだ、と主張した。後藤田は覇権条項を平和条約の中に盛り込むことに反対であった。そのことを強く主張すべきだと説いた。二階堂も大村もそれに異存はなく、三人は意見を統一して鄧小平と会うことになった。

鄧小平は人民大会堂の一室に三人や秘書も招きいれ、「われわれは友人なのだから、何でも話し合おう」と気さくな口調で切りだした。後藤田は、こういう人物の統率力と交渉術に思いをめぐらしつつ、主張すべきは主張するという姿勢を貫かなければ、こちらが退いてしまうだけになりかねないとも思った。鄧小平は何を言っても始終笑顔をたやさずに応対した。

二階堂と鄧小平を残して、ほかの者は全員その部屋を出た。二人が差しで覇権条項について話し合うという舞台を設定したのである。

このとき二階堂は、覇権条項を直接的表現ではいかなる形であれ受け入れられない、との案をもって臨んだのだが、それは鄧小平との長時間の会談で中国側の諒解するところとなった。二階堂は、後藤田のつくったシナリオどおりに話し合ったというが、このときの交渉が、難航していた平和条約交渉を一歩進めることになったのである。

二階堂は、外国要人と話すときも臆せず、こちら側の意思を伝える。政治家のなかには相手側の言い分をすぐに受け入れ、ひたすらへつらう態度の者もいる。そういう態度をみるたびに、後藤田は、GHQと交渉にあたりながら日々の執務にあたった昭和二十年代の官僚の姿を思いだすので、いつも不快になるのであった。

後藤田は、政治家としてまず国際的な知識を豊富にすることを自らに課した。二年目、三年目はそうして自らの政治家としての姿勢を固めようと考えた。

昭和五十三年七月には、ユーロコミュニズムの視察のため、イギリス、フランス、西ドイツ、チェコスロヴァキア、それにアメリカなどを二週間余にわたってまわった。コミュニズムがヨーロッパ型に変化していて、社会主義政党は、従来のコミュニズムの概念を自国風にとりいれた政党になっていた。その実態をみるための旅であった。パリではフランス政府の役人から話を聞いたが、この役人はパリの繁華街の街並にある企業の看板をさして、

「あそこも、あそこもソ連のエージェントでね……」

と言った。ソ連の情報活動が密かに浸透しているというのであった。

ユーロコミュニズムの蔭で、共産主義勢力は巧妙に動きまわっていることも知った。

後藤田がコミュニズムに対して決して共鳴しなかったのは、近代社会のなかでの政治体制として驚くほど前近代的な組織原理を持ち、その言動がつねに二律背反的であるこ

とへの不信からであった。このような政治システムが日本に持ち込まれたら、日本人は実にあっけなくそのシステムに屈服してしまうのではないかと憂慮した。敗戦後の日本人のGHQ権力に媚態を示した姿をなんどかみた者の実感であった。

十六世紀のイタリアの政治思想家マキャヴェリは、「わたしは断言してもいいが、中立を保つことは、あまり有効な選択ではないと思う。とくに仮想にしろ現実にしろ敵が存在し、その敵よりも弱体である場合は、効果がないどころか有害だ。中立でいると勝者にとっては敵になるだけでなく、敗者にとっても、助けてくれなかったということで敵視されるのがオチなのだ」と言っているのだが、私の推測では、後藤田にもこれと通じる考えがある。中立好きの日本人は、その意味を本当に理解しているのだろうか、というのが、後藤田の考えではないかとも思えるのだ。

後藤田が、政治家として戦いの場に出たのは、昭和五十三年十一月に行なわれた自民党の総裁予備選であった。この予備選は、福田赳夫とそれに挑戦する大平正芳という図式で戦われたが、後藤田は大平側に付いて戦った。最終的には福田、大平に加え中曾根康弘、河本敏夫も立候補し、四候補による選挙であった。

田中派は大平を支援することになり、後藤田は大平支援のために東京地区の責任者となった。予備選では各候補が持ち点を競うのだが、北海道と東京は党員が多いためにここで得票を重ねれば持ち点もふえる仕組になっていた。後藤田が東京地区を担当することになったのは、総務局次長として東京都議選を動かした経験が買われてのことだった。

むろん後藤田には田中派の意向と関係なく大平への恩義があったから、支援しようとの心づもりがあった。参議院選挙の落選のときに励ましてくれたことへの恩返しであった。あのときの一言に対するお返しをしたいという後藤田の情熱は、この選挙に徹底した態度をとらせた。ひとたび応援すると決めたら、いかなることがあっても勝つという決意で動き始めた。

当初、大平は四人のなかで三位とみられていた。立候補の公示前の読売新聞の世論調査では、福田、中曾根、そして大平の順であった。福田は日中平和友好条約の締結を終えたばかりで、自信にあふれていた。三木内閣が倒れたあと首相になった福田は、大平に自分は二年しか在任しないとの意思表示を行なっていた。しかし、実際に権力の座に就くと、その約束は反古になった。大平周辺には破約への怒りがあった。

後藤田は、福田に官僚の先輩として親近感を持ってきたが、いつしか「福田さんは首相になっておかしくなった」と言うようになったのは、この破約が原因だと思われる。

大平は公示後も有利な状況ではなかった。

朝日新聞の調査でも、福田有利という結果が出ていた。

大平は初めはのんびりと構えていたが、田中角栄が宏池会にじきじきに電話をかけてきては、具体的な戦略を指揮し始めると、ようやく戦う姿勢をとるようになった。田中派の議員がそれぞれの選挙区に帰って運動を始めたために、一挙に大平の支持勢力も強力になっていった。

後藤田は東京に張りついて、東京の自民党員への運動を指揮しつづけた。東京には十万人の党員がいるといわれていた。後藤田がこのときに採った作戦は、他陣営を驚かせただけでなく、大平陣営の者にも感嘆の声をあげさせた。

後藤田が初めに行なったのは、この十万人の党員名簿を確保することだった。昭和五十三年度の党員名簿はどこの陣営にも公開されなかったために、後藤田は前年度の党員名簿を入手し、その名簿が正しいか否か、区会議員を使って確認していった。どの陣営も、国会議員と都会議員をおさえようとし、そのために上からの系列を利用して集票作戦を進めていた。だが後藤田は国会議員や都会議員は初めから相手にしなかった。

しかも、自民党の党員は大体が区会議員が実質的に集めてきたものだから、区会議員が党員についてはよく知っていたのである。

「区会議員と接触する回数をふやせ」

「とにかく完璧な名簿をつくれ」

と後藤田は檄をとばした。選挙とはいかなるものであれ、トップダウンはだめ、すべて草の根で進めなければいい結果はでない、という自らの選挙を通じての教訓に忠実に従ったのだ。

名簿が整備されると、こんどは全都の航空写真を集め、それで党員の住所を確認していった。そのうえで、大平派、田中派の秘書団がそれぞれがどのコースを担当し、どの順序でひとりひとりの党員を訪ねるかまで決めた。

「総裁選には大平をお願いします」

と挨拶して行くための戸別訪問である。後藤田の試算によれば、およそ三百人の秘書が三日間歩けば都内の党員すべてに声をかけることが可能だったという。大平を推す情熱をすべての党員に伝えて、その反応を待つというのであった。

大平派の選挙事務所に女子大生を二百人ほど集め、党員への電話作戦も行なった。電話のかけ方も後藤田が指導した。あまり長くかけるな、要点をやさしく伝えろ、というのであった。ほかの陣営も電話作戦を進めていたが、後藤田は一度でなく、二度も三度も日を置いては、「もう選挙はおすみになりましたか」と電話をかけさせた。

こうして予備選を進めた結果、東京地区では大平は福田に敗れたものの第二位になった。全国的には大平が七百四十八点を獲得し、六百三十八点の福田に百十点の大差をつけたのであった。その後、福田は総裁選の本選挙を辞退したので、大平内閣が成立することになった。昭和五十三年十二月七日である。

私は、一連の東京都での予備選の話を取材してみて、後藤田は自らの失敗を教訓とし、同じ過ちは二度とおかさないタイプだとわかった。つまり、後藤田は一度の失敗は仕方ないにしても、二度も三度も失敗する者に対する軽侮感はひときわ強いタイプだった。教訓を学ばない者の鈍感さは後藤田の感覚とは合わないという意味でもあった。たとえば、後藤田は政治的には田中派に属したが、かといって田中派の中に自らの系列の者をつくろうとはしなかった。橋本龍太郎や羽田孜のように目をかけるタイプはいたが、後藤田系といった人脈には関心を示さなかった。私のみるところ、過去の歴史から教訓を学んでいる者を信頼していた。

後藤田は、自らは総裁をあきらめている代議士という自覚を持っていた。

この自覚を前提にして、後藤田はそういう人脈づくりに熱心にならなかったのだ。

総裁予備選の東京地区の戦いは、軍隊式の戦闘であった。情報を集め、作戦を立て、果敢に行動するというシステムは戦闘であり、そして後藤田は指揮官であった。システムをつくり、それを末端まで機敏に動かせるというタイプの政治家は、自民党の中にもそうはいなかったのだ。

このことは田中角栄が改めて後藤田をつねに脇に呼ぶようになった理由でもあった。大平もまた後藤田に恩義を感じたようであった。田中派が大平政権の誕生に協力したというので、金権選挙、金権候補という誹《そし》りは、反対陣営の側からもとばされた。それは田中派の宿命のようになっていったが、後藤田は、それに特別に抗弁することなく、

「代議士は右顧左眄《うこさべん》するようではだめだ。背骨のとおっている姿をみせるのはいまだ」と言って、田中事務所にしばしば顔をだした。

田中の直系であることを少しも隠そうとはしなかった。

昭和五十四年は、日本の政治史のうえでも政争の激しい年であった。田中派に対する金権批判が強まり、加えてロッキード裁判も始まっていて、日本の政治と汚職は切りはなせないものなのかといった論が声高に起こっていた。田中派に対する反撥は、福田派、三木派に強く、派閥を横断してつくられている青嵐会などの若手代議士も田中批判には熱心であった。大平派は、そういう田中批判のたびに、大角連合の度合いをゴムのように伸ばしたり縮めたりする有様であった。田中はこの内閣は自らの力でつくったと自負していたから、その大平にさまざまな要求をだして揺さぶった。

後藤田はその間つねに田中の側にあって、ときに田中の意を伝える役割も果たした。刑事被告人である田中への後藤田の忠勤が、ほかの代議士にもしばしば興味を持って語られるようになったのは、この年からであった。

昭和五十四年の政治状況の歪みは、五十四年度予算案が予算委員会で否決されるという状況にあらわれていた（三月七日）。野党の修正案を拒否したために、野党が多数だった予算委員会で否決されたのだが、大平は正面突破を試み、衆議院本会議で可決することに成功した。与野党の議席数が接近していたために、委員会のなかには野党の議席が与党のそれを上まわるところもあり、大平内閣は党内と党外とのふたつの敵に挟まれているといった状態であった。

田中は目白の自宅で、党内――とくに三木派や田中を批判する青嵐会に対して――で自らに抗する者に強い怒りをみせていた。他派の人物であるにも拘わらず大平内閣に青嵐会の中心人物だった渡辺美智雄を入れてほしいと、強力に推したのは、大臣という餌をもって青嵐会の中をかきまわそうとの配慮であった。大平はそれにひきずられる状況であった。

後藤田は田中のもとに行って、情報支援をしたり、田中の意を受けて動いたりしたが、その内容については現在も詳しく語らないので不明である。だが、私の推測では、後藤田は田中に対して、ロッキード裁判の助言や党内の動きについて語り、田中への進言をしていたと思われる。後藤田に対して田中はときに激怒し、憤懣をぶちまけることもあったといわれるが、後藤田はそれを聞き流しては、田中にとって耳の痛い話もしたようであった。

マスコミには「三角大福」という語があらわれ、三木、田中、大平、福田の派閥の領袖がそれぞれに怨念を顕わにして戦っていると報じられた。三木は田中と大平を嫌い、田中は三木を自らの逮捕を許可した首相として憎悪し、福田の田中批判にも神経をとがらせた。大平は福田の約束違反をなじり、三木の非協力的な姿勢に苛立った。

四人の関係は、確かに怨念という鎖でつながれているようだった。

後藤田はほぼ自らと同世代の、これらの政治家の戦いを田中の側にあってみつめた。その目で眺めれば、田中が持っていた憎悪はよく理解できるという立場であった。

昭和五十四年九月七日、衆議院が解散になった。大平内閣は間接税導入を打ちだしたが、それに野党が反撥し、不信任案を提出した。それに対して、内閣が機先を制して衆議院解散にふみ切ることになった。野党は、大平が増税なき財政再建といったにも拘わらず、一般消費税導入を考えているとして、それを選挙の争点に据えたのだ。

十月七日の総選挙の結果は、自民党の惨敗という結果になった。過半数の二百五十六議席もとれなかった。

このときの選挙で後藤田は、さらに徹底して草の根運動を進めた。田中派に対する批判が強まっていて、後藤田は三木陣営からは激しい攻撃を受けた。後藤田は最下位での当選であった。後藤田はこの結果に驚いて、「県民の審判は私が考えていたよりも厳しい面があった。初心に返ってがんばりたい」と言うのみであった。

後藤田はこのときの演説でも五つの政策を示した。初めて当選したときから、後藤田の政策スローガンは決まっていた。それは後藤田自身がめざす国家目標への欠かせぬ懸案事項と考えた施策であった。五つの政策とは、㈠エネルギー問題、㈡高齢化社会への対応、㈢教育改革、㈣土地問題、㈤安全保障で、後藤田はことさらに政治哲学や政治理念を声高に叫ぶよりは、この五つの政策を示すことで日本の進路を明らかにしていった。

だがこれらの問題は、大状況を語ることではあっても、地元の振興を要求する選挙民にすべて受け入れられるというわけではなかった。

しかもかつては、三木王国といわれていた徳島県は、いまや後藤田王国といわれるほどになりつつあった。県からの陳情は日を追ってふえ、後藤田は政治家とはこのような役割を果たさなければならないのか、と思って憮然《ぶぜん》とする内容もあった。後藤田はこういう日本の政治の仕組に慣れながら、同時に先の五つの政策を熱心に説いた。

後藤田を取材していて、私にとって印象深かったのは、「選挙民の目が死んでいる」という表現であった。

選挙に出馬するようになって、後藤田は、当然のことだが聴衆の前で演説を行なうのが日常の仕事となった。徳島だけでなく東京ではもちろん、乞われれば地方にも出かけるようになった。そういう体験を通じて、演説をしながら聴衆の目をみつめる。どうしてだろうか、聴衆の大半が——後藤田のみるところではわずか二割ていどの者を除いては——目の光を失っているように思えるというのであった。

目の光を失っているのは、政治に対しての期待がないからだともいえるし、あるいは後藤田自身の話が面白くないからだとも考えられた。だがしだいにその目が自分だけにでなく、ほかのすべての代議士にもむけられている目だと知った。この国は経済的に潤っているが、その分だけ精神的に貧しくなっているのではないか、との印象を強めていった。それが後藤田には気にかかることとなった。

「そりゃあ、君。日本人はいま、精神的には疲れている。あるいは国家目標がなく、どうしていいかわからないという状態かもしれないな。これはずっと気に懸かっていることだ」

と後藤田は言う。永田町での権力奪取の戦いをつづける代議士たちの目のほうが、庶民の澱《よど》んだ目よりははるかに輝きを持っているということにもなるのだろう。その目の輝きがエネルギーの源泉だが、それは国民の目の光とは異なっているという意味かもしれない。

後藤田は二回目の選挙に最下位で当選して、国会に戻ってきたとき、政治家の権力闘争をナマで確認することになった。過半数を割った自民党は保守系無所属十人を追加して二百五十八議席とし、大平はこれを背景に続投の意思を明らかにした。しかし、三木と中川一郎が反対し、ここに「四十日抗争」という名の党内権力闘争が始まることになった。

福田が大平に会って退陣を勧めると、

「辞めろということは、私に死ねということだ。次善の策はないか」

と大平ははねつけた。福田は「そういう策はない」と断言した。大平は、それならば多数決で決めようと言い、福田は返事を渋った。福田には、多数派になる自信はなかったのだ。

大平は田中ともしばしば連絡をとった。田中は、政権はつづけるか辞めるかのどちらかしかないと言い、進退は自分で決めるものだ、と言った。田中のこういう言い方は大平の気持を固めさせることになった。

大平は福田ともなんどか話し合った。しかし、福田は大平の退陣、三派（福田派、三木派、中曾根派）での首班かつぎだしを強く主張して、党内での画策を強めた。自らがその首班になる意思をより鮮明にした。こうして権力をめぐっての争いが本格化した。田中派、大平派などは大平を推し、反主流派は福田を推すことになった。

この結果、昭和五十四年十一月六日の衆議院本会議での首班指名選挙に、自民党から大平と福田の二人が立候補するという異常な事態が生じた。第一回目は各党とも自党の党首を推し、過半数を制する者がなかった。決選投票になり、大平が福田を十七票差で破って、第二次大平内閣をスタートさせることになった。民社党など野党の一部が福田を推すのではという声もあったが、それは実現しなかった。

四十日間の抗争で明らかになったのは、三木、福田、そして大平の三人を主役とした権力奪取の戦いの壮烈さだった。大平が三木や福田に勝ったのは、田中派の支えがあったからで、大平は実際にはこのときから田中の影響力の下で動かなければならなくなった。しかし、大平は三役人事などでは田中の持ちだした二階堂幹事長案を拒否するなどして抵抗も示した。それでも田中派には、閣僚ポストを四つ与えて優遇することは避けられなかった。

田中は田中で党内で数を集め、それをもとに自らの政治勢力を拡大し、司法に圧力をかけて無罪をかちとろうという戦略に出ることを決意したのであった。

後藤田は第二次大平内閣で自治大臣、国家公安委員長、北海道開発庁長官に就任した。二年生での入閣は珍しかったが、自治省内には、後藤田のかつての選挙違反を持ちだして、自治大臣にはふさわしくないとの声もあると、新聞は報じた。事実、後藤田が警察庁長官のときの警視総監秦野章は、「あのとき、政府自民党はいい度胸をしていると思ったよ。後藤田はあれだけ大量の検挙者を出したのに、こんどはその取り締まりをやる自治省だろう。僕は後藤田を責めているのではなく、そういうことをする自民党がおかしいと言ったんだ。それに共鳴する声はあったよ」といまも話すのだ。

後藤田の自治大臣は六カ月で終わった。社会党が政府予算案の可決に伴って恒例で出している内閣不信任案が可決されてしまったからだった（昭和五十五年五月十六日）。福田、三木、中川の三派は本会議を欠席して大平内閣を追い詰めたのである。不信任案は二百四十三票対百八十七票で可決された。自民党からは七十三人の欠席者が出た。

大平はすぐに臨時閣議を開いて、解散という手続きをとった。反主流派は大平が総辞職するだろうとみていたが、大平は戦う姿勢を明らかにしたのだ。こうした大平の強い姿勢には、田中派の支えもあった。

昭和五十四年十月の四十日抗争から翌年五月の不信任案可決まで、日本の政治は、まさに「三角大福中」の激しい鬩《せめ》ぎ合いの中にあった。田中と中曾根を除いて明治生まれの三人の領袖は、五五年体制を引きずりながら、最後の戦いを行なったともいえた。この戦いは表面上は政争だったが、一皮むけば裏切り、変心、恫喝《どうかつ》とそれこそあらゆる局面をえがきだしていたのであった。

後藤田は、この間つねに大平の側にあった。大平を支える田中派の幹部でもあり、大平の友人という立場もあった。社会党の内閣不信任案が上程されると決まったとき、後藤田は反主流派三派の動きをみて、不安になった。官房長官の伊東正義に電話をかけ、

「事態はどうなるんだ」

と確かめると、伊東は「大体大丈夫だろう。欠席者は出るだろうが、それほど多くはないだろう」と言うのであった。田中派もまた自民党が欠席した分、民社党も欠席するはずだから大丈夫、という見通しを持っていた。しかし、後藤田のみるところ、民社党の内部は必ずしもそうとは言えなかった。たとえ委員長の春日一幸が「われわれも欠席

する」と言ったにしても、党全体を掌握しているとはいえない情勢だった。もし不信任案がとおれば、大平は、屈辱的な総辞職を選択することはありえず、解散という方法を選ぶだろう、と後藤田は予測した。

そして、もし福田派や三木派が欠席すれば、これは政治倫理に反する最悪の行為であるとも考えた。彼らがそういう行為に出るとすれば、明確に政敵であった。

後藤田は、自治省の担当部門に、

「もし解散になったら、一カ月後に迫っている参議院選挙と同時に行なえるか、公示日、運動期間、投票日などの研究をしてほしい」

と命じた。後藤田が衆参同時選挙という憲政史上では初めてのケースを想定していたのは、何か意図があってのこととも思えるが、後藤田自身はそれを明確に語っていない。田中角栄はこの同時選挙論者だったが、後藤田は「事務的にこういうことはむずかしいかもしれない」と思っていた。

大平内閣の不信任案が可決されたあと、すぐに臨時閣議が開かれた。反主流派の閣僚が一度派閥に帰ってしまうと、ネジをまかれて解散証書への署名を拒むことも考えられたからだ。そこで可決直後の臨時閣議となったのだ。ここで首相の大平は、総辞職か解散か、のいずれがいいか、閣僚の意見を聞きたいと言った。大半の閣僚は、

「総理のご決断に私は従います」

と申し出た。大平は鬼気迫る表情になっていた。この不信任案可決を自らに対する重大な挑戦と受け止めていたのである。

後藤田は、こういう重大事では総理の決意に従うべきだと思うと言いつつ、次のような意味のことを閣議で話した。これだけは言っておかなければとの思いがあったからだ。

「これは政党政治、議院内閣制にあっては、とうてい看過できない背信行為である。党内がこのような状態にある場合、政権党としては、解散して国民の信を問う以外にない、私は解散こそがもっとも妥当と思う」

後藤田のこの論は確かに正論であった。反主流派は総辞職を望んでいたが、それを受け入れてはならない、はね返すべきだという筋論であった。

すべての閣僚が意見を述べた。「自治大臣の意見に賛成です」という者もあった。大平は「皆さんの意見を聞きましたが、私としては解散といたします」と断言した。

大平はその後、後藤田の「衆参同時選挙が可能」という報告を聞いて、すぐに同時選挙を決定した。六月二十二日がその日となった。

五月三十日、参議院選挙の公示日（注・衆議院選公示は六月二日）、大平は新宿で第一声をあげた。だが、このあと身体の不調を訴えて倒れ、虎の門病院にはこばれた。心臓がよくなかったのだ。六月十二日早朝、大平の容態は急変し死亡した。その死は、三角大福の怨念《おんねん》がひき起こした政治的憤死というべきものであった。政治の世界だけが世代交代が遅れているとの声もあがった。「昭和五十年代の政治」は、大平の死をきっかけに変わらなければならなかったのだ。

このときの不信任案可決という異常事態に対しどのような態度をとるか、どのような意見を――たとえば閣僚は閣議で――述べるか、それは土壇場での政治家本人の決断力を示す指標になった。後藤田は明確に断言しないが、このとき閣僚たちの発言はきわめて消極的であったらしい。当時の新聞をみると、ほとんどの閣僚は「総理に従います」との意向だったという。政党政治のあり方をめぐって、基本的な問題が示されているというのに、論議を避けるというのは、つねに日本の政治風土の欠点として指摘されることでもあった。後藤田はこのときに土壇場に弱い人間として、幾人かの閣僚の名を胸に刻んだ。

次の世代の指導者として、名のあがっていた安倍晋太郎、中川一郎、中曾根康弘、鈴木善幸、宮沢喜一、竹下登などにとっては、この本会議に出席していたか否かがその後の政治活動の岐路となった。安倍は本会議に出席していたにも拘わらず、福田派の代議士の声に促されて投票という段階で議場から出てしまった。中川は初めから出席していなかった。中曾根は初めは欠席していたが、最後の段階で議場にあらわれて不信任案に反対の投票を行なった。

田中派と大平派の代議士は、それぞれの派の次代を担う者がどういう態度をとるか、それとなく窺っていたらしい。「あいつはだめだ」「あいつは弱いなあ」とか、「あいつはうまくふるまうなあ」との評価を仲間うちで下していたようであった。後藤田もこのときにそれとなく人物評価をしていたと思われる。

大平亡きあと、田中派がキングメーカーの位置を占めるが、そのときにこの不信任案採決時の人物評価が判断のための大きな要素になった。これは私の推測になるが、田中がのちに中曾根を総理に推すきっかけになったのは、中曾根が本会議に出席して不信任案への反対票を投じたからではなかったろうか。

六月二十二日のダブル選挙で、自民党は衆参両院とも圧勝した。衆議院では三十六議席、参議院では十一議席の増加となった。大平への同情票もあったろうが、国民が政治の安定を求めていたこととの結果ともいえた。というのは、大平亡きあと自民党内には急速に世代交代を求める声が起き、これまでの怨念の政治が終息するだろうと予想されたからであった。

後藤田にとっては三期目の選挙であったが、八万五千七百十票を得て、三木に次いで第二位の当選であった。これまでの二回の選挙と比べて、後藤田は二万票も票をふやしたのである。地元紙は、後藤田の自治大臣としての中央での能力や評価が徳島にもはね返ってきて、予想外の浮動票を集めたと分析した。後藤田は選挙では決して負けない地位を固めたともいわれた。

大平の死によって獲得した自民党圧勝という現実は、確かに「怨念の政治」に歯止めをかけるきっかけになった。三角大福の時代からニューリーダーの時代へという動きが、田中派を始め福田派、三木派の中堅幹部の中にも台頭してきた。田中派では、竹下登をかつごうとする動きが金丸信などによって始められていた。しかし、田中はそうした動きを監視し、ニューリーダーの時代への移行を阻む構えをみせていた。自民党圧勝は田中にとって、宏池会で大平の後継者である鈴木善幸をかつぐ格好の理由にもなった。

大平の遺産内閣という点では、宏池会の次期継承者が首相の椅子に座っても、誰も表だって異議を申したてることはできない。鈴木内閣は、宏池会の顧問役の前尾繁三郎が、「幕があかないうちに芝居が終わってしまったという印象だ」と述懐したとおりの空気のなかで成立した内閣だった。前尾の言が意味していたのは、むきだしの権力闘争にかわって話し合い、禅譲という方向になったといえたが、実際にはひとりの権力者の指名という権力構造が確認されたことを意味していた。日本の政治は、鈴木内閣の誕生からしばらくは——田中の小型版である竹下内閣の誕生までは——「田中角栄」という「元老」によって支配されつづけたのである。

鈴木、中曾根のあとに誕生した竹下内閣はリクルート事件で崩壊するのだが、その後の宇野宗佑、海部俊樹は田中の手法を真似た竹下によってふりまわされ、宮沢喜一の時代になってその構図がやっと崩壊することになる。

鈴木内閣の誕生以後、内閣が歴史的業績を残せるか否かは、当の総理大臣がいつの日か権力を獲得しようと目を輝かせて待機していたかどうか、あるいは有能な黒子を抱えこめるか否かにかかってきた。そのような政治的実力を持たない首相は、歴史年表に辛うじて名をとどめるだけで、その存在すら忘れられてしまう状況になった。

後藤田は鈴木内閣時代、党の行財政調査会の副会長のポストにあって、行財政改革への勉強をじっくりと進めた。後藤田がこのころ自らに課していた役割とは、選挙制度の改革と行財政の改革であった。誰が権力者になろうとも、このふたつを実行するのが、歴史的な責務だと考えていた。その考えの底流にあるのは、占領期のアメリカ型日本政治とその後の五五年体制が、時代にそぐわなくなっている、後藤田の言によれば「金属疲労を起こしているから手直ししなければならない」との認識であった。

後藤田がこの認識を持って動きだすのは、昭和五十六年の半ばからであった。表面上は鈴木内閣の政治がつづいていて、政局は微温な状態にあった。だが後藤田は、このような状態のなかで、密かな行動をつづけていたのである。

私は、後藤田を取材していた折りに、

「昭和という六十四年の時代には、三十二人の首相が生まれている。好き嫌いは別にして歴史上につねにその存在を語られる首相がいると思う。たとえば、東條英機、吉田茂、田中角栄がその筆頭であり、次いで犬養毅、近衛文麿、鈴木貫太郎、池田勇人といった首相だと思うが……」

と言ったとき、後藤田はすぐに反論した。「いや、その筆頭格のひとりには中曾根さんがはいる。あの人の行政改革は歴史的偉業だ。それを忘れては困るよ」

しばらくは中曾根の行政改革を賞賛しつづけた。後藤田は「私は中曾根さんとはまったく肌が合わない。好きとか嫌いという表現を使えば決して好きではない。でもそのことと、ともに仕事をすることとは別問題だ。そこのところは僕は割りきっている」という言をしばしば吐いてきた。すでにこの言はメディアでも報じられたことがあるし、後藤田も別に隠すことなく話す。つきつめていえば、好きではないが、能力のある人物という見方であった。

その中曾根と後藤田は、鈴木内閣の誕生後まもなくから、月に一回、中曾根の知っている料亭で二人だけで会いつづけた。そして毎回三時間ほど話しあった。中曾根は行政管理庁長官であり、後藤田は党の行財政調査会の副会長であった。後藤田によれば、「二人の間で話されたことは行財政改革のことばかりだった」という。

だが、後藤田の中に、中曾根という後輩はどういう人物か、と試す気持があったのも事実だろう。後藤田はあるとき田中に、

「中曾根という男は首相になる器だろうか」

と尋ねたことがある。田中の回答は実にはっきりしていた。

「中曾根にはその能力がある。確かにその器だと思う。あとは運だな。運があればあの男は首相になって何事か残すだろう」

というのであった。

後藤田はそれまで中曾根とは膝をつきあわせて二人で話したことはなかった。田中周辺の人物には――たとえば金丸信などがそうだったが――中曾根嫌いが多かった。中曾根に関するエピソードは大体が中傷交じりに語られていた。風見鶏という渾名が示すように、機をみるに敏な男、油断のならない男、何をやるかわからない男、という評価であった。後藤田もそのような目でみていた。

だが月に一回会っては、三時間も話しているうちに、この男は本気で行財政改革に取り組むつもりだとわかった。鈴木内閣は財政再建という立場で、行財政の改革を行なおうとしているが、中曾根はこの国の官僚機構の疲労状態を改革するために、機構そのものから変えようとしているのだとわかった。後藤田は中曾根と初めて会ったときに、

「中曾根さん。あなたは本当に行財政改革に取り組むつもりなんですか」

と強い口調で訊いた。中曾根は、「ええ、やります。必ずやります」と断言したという。ではどういう具合に進めるか、というのがその後の二人の会話のテーマになった。

この密かな会合を通じて、後藤田は、行財政改革では中曾根を指導者とし、自らは黒子としての衣を身につけようと思うようになった。

後藤田の中に中曾根はそれに値する人物という評価が生まれたのであった。

むろんそれだけではなかった。

後藤田は旧内務官僚出身者のひとりとして、昭和という舞台で、旧内務官僚出身者からひとりも首相が生まれていないことに苛立っていた。後藤田だけではなく、旧内務官僚であるならば誰もがそう思っていた。それぞれが、自分たちは優秀である、という自負を持っているのに、その頭脳が首相として発揮されたことはないという不満であった。しだいに旧内務官僚は消えて行く。中曾根はその最後の世代であった。中曾根をかつごうというのは、そういう旧内務官僚としての焦りにも似た気持のあらわれでもあった。

軍人、外交官、財政専門家、政党政治家、と歴代の首相の前歴はさまざまであったが、旧内務官僚もその系譜に列《つら》なるべきだという悲願。後藤田のそのような悲願は、次の時代に引き継ぐべき歴史的変革こそ、旧内務官僚のように内政全般をみる目をもった者によって可能だ、という使命感に裏打ちされていた。国家とはいかにあるべきか、日本はどの方向に進むべきかと、後藤田と中曾根はときに書生論にも似た論を交わし、共通の基盤を確認していった。

こうした経緯をみていくと、後藤田が田中角栄のもとでその黒子として動いたのは、個人的には田中への信頼、尊敬、そして自在に自らを動かしてくれたという恩義からだけでなかったこともわかる。歴史的には、後藤田は、田中の権力行使の暴走をチェックする、いや言葉を換えれば道をまちがわせてはならぬとの信念を持っていたというべきであろう。

後藤田が、中曾根から次のように言われたのは、昭和五十七年十月八日のことだった。料亭での二人の会合の席であった。

「後藤田さん。近いうちに政界でも大きな地殻変動がありますよ。八卦《はつけ》に出ていますよ」

「そんなもの私は信じやしませんよ」

「そのときは私をぜひ助けてください」

後藤田によれば、中曾根は総裁任期切れになる鈴木が、政策のいきづまりからすでに総裁選に出馬しないとの意向を持っていると示唆した。鈴木は内々に中曾根に、「あとは君に頼む」と伝えているともいうのだ。むろん田中と近い鈴木のことだから、田中の諒解もとっていたのだろう。田中も次期首班は中曾根と決めているということでもあった。後藤田がこのことをまったく知らなかったとも思えないが、しかし中曾根自身から協力を求められたのは事実であった。

旧内務官僚の手で行財政改革を進めるという一点によって、後藤田は協力を約束したのであった。

第六章　官房長官の闘い

後藤田の政治生活のなかで、政治家として飛躍をとげたのは昭和五十七年十一月から六十二年十月までの五年間であった。代議士に当選して七年目から十二年目の期間にあたる。それまでを第一期とすれば、この第二期は後藤田にとって政治家としての充実期となった。

この期間、中曾根内閣は三次にわたったが、後藤田は官房長官、行政管理庁長官、総務庁長官、そして再び官房長官を務めた。一貫して閣内にあったのは、後藤田ただひとりである。中曾根内閣は、官僚政治家後藤田がその能力と手腕を存分に発揮した舞台ともいえた。

中曾根康弘内閣が誕生したのは、昭和五十七年十一月二十七日であった。中曾根が、幹事長の二階堂進、総務会長細田吉蔵、政調会長田中六助の自民党党三役に組閣名簿をわたしたとき、「これはあまりにも露骨ではないか」と三人は一様にうなった。しかし、中曾根は、「これで構わない。新聞には吠えるだけ吠えさせればいい」と譲らなかった。

三人が驚いたのは、閣僚に田中派から六人、しかも法相には秦野章、そして内閣の番頭である官房長官には、それまでの首相の派閥からという慣例を破って、後藤田を起用していたからだ。

中曾根内閣は、実際には田中内閣であると受け止められ、「田中曾根」内閣という露骨な表現を用いる新聞もあった。ロッキード事件の判決に威圧を加えるための田中の意を汲んだ内閣というのが、大方の受け止め方で、中曾根首相の記者会見でもその点についての質問が集中した。

中曾根は、後藤田の官房長官就任について、これは私のほうからお願いしたものであり、押しつけられたものではない、と答えた。そして、確かに派内からも「官房長官は首相派閥から」という声はあったと言いつつ、「行政改革や財政再建をやり抜くには、各省庁に力を行使できる強い官房長官が必要です。まとめるものはまとめねばならない。後藤田君しかいないと、最初から目をつけていました」とも語った。この言は中曾根の本音ではないだろう、つまり田中から押しつけられたのだろうという見方が、ほとんどの新聞論調に共通していたが、実際に中曾根のこの言は本音でもあったのだ。

組閣後の記者会見にあらわれた後藤田は、閣僚名簿を次々に読みあげたが、記者団からの「党外支配、田中色が強まったのでは」という問いには、それは中曾根首相がすでに答えている、とそらし、「官房長官が他派から出たのは異例では」という質問には、苦笑を浮かべながら「異例とは言えるでしょう。しかし行革推進のため、行政に明るい私にぜひということで」と答えた。総じて記者団の質問には冷たい響きがこもっていたのだが、それは当時の世論が田中に対して厳しかったことの反映であった。

田中派偏重の組閣に対し、当時の新聞の社説は「田中支配がきわまった」と書いたし、このような内閣がいつまでもつだろうか、一年以内に政変が起きるだろうと、予測する意見も紹介された。後藤田は、法相の秦野と並んでこの内閣のタカ派的性格をあらわしているとされ、「らつ腕の警察コンビ」「野党、タカ派色を警戒」「ロ事件隠し、改憲を警戒」「金権・右傾ドッキング」などといった見出しの対象とされた。後藤田はこれらの見出しに目をとおしながら、このような認識や評価に耐えることから第一歩が始まると思った。後藤田と親しい旧内務官僚のひとりは、私の取材でも、田中が信頼を寄せているある人物から「田中は後藤田と秦野をもっとも信用している」と聞かされたと証言した。つまり、田中は自らのロッキード裁判対策で二人を防波堤に使おうとしていたというのであった。

官房長官は、内閣のスポークスマン、各閣僚間の調整、政府の政策決定のキーマンにもなりうる職務だったが、首相と官房長官の間に明らかな上下の関係があれば、それは単なる取り次ぎ役にすぎなかった。たとえば第三次佐藤改造内閣のときの官房長官だった竹下登などがそうであった。そして大半の官房長官はこのような役割にとどまった。

しかし鈴木善幸内閣でその職にあった宮沢喜一は、むしろ鈴木と対等の役割をねらった。後藤田は宮沢同様、首相とほぼ対等の立場でこのポストに座り、そして職務を務める意欲を持っていた。

中曾根から「私の出番になったら、私を助けてください」と十月八日に頼まれたのは、中曾根が、鈴木が退陣するのは間近だし、そのあとの予備選に自分は立候補し、そして勝つだろうとの予測を持っているということでもあった。事実、中曾根は田中の力を借りて、圧倒的な票を得て総裁選に勝った。中曾根が国会で総理の指名を受けたあと、田中は二階堂を幹事長に据えて、官房長官には後藤田を就けるよう中曾根に要求した。もっとも二階堂によると、田中は中曾根に対して、

「後藤田君を傍に置いてお使いください。彼はあなたを助けるだろう」

と言ったという。官房長官とは言わずに、「傍に」と言ったのだが、むろんそれは官房長官を意味していた。

中曾根もこの申し出をすんなりと受け入れた。後藤田と中曾根の二人が月に一回行政改革などについて話し合っていたことを、田中が知っていたか否かは不明だが、後藤田を官房長官に据えるというのは、田中や中曾根の共通の意思でもあった。

一方で、田中は中曾根に対して全面的な信頼を置いているわけではなかった。中曾根には土壇場になれば何をするかわからない、といった不安がつきまとう。ロッキード事件の判決に至るプロセスでも、田中の状況が不利になれば切り捨てられるかもしれないといった懸念を持っていた。それで〝腹心〟といわれた後藤田を送りこんで、中曾根を監視するという計算をしたのである。

後藤田は、田中や二階堂から「中曾根のもとで官房長官に就け」と言われたとき、即答はしなかった。首相の派閥以外の官房長官は過去に一度あるだけで前例がないに等しいと言っていいこと、さらに田中派内部に後藤田重用への反撥があること、などをあげて渋った。しかし、田中はそんな意見にとりあわず、官房長官に就くようにすすめた。田中と中曾根の二人からの要請では、後藤田もまた満足感を味わっただろう。行政改革に取り組むという大義名分をもって、入閣することにしたのである。

しかし、案の定、厳しい論調に後藤田は立ちむかわなければならなくなった。首相官邸の官房長官室で、後藤田は一日に三回、息子か孫のような世代の記者に、その日の出来事や事情説明、政府見解などを述べなければならなかった。後藤田の述懐では、「なかには何もわかっとらん記者がいて、苦労することもあったよ」というのだが、ときにはあまりにも予断や偏見に満ちた質問に声を荒らげることもあった。

後藤田の官房長官室から首相の執務室までは、それこそ十メートルもはなれていない

のだが、後藤田は中曾根の部屋にはそれほど出入りはしなかった。官邸の職員は、

「これほど首相の職務室にはいらない官房長官も珍しい」

と噂したが、それも後藤田には特別の意図があってのことではなかった。

中曾根のスタンスや思考法を、後藤田はすでに知っていた。このようなときには、こうするだろうという予測がついた。中曾根の秘書を呼んで、大まかな枠組を伝えておけば、それで済んだともいえた。官房副長官の渡辺秀央が、中曾根と後藤田の部屋をしばしば訪れたが、「二人の考えは一致しているなあ。どうしてそんなに一致しているんですか」と首をひねることもあった。

後藤田と中曾根とは、ともに行政改革を進めるとの強い信念で結ばれていた。明治維新と戦後のGHQの改革によって、日本の行政機関は改革されたが、それ以後はまったく手つかずできた。これに手をつけるには、哲学が必要であった。その哲学とは、つまり二人の間に確認されていた原則ということになるが、それは、

〈この時代はあらゆる意味で転換期である。国家全体で自由、創造性を発揮しながら、行政の仕組、組織はいかにあるべきかを考え、行政の効率化、能率化を図り、世界の流れでもある『小さな政府』をめざしてみよう。それがすなわち行政改革である〉

という点にあった。鈴木内閣時代、行管庁長官の中曾根と後藤田が、月に一回二人で話し合った末の結論とは、このような原則であったが、それは鈴木がめざしていた方向

とは異なっていた。鈴木は大平の路線を継いで財政改革をめざしていた。歳入欠陥は昭和五十六年、五十七年には十兆円近くに達していた。大平は五十九年には赤字国債をゼロにするという悲願をたてていたが、その志半ばで逝った。鈴木は、増税なしに赤字国債をゼロにするというスローガンを継承したが、歳出の切り詰めはできず、おまけに経済不況で税収の伸びもなかったため、結局、赤字国債の発行という劇薬に頼る以外になくなってしまったのだ。

つまり財政改革は、行政改革による行政機構そのものの簡素化なしで行なっても成功しない、という事実を、鈴木内閣が実証することになったのである。

鈴木内閣は第二次臨調（第二次臨時行政調査会）を設けたが、この会長には経団連名誉会長の土光敏夫が据えられた。土光をかつぎだしたのは、鈴木内閣で行管庁長官を務めた中曾根だった。土光は、財界人らしい目で、国や地方自治体の仕事があまりにも多様化していると分析して、民活（民間活力の利用）を土台にして行政の範囲を見直すべきだと説いた。土光は中曾根内閣が誕生した折りに、「行政改革を何よりも優先する内閣であってほしい」と要望したが、それは中曾根と後藤田に期待をかけているという意味でもあった。

土光は、その生涯を通じて官職に就いたことはなく、民間企業の活力をもって第一とする考えの持ち主だった。自助努力、質素勤勉、倹約といった明治気質の持ち主で、その土光を前面に押しだして行革の必要性を訴えた中曾根は、確かに戦略家であった。後藤田はのちにこの中曾根戦略の巧みさに驚いたと、周囲の者に洩らしている。

第二臨調の委員は二年間の任期であったが、その任期切れのときに最終答申を出している。この第二臨調は土光のもとに財界、マスコミ、労働界、学者など多彩なメンバーが集まり、幾つかの分科会を設け、分科会ごとに結論を出していくという手法をとった。こうしてだされた答申は、きわめて具体的な内容を指摘していた。行革を進める観点として、(1)変化への対応、(2)総合性の確保、(3)簡素化、効率化、(4)信頼性の確保をあげ、新しい行政のあり方としては、(1)活力ある福祉社会の建設、(2)国際社会への積極的な貢献のふたつを柱にするとも提言していた。

そのうえで、農業、社会保障、教育、国土・土地・住宅、エネルギー、科学技術、外交、経済協力、防衛、税制といった十の分野でどのような方策が必要かを具体的に説いていたのである。これらの内容は、行革という視点で捉えられているにしても、日本が二十一世紀にむけてどのような国づくりを行なうかの基本的枠組を示したものでもあった。

後藤田はこの枠組を基本的に諒解していた。こういう国づくりはこれまでどの内閣も挑んだことがない。後藤田は、この答申を自らの縄張りや権益を守るのに汲々としている官僚たちの思惑を超えて実施していく役割を担う気構えでいた。

後藤田は土光臨調の施策を進めるための伏線ともなるべき発言をしたことがある。中曾根内閣の二回目の閣議（昭和五十七年十一月三十日）のことだ。この閣議で次々と案件を処理していって、閣議も終わろうとする直前に、後藤田は次のような発言をしたという（坂東弘平著『後藤田正晴・全人像』からの引用）。

「これからは、各省の役人を中曾根総理が直接呼ぶこともあるかもしれません。悪しからず」

閣僚は就任直後で、まだ気も浮きたっている。そのときにさりげなく諒解させてしまった。

後藤田には計算があった。行革を進めるにあたっては、各省庁の縄張り意識がもっとも障害になる。これを打破しなければならない。そのためには中曾根が各閣僚をとおしてではなく、直接に担当官庁の官僚を呼びつけて、説得にあたらなければならないだろう、という計算であった。

行革を進めるというのは、ある意味で革命にも似た荒療治が必要であった。後藤田はそのことを予想し、そのための布石を打ったのだ。この手法はその後、さらに徹底していき、それゆえに批判を浴びることになる「官邸主導型の政治」遂行の宣言ともみられた。

後藤田は「官邸主導型の政治」批判に対して、日本のような自由主義体制のもとではこの手法も悪くはないとの認識を持っていた。日本は議院内閣制だから、政権党の意向を無視できないが、その意向を土台にしての官邸主導型は、ときには必要なのだという認識であった。むろんこの手法は、官邸独裁型政治の懸念も出てくる。しかし後藤田は、このような懸念や批判に、しばしば次のような見解で応じた。

「総理官邸というのはリーダーシップを発揮しなければならない。大統領制のように、上から下にすべてを押しつけるようなやり方ではないにしても、官邸がどういう考え方をしているか、どんな方向をめざしているか、といった明確な顔がなければならない。行革を実現するにはそれが必要だった。独裁型になるという指摘は筋違いだ。なぜなら独裁制は制度そのものが独裁型になっているので、かえってリーダーシップが欠如していてもいい。民主制のもとでこそリーダーシップが必要で、それが欠如していては、ばらばらになってしまう」

「官邸主導型政治」は、とりもなおさず官邸で差配する官房長官の役割をより大きくすることになった。後藤田は行革を進めるにあたって、彼自身、諸省庁ににらみをきかせた。省庁が自らの権益に固執したり、自民党の各部会の族議員を前面に押したてて抵抗してくると、容赦なく担当者を呼びつけ、あからさまにその態度をなじることがあった。

「君のところは自分のことしか考えていないのか。国家あっての君らだろう。自省の縄張り本位の勝手な動きは許さない」

その一言に脅えて官僚は黙してしまった。

そういう恫喝を加えるような政治家はこれまでそれほどはいなかった。後藤田は官僚に対しては、まさに中曾根のタカ派の軍師としてふるまった。

中曾根と後藤田の行政改革のめざす方向とそれを実施する手法というのは、以上のようにきわめて巧妙であり、威圧的であり、そして挑戦的であった。この行革が後述のように個々の法案づくりの段階になると、有効に機能した。後藤田は行革を行なうと決めた以上は、それを達成するまでの道のりをこうして確立していったのである。

中曾根内閣の誕生直後、内閣は外交面でふたつの問題にぶつかっていた。

鈴木内閣は守りの姿勢で政治のハンドルをとったが、それは事実上は何もしないというに等しかった。後藤田は「あの内閣は何もしない内閣だったから、すべてがこちらにかぶさってくる」と周囲に洩らしたが、それは当たっていた。課題は先送り、それだけではなく新たな問題を起こして身を退いてしまったのだ。

ふたつの問題のひとつは、韓国との外交関係のこじれを是正することだった。教科書問題も経済協力もすべて前内閣から先送りになってきていた。韓国は、教科書問題では日本側の認識が三十五年間の植民地支配に対する歴史的反省を欠いているとの批判を明らかにしていた。経済協力問題は、援助額が六十億ドルか四十億ドルかといった額のことから、そのうち商品借款をどのていどの割合にするかといった点まで含んで棚上げ状態になっていた。それらの問題を一挙に解決するために、中曾根自身が行なったのは、第二臨調の副会長瀬島龍三を使い、その旧陸軍の高級軍人としての人脈を利用して韓国中枢部にわたりをつけようと試みたことである。

瀬島は、中曾根の意を受けて密かに韓国にわたり、全斗煥大統領周辺の人脈を通じて全大統領と会い、中曾根の意向を伝えた。四十億ドルの経済協力（十八億五千万ドルを円借款、二十一億五千万ドルを輸銀融資）と、朝鮮半島の平和と安定はアジア全体に関わっているとの認識のもとで大枠はできあがった。中曾根は瀬島の根回しに応じて、昭和五十八年一月十一日にソウルにわたった。そこで全大統領と話し合い、諒解に達してコミュニケを発表した。日韓の間の緊密な協力体制が確立したのである。

後藤田はこの間、秘密が守られるよう配慮していた。そして、中曾根の人使いの巧妙さに改めて驚いた。適材を適所で使うその能力は政治家のなかでもとくに秀れているとの実感を持ったのである。

もうひとつは、アメリカへの「武器技術の供与」という問題であった。これは三木内閣以来の懸案で、当時日本側は武器技術の供与についてアメリカ側の要請を前向きに検討すると約束していた（大村襄治防衛庁長官とワインバーガー国防長官の会談）。アメリカにすれば、武器を提供することで、その技術は一方的に日本側に有利な流れになっていて、日本からは新しい技術の還流がないとの不満があったのだ。

しかし、日本はアメリカの要請に対し「前向きに検討する」と約束しながら、国内では通産省、外務省、内閣法制局、防衛庁の意見が一致せず、中ぶらりんの状態になっていた。タテ割り行政の弊害が出ていたのであった。通産省と内閣法制局は、三木内閣時代の政府見解（武器、武器技術の輸出に対する規制）をもとに反対していた。その反対が障害になって、アメリカの要求に応えられないでいた。鈴木内閣でも事態は放置されてきた。中曾根は訪米を前に、この問題を解決しなければならないと考えた。

後藤田も、この懸案をいつまでも決着をつけないままにしておくのはおかしい、と考えた。

後藤田の考えは、

「これは日本が棚ざらしにしていた点に問題があった。いまは武器技術といっても、武器技術と汎用《はんよう》技術との差がほとんどなくなっている。だから日本の技術だってアメリカにわたれば、武器技術として使えるものはあるわけだ」

というものであった。三木内閣以来の政府見解はその実態が曖昧になっていたのだ。それをつき崩す以外にないというのであった。

そこで後藤田は、通産大臣の山中貞則、外務大臣の安倍晋太郎、防衛庁長官の谷川和穂、法制局長官の角田礼次郎と個別に会って意見を調整していった。この場合、奇妙な立場に立たされたのは安倍だった。安倍は鈴木内閣で通産大臣、中曾根内閣で外務大臣、つまりそれぞれの省の主張を受け入れたため反対から賛成にかわるといった奇妙な姿勢をとらざるを得なかったのである。後藤田は安倍に対して、

「日本の国務大臣がアメリカへ行って約束している以上、守らなければならない。懸案事項をいつまでも放置していては総理がアメリカに行くこともできない。それに技術の面であまり消極的にやっていると、逆に日本の技術の発展が遅れるのではないか。日米安保体制の枠内で技術供与することでいいではないか」

と説いた。この意見に安倍だけでなく、ほかの閣僚もうなずいた。後藤田自身の著書(『内閣官房長官』)によると、角田には、

「これは法制局長官の君が言うことではないよ。政策の変更ということだからね」

と「強権発動」したという。角田も心得ていて、後藤田の言にうなずいた。

こうして事態はまたたくまに解決した。

後藤田の話をもとに考えれば、入り組んだ状態になっている問題も大枠を固めてしまえば、政治的解決が容易になるという事実だった。つまり有力者が話し合えば解決するということでもあった。鈴木内閣のときには、後藤田のような役割を果たす人物がいなかったという事実を裏づけた。

中曾根はふたつの懸案を解決すると、アメリカにむかった。レーガン大統領とのちに

「ロン・ヤス」と呼びあう仲になるきっかけの訪米であった。中曾根は、アメリカでワシントン・ポストの取材に応じたときにきわめて大胆に自説を披露した。中曾根は「戦後政治の見直し」をやがて国内でも口にするが、このときにすでに伏線となるべき発言をしていた。

「日本の防衛問題について、私は私なりの見解を持っている。日本列島全体を不沈空母のようにして、ソ連のバックファイア（ソ連の長距離大型爆撃機）の侵入に備える巨大な障壁を築くことだ」「次の目標は日本の四つの海峡を完全に支配し、ソ連の潜水艦をいかなる形にせよ通過させないことである。第三の目標は、シーレーンを確保して、それを維持することである」

同行記者団はこの発言の大胆さに驚き、中曾根自身に確認したほどだった。日本を「不沈空母」にする、というのはアメリカの戦略でもあった。日本の首相がそれに唱和したのだから、アメリカ側としてはもっけの幸いだった。ロン・ヤスの関係は、こういう中曾根の姿勢に端を発していた。

官房長官の記者会見で、後藤田はこの発言の真意について執拗に問われることになった。

「この発言は憲法に触れるのではないか」「軍事大国の意味か」などといった質問が後藤田に投げかけられた。後藤田はこうした質問に、きわめて簡単な回答を返しただけだった。つまり後藤田は次のように言ったのである。

「中曾根総理は、アメリカに対してできることとできないことをはっきりと言っている。一方的にお荷物を背負わされて帰ることはない。不沈空母というのは単なる形容詞にすぎない」

この中曾根発言は、その後もしばしば中曾根内閣タカ派説の根拠とされた。このとき後藤田は、ワシントンの中曾根に対して、くれぐれも発言を穏当にするように、という内容の電報を打った。

中曾根は、日本に戻るやすぐに施政方針演説の草案づくりに没頭した。この草案づくりは組閣時から進めていたが、中曾根と後藤田の間にはその内容をめぐってぎくしゃくした面があった。当時の官邸詰め記者の話では、中曾根は一期二年という期間を想定していたために、三十年余の政治生活の思いをぶちまけるように、「戦後政治の見直し」を大胆に主張したかったというのだ。根っからの改憲論者である中曾根は、そのことも濃淡の差はあれ、この機会に訴えておきたいと思った節もある。

後藤田が、そのような中曾根のブレーキ役になった。

後藤田は積極的な改憲論者ではなかった。むしろあの占領期を肌身で知っているがゆえに、そして戦後はこの憲法をもとに日本の再興があったと考えているがゆえに、「僕は憲法を評価しているよ。日本の社会は全体としてはよくなっている。（占領軍の押しつけという論もあるが）その点は議論が分かれるところだ。見直せという論もわかるが、それに伴うリアクションの大きさも考えなければならない」というのが持論だった。『後藤田正晴・全人像』によると、後藤田は、「（憲法）九条はこのままでいいと思うのですね」という問いに次のように答えている。

「うーん。難しいね。いまのような国会答弁だと、自衛隊が認知されたような、されんような、そんな可哀想な状態で、命を捨てる仕事がどこにありますか、将来、国民が変えたらいいといえば、変えればいい」

後藤田は、憲法改正を政治日程にあげ、国論を二分する争いをひきおこすような事態は好ましくない、と断言している。しかも、少なくとも太平洋戦争に関わった世代の者が徒《いたず》らに憲法改正を口にすべきではないというのがその持論である。平成三年のＰＫＯ論議の際の後藤田の発言は、一貫して「憲法を守れ。安易に自衛隊を海外に出すな」というものであった。中曾根内閣の初期にはタカ派といわれ、平成三年からはハト派といわれる、その世評の変わりように後藤田は、「君、僕自身は何も変わっとらんのだよ」と苦笑するのである。

後藤田は、中曾根の説く「戦後政治の見直し」に、改憲を除いては賛成であった。実際、占領政策、五五年体制以来のさまざまな政治的局面を見直すべきときにきていると考えていた。

中曾根は、後藤田も推蔵《すいこう》に加わった施政方針演説で、経済大国になった日本は、いま戦後史の転回点に立っていると言った。そして、これまでの制度、仕組、考え方などについてタブーを設けることなく、新しい目で素直な気持で見直していくべきだ、と力説した。そのなかには、アメリカでのレーガン大統領との友好的な会話をもとにして、日本もアメリカと対等な関係を持つべきだ、という主張も含まれていた。確かに大局的な状況と方針を語る語は幾つもあったが、改憲といったような具体的な政治方針は含まれていなかった。

後藤田が中曾根にブレーキをかけて、そうした具体的な施政方針を盛りこませなかったのだと、当時首相官邸周辺では語られた。もっとも後藤田自身はこうした推測については一切語ることがなかった。

中曾根内閣は、前内閣と違って、仕事師内閣と称したが、確かにそういうイメージは高まっていった。田中は中曾根に対して、昭和五十八年春から衆議院と参議院の同時選挙を行なうべきだと要求していたが、そこには中曾根内閣が国民の信任を得ることで、自らの裁判を有利に進めようとの思惑があった。後藤田も新しい内閣は成立から半年以内に総選挙をすべきだという考えを持っていた。しかし、中曾根は田中派の要求を受け入れなかった。この仕事師内閣に貼られたレッテルが国民の間では、まだそれほど歓迎されていないとみたからであった。

中曾根の不沈空母発言は、この年六月の参議院選挙では野党の攻撃対象になったが、それほど大きな変動を生まなかった。日本の社会では、経済大国の自負、国際社会への参加、米ソ冷戦下での反ソ感情、というキーワードがあり、これは日本人の保守感情を満足させるものだった。中曾根内閣は、後藤田がいみじくも指摘したように国論を二分する政策に取り組むのではなく、この社会の個人、集団の利害を調整する手法をまず採用したのである。

後藤田は六十九歳になったが、まだ身体には自信を持っていた。もともと八十本以上も両切りピースを吸うへビースモーカーだったが、健康には留意していて、睡眠をとり、酒を慎み、そしてストレスはなるべくすぐに発散するようにし——そのために「物を知らない記者」はどなりつけられることもあったが——体調を整えるよう努めた。

後藤田は閣僚の一員として、揮毫《きごう》を頼まれることもしばしばであったが、その折りには「一日生涯」と書いた。特別に座右の銘を持たないのが、自らの人生の姿勢であったが、あまりにもそのような話が持ちだされるので面倒になり、秘書に適当な語をさがしてほしいと言ったら、福沢諭吉の書からこの語をみつけてきたらしい。一日、一日を生涯として生きる、というのは、後藤田の政治家としての信念に合致したからでもあった。一日に三回、記者会見があった。「話す」ことが仕事である。

「話す」という場において、後藤田は人を観るのが巧みになった。後藤田は奥歯にもののはさまったような言い方が好きではなかったし、そうした物言いをする人間も好きではなかった。曖昧さも嫌う。明確に決断する。決断したら実行する。その明瞭さを自らのモットーにしているし、相手にもそれを要求する。

後藤田が田中角栄という人物に惹かれた要素のひとつは、その明瞭さにあった。

「(私は)わけのわからない、ぐるぐるまわっているような言い方の人は嫌いだね。要するに、いいにしろ悪いにしろ、はっきりしない人は嫌いだ。はっきりして、言ったことには責任を持てと。そういう人でないといやだ。でもこれでは、いまの政治には向かん」(『新潮45』〔一九八三年五月号〕での塩野七生との対談「官房長官、素顔をおみせ下さい」)

このような気質は、後藤田の生来のもので、政治家として国会の内外で活動をつづけているうちに、それにさらに磨きがかかったともいえる。「言語明瞭、意味不明瞭」というような、無意味なもってまわった弁の横行する政治風土と政治家に嫌気がさしてきたともいえた。

後藤田は、徳島では、支持者に色紙を頼まれると、「泥中にして白くきよし」という言葉を書くことがあった。中国の北宋時代の周敦頤《しゅうとんい》からの引用といわれる。後藤田自身はその言を解説しないが、「泥中」の意は容易に推測は可能であり、「白くきよし」という語に託されているものもまた明らかであろう。

昭和五十八年十月十二日に田中への第一審判決が言いわたされた。ロッキード事件の丸紅ルートの公判で、田中に宣告されたのは懲役四年、追徴金五億円という厳しい内容だった。

判決前からこのような判決が下されることは予想されていた。田中が議員を辞職するかもしれないとの噂も流れていたし、中曾根はそれを望んでいるとの声もあった。政局は田中派によって動かされながら、その実、「田中個人」を敬して遠ざけるという空気も流れていた。田中の権勢が大きくなればなるほど、田中を煙たがる空気が醸成されていた。しかし、田中自身は無罪を信じて疑っていなかったのだ。

田中に辞職を諫言《かんげん》できるのは後藤田しかいない、という論が耳にはいるたびに、後藤田自身は、「人から辞めろ、辞めろ、と言われて辞めることはできるわけがない」と返答した。後藤田は官房長官に就任してから、表向き田中とは会っていないと言っていたし——電話はむろんわからないが——、ロッキード事件の裁判に対し不信と疑念をもっていたから、田中に関しては、どのような質問がなされても答えようとはしなかった。

判決がだされたあと、国内世論は田中にとってはより苛酷なものとなった。むろん田中派の議員は一審だけで判断するのは早計という見方をとったが、政治倫理という語が容赦なく彼らをせめたてた。三木や福田は政治倫理の旗を掲げて、田中退陣を迫ってくる姿勢をみせた。

田中は秘書を通じて、退陣の意思がないことをまず明確にした。「田中所感」と題していたこの声明は、六百字ていどの文面であったが、その内容には田中の怒りが凝縮していた。田中にすれば、自らの主張する事実関係がまったくみとめられていないとの不満があった。この声明に応えて、野党は、「辞職勧告決議案」を提出してきた。田中が辞めるか辞めないかが、国会の焦点になった。のちになって考えれば、この焦点自体にきわめて日本風の政治感覚が濃厚にあらわれていた。田中ひとりだけを責められるのか、という政治風土への政治家たちの反省は例によって生まれてこなかったのだ。

この決議案は、自民党幹事長の二階堂進の戦術によって議院運営委員会で宙づりになった。

そのため野党が審議拒否にはいるといった、いつもの構図がくり返された。

中曾根は党内外の声に押されて、ホテルオークラで田中と会って三時間も話し合い、友人として辞職を勧めたという声明を発表した。実際に二人の間にどのような話があったかは定かではないが、国会での野党への対応や、党内での非主流派との対立について話が進み、そこで今後どのように田中と中曾根の関係を密にしていくかが話し合われた、と推測される。一説では、中曾根は田中に遠回しに辞職を勧めたが、田中は、私の派閥が辞めさせてくれないだろうと語ったといわれている。私が辞めれば田中派は分裂することになるだろうとも伝えたというのだ。

中曾根はこういう発言を含んで、田中判決をできるだけ形骸化し、田中派の動揺を巧みに利用しようと考えたに違いなかった。

田中派に属していながら中曾根内閣の番頭である後藤田は、田中と中曾根の盟友関係が確立すれば、自らの行動にひとつの姿勢を貫きとおすことができる。だが双方に思惑と計算の違いが出てきたならば、その立場は微妙になる。後藤田のこの間の動きは当時は伏せられていたが、一九八九年に著わした『内閣官房長官』でそのときの様子を書き残した。

まず後藤田は国会正常化を第一義と考えた。中曾根、二階堂と三人で話し合い、「田中元総理の辞任はない」という前提で、中曾根・田中会談をセットした。そして二階堂とともに田中邸にいき、「辞職なしという前提で中曾根と会ってほしい」と説いた。中曾根は党四役とも打ち合わせをしたが、この会合に出席した後藤田は、とくに二点を主張した。「田中さんひとりを国民の敵としないこと」「会談後の発表文は総理が書くべきだ」という点である。

ところがこの根回しの過程で、田中から「中曾根とは会わない」と言ってきた。田中が言うには、田中派の江崎真澄が中曾根から頼まれたといって、「進退は任せてくれと言われてきた」と伝えたのだという。田中は、両方の話が違うではないか、と不満だったのだ。後藤田は中曾根にも確かめるが、話ははっきりしない。結局、後藤田の主張した二点を確認する形で、田中・中曾根会談は行なわれた。

この会談後の党内は、後藤田の予測どおり沈静化した。むろん三木、福田系の間には不満は残ったが、しかしそれが党内の大勢には至らなかった。そこには後藤田の情勢を読んでの素早い反応があったと思われるが、その間の事情は現在も明らかでない。だが、田中が後藤田に期待したことに、後藤田は充分応えたとはいえるはずであった。

すでにこのときから十年余の時間が経っている。田中判決前後の政界の動きもあるていどの確実性をもって俯瞰できるようになった。私はこの時代の構図を、一言でいえば田中の計算違いとみていいと思う。

東京地裁での第一審で、田中は無罪を確信していた。田中の読みでは、検察側はこれに当然控訴で応えてくるだろう、しかしロッキード裁判は、もともとコーチャンやクラッターの証言にもとづいて行なわれており、日本の法律では裁けないはずの証言調書が検察側の資料になっている、これが採用されるようでは、日本の司法が歪んだ形になってしまうというものだった。ところが判決は意外に重く、田中にとって予想外のものであった。田中はこの判決の瞬間に冷静さを失い、誰が真に味方で、誰が敵か、という彼なりの判断が混乱してしまったのである。判決後に田中邸に集まった田中派の議員たちを前に、「俺のことをいろいろ中傷する者がいるが、俺は決して議員を辞めない」と涙まじりに演説をぶった。心を許した友人には、「こんな無茶な裁判があるか。裁判官は三権分立がわかっていない」と洩らしてもいた。

中曾根、二階堂、後藤田、そして田中派の幹部クラス、その誰に対しても田中が疑心暗鬼になって当然だった。誰が真に自分に忠誠を誓っているのか――。田中は友情と信頼を求めていた。秘書だった早坂茂三の『田中角栄回想録』を読むと、この期に田中は田中派の友人の友情と信頼に助けられたと言っているが、それは、田中がしきりにそのふたつを求めていたという意味であろう。

後藤田は田中に対して、もっとも明確にふたつの面で救いの手を伸ばした。ひとつは田中派の幹部として政治的に田中を救うための方策、もうひとつは友人として田中の面子《メンツ》を救う方策である。後藤田が、二階堂とともに田中邸に赴いたとき、二人の間には、表面上は中曾根との会談の根回しをするとの役割があったが、田中に対して、とにかく自重して感情的にならないよう、世論を刺激することを避けるよう、忠告した。田中が政治的影響力を駆使するためにそのほうが得策だと説いたのである。

ある司法関係者の証言だが、田中の裁判対策については田中派の幹部や系列の代議士の間にも批判があったという。田中は弁護団の長老組（検事出身者が多かったが）の意見をいれ、検察側と真っ向から戦う戦略をたてた。しかし、その批判では秘書が金銭を受託した件は、実際田中は知らなかったのだから認めればいいし、ロッキード社の機種選定にあたっては、直接の職務権限のある運輸大臣に対し、こちらのほうがいいといった程度の希望を述べたことがある（このことは歴代の総理なら誰もが言っている）と認めるべきだった、というのである。

田中は、そういう意見を無視して、「一切そのようなことはなかった」と正面から否定する作戦を立てた。これには若手の弁護団の側にも批判があったというのだ。実は、検察側も、田中側がこのような戦略で臨まないだろう、との計算があったといわれるが、田中は、その計算を超えた作戦で法廷に臨んだ。

その計算違いが判決にあらわれた。

二階堂や田中派幹部たちにしても、田中を諫《いさ》めることはできなかったが、判決後はその田中の計算違いを政治的に救うためにかなり強い忠告を与えたと思われるのだ。田中の判決後、予算委員会で政治的倫理について野党から質問を受けたとき、後藤田は「田中さんひとりを責められるだろうか。議員ひとりひとりが足元をみつめて自省しなければいけないのではないか」と答えたが、それも政治的に田中を救う方策のひとつであろう。

このころ後藤田は自宅でもひとりで考え込んだままであった。そして、友人として田中を救う方策というのは、田中の友情と信頼に応えるという道だと決めた。後藤田は田中の人間的な悩みの相談にのって、さまざまな助言をつづけた節があるのだ。世論の風当たりが強いとき、友人として田中の支えになったひとりといえる。

田中判決から二カ月後の衆議院議員選挙では、自民党は大敗を喫した。「幾つ負けるか」というのが、中曾根や二階堂、そして後藤田の挨拶がわりであった。結果は三十四議席を失い、幹事長の二階堂は保守系無所属九人を追加公認し、辛うじて過半数を守った。中曾根退陣を求める自民党内の抗争は、最高顧問会議で三木や福田と中曾根の間に確執を生んだが、新自由クラブの協力によって中曾根内閣は政局の安定を図ろうとした。

この時期、後藤田は選挙ではもう落選の心配はなくなっていた。夫人の侑子が選挙のたびに、後藤田に代わって地元に張りついていたし、後藤田の中央での活躍は浮動票も充分に集票できるようになった。後藤田は遠慮なく言いにくいことも言って、有権者のなかには反感を持つ者もいる。それを侑子が納得してもらえるように説明を加えてなだめた。しだいに後藤田のその性格が有権者に理解され、剛と柔の夫婦コンビといわれるようになった。侑子は、選挙のたびに故郷の人びとに触れられる喜びを味わうことができると、選挙が楽しみにもなった。

後藤田は第一回目の参議院選挙での教訓から、選挙資金の管理にも自ら目をとおすようになった。周辺に集まってくる選挙プロには一切関わりを持たず、彼らの動きとははっきりと一線を引いた。

徳島にある後藤田事務所の秘書武市行雄によれば、「あの第一回目の選挙ではわれわれはまったくの素人《しろうと》で、それだけに金権選挙といわれても仕方のないほど混乱していた」と話す。あの苦い薬のあとで、後藤田は、いかにも官僚といった発想だが、後援会の出納簿を予算制に変えた。年度の初めに人件費を含めて三千万円程度の予算を組む。それを後藤田がすべてチェックする。交際費が多いとか少ないとか、交通費はもっと多くとるほうがいいとか、事務所維持費はもう少し多めあるいは少なめにとか……後藤田はこまかくチェックするのであった。政治資金はガラス張りにというのであった。そのために大仰にいえば、お茶一杯にも神経を配るようになった。

年度の終わりには、後援会の中にある監査役がこまかくその出納の動きをチェックしていった。

現在、政治家の地元事務所、後援会のいずれでも、こうした予算制を採っているところは少ない。表面はそうなっていても、実際には丼勘定でそのうち資金の動きがわからなくなってしまい、年度末に帳尻合わせをすることになるケースが多い。

徳島には後藤田の後援会がふたつある。ひとつは日亜化学工業会長の小川信雄が会長である後援会で、こちらには多くの庶民や後藤田ファンがはいっていて全県にこの組織の支部が置かれている。会員は八万人近くに及んでいた。もうひとつは、産業経済懇話会という県の経済人の集まりで、年会費三万円で会員は個人商店や法人を合わせて約二千社という。目的は、後進県である徳島の産業を振興し、あわせて徳島に活気を取り戻す、というのだが、実際には中央との連携を図りたいとの地元財界人の思惑もあるようだ。後藤田の選挙資金もほとんどこの組織で賄われている。

会長の布川隆美（平成五年現在・徳島商工会議所会頭）は、次のように話している。

「かつてこの県は三木派にあらずば人にあらず、というところでした。そのために不満を持ったまま黙っていた財界人も多かったのですが、後藤田さんが出馬してからは、この後進県を立て直してもらおうという意図でできたのがこの後援会です。年会費もよそと比べると安いと思いますね。なにしろ後藤田さんが雌伏《しふく》していた二年間にコツコツと地元まわりをしていたときから応援していた人が多いわけですから……。確かに資金的な援助をするのも目的ですが、むしろ後藤田さんという人物に惹かれて会員になっている実業家のほうが多いんじゃないですか」

月に一回の定例幹部会議、そして東京から評論家などを呼んでの講演会、会員紙「徳島産経ニュース」の発行などを事務局では行なっている。東京の情報がそのまま持ち込まれること、後藤田の尽力で徳島にも企業誘致が進んだこと、社会公共投資が着実にふえたこと、実際に幾つかのメリットが生まれてきた。布川の証言によれば、「来る者拒まず」のために会員数はふえる傾向にあるという。

昭和五十八年十二月の総選挙で、後藤田は約八万二千票を獲得し、最高位で当選した。九年前の参議院選挙でのイメージは、このときにはまったく消えていた。後藤田のところに行っても金は出ない、後藤田に頼み事をしてもエゴまるだしのものはその場で断られる、社会的不公平を生む内容の陳情と解されればとりあってもらえない、という評判が着実に浸透していったのだ。後藤田は、裏口入学、裏口入社など裏口に関する陳情、融資・債権の保証、特定個人への便宜供与はその場ではっきりと、「それはいたしません」と断るように命じている。そういうことを言う支持者には、「支援してもらわなくて結構」というのが、後藤田哲学だというのであった。

選挙に強い、必ず当選する、という実績は、永田町では独得の重みを持った。野党との交渉でも、総辞職か解散か、を迫られたとき、態度がひるむようでは話にならない。実際に自民党の大物といっても、いつも選挙に弱いために、その発言力が重みを持つことがなかったという者もあった。後藤田はこの選挙のときに四年生議員となり、自らの能力とともに選挙に強いという武器をいっそう強固にしていったのだ。

昭和五十八年十二月の第二次中曾根内閣で、後藤田は行政管理庁長官のポストに座った。これは中曾根内閣が行政改革の個々のテーマに取り組むとの意思を明確に表示したことにほかならなかった。

行政管理庁は、昭和五十九年七月に行革審（臨時行政改革推進審議会設置法にもとづいて設置された。この法案は昭和五十八年六月二十八日に、三年後の昭和六十一年六月二十八日に失効するとして成立した。第二次臨時行政調査会の答申が実行されるのを監視する役割を持った）の答申にもとづいて、業務を一本化するために総理府と統合されて総務庁となった。後藤田はそのまま初代の総務庁長官に横すべりした。

後藤田は、総務庁という新しい官庁に息吹きを与え、それをテコに行政改革を進めることになった。行政改革を進めるという意味は、省庁の統合化、公社の民営化、さらには官僚の許認可権の縮小に至る「親方日の丸」の徹底した排除であった。官僚を使いこなせなければ、改革のシステムさえ動かない。後藤田は官僚を使いこなす最適任者として長官に推されたのである。

「なにしろ役人だけはね、おどしただけじゃ使えませんよ。うまく頼んでみたり、方向を示して、『まあ、あとは存分にやってくれよ』と言って、やる気を起こさせなければいけない。実際にやれば、それなりの評価をするということもはっきりさせておかないと、みんなやらない。役人にソッポむかれたら、それこそ仕事が全然できない」

と後藤田は言ったが、これが官僚操縦の基本的なルールだというのである。

行政改革は、中曾根内閣が行革審の答申にもとづいてひとつずつ進めていった。その答申のなかで、これは立法化する、これは政令で進める、これは通達で……とこまかく分けていった。タイムスケジュールをつくっていったのだ。後藤田は官房長官時代にこのタイムスケジュールづくりに関わっていたから、その大綱をすべて覚えている。あとはそれに従って総務庁の官僚を駆使して実行していくことが役割となった。

行政改革の目玉は三公社の民営化にあった。もっとも後藤田は当初、電電公社の民営化にあたっては、この事業が一民間企業の手にわたることに消極的で、そのために国家の中枢を担う電気通信事業が外国系企業に占められるのではないかとの不安も持った。しかし、日本がこの分野で強くなるためにと、第二電電構想を打ち上げ、競争の原理を持ち込むと決まってからは、通産省、運輸省の官僚のとまどいを排除し、立法化にむかって進んだ。

官僚が自民党内の族議員の背後に逃げこもうとすると、族議員を説得して歩いた。

「通信事業の民営化は国家の益になる。これによって日本の企業の技術力も向上するし、通信のレベルも向上する」

国鉄の民営化は、行政改革のシンボルともなったが、国鉄の慢性赤字が国家財政の負担になっていることに、これまでどの政府も手をつけることができなかった。加えて、国鉄は労働組合の勢力が強く、実際に改革が困難な状態がつづいてきた。昭和二十年代、国鉄は戦場や旧植民地から戻った元兵士や民間人を受け入れていて、確かに雇用による〝社会福祉事業〟のような側面も持っていた。ここにメスを入れるのは、中曾根内閣にとっては至難のことであった。

国鉄の赤字を減らすには、その膨大な国有地の売却、そして業務の見直し、余剰人員の削減などが必要であった。「とにかく親方日の丸の意識をふっきってもらわなければならない」という点で、中曾根と後藤田は一致していた。早い機会にメスを入れれば、それだけ次代の者にも税負担をかけなくて済むと考えていたのだ。国鉄再建法にもとづく再建監理委員会（亀井正夫委員長）は、経営改善の努力の必要性を訴え、抜本的な改革のための緊急提言を行なった。

しかし、国鉄内部にも民営化反対の意向が強く、それは総裁から中堅幹部にまで及んでいた。昭和五十八年十二月、政府は、民営化賛成派の日本鉄道建設公団総裁の仁杉《にすぎ》巌を総裁に据えた。後藤田は、新総裁の仁杉をしばしば総務庁長官室に呼んで、

「国鉄の民営化、分割はどうあっても進めなければならない。これは引き戻すことはできない政策である」

と説いた。仁杉は、「わかっています。必ず実行します」と言うのであったが、実際にはそのための手を打たない。国鉄内部では、いかなることがあっても分割、民営化路線には反対、という声が強かったのだが、しびれをきらした後藤田は、仁杉に対して、

「どうなっているのか。少しも進まないではないか」

と厳しく督促した。国鉄の幹部は一部の運輸省の官僚と手を結んで、この民営化案を

なんとしてもつぶそうとしていた。国鉄内部の組合も反対の姿勢を変えなかった。後藤田は国鉄内部の空気を調べてみると、現状ではとても無理、幹部は面従腹背であることがわかった。しかも国鉄内部では賛成派への幹部攻撃が激化していた。これではいつまでたっても、国鉄の民営化など進まない。

後藤田はこの段階で激怒を顕わにし、決断した。

「こんなことではだめだ。抜本から手をつけて荒療治をしなければ国鉄一家の意識は変わらない」

まず、仁杉や副総裁の縄田国武ら幹部を電撃的に更迭した。

再建監理委員会は二年間にわたり百三十回の審議をつづけ、六分割の持株会社の設立、長期債務の返済方法などを含む国鉄再建の答申をまとめた。その答申が出されたのは昭和六十年七月だったが、国鉄総裁、副総裁の更迭はその一カ月前であった。答申を実施するために、後藤田は優柔不断な幹部をすげ替えてしまったのだ。

その後、この答申に沿って国鉄改革のための八法案が上程され、昭和六十一年十一月二十八日に成立している。国鉄労組に呼応した野党の反対はあったが、世論は、「国鉄の民営化やむなし」の方向で固まった。後藤田の大胆な戦略が世論をリードすることになったといってもいい。

後藤田は、いまになって当時の中曾根内閣をふり返って、しばしば、「中曾根政治は、対外的には国際社会での発言強化、痛みの伴った自由経済、自由貿易にむかう流れをつくること、国内的には、国民に耐え忍ぶ意識改革が必要だったと思う」とくり返す。そしてここにあるのは、戦後体制の総決算に耐えるシステムづくりと精神の確立だったというのだ。

アメリカの要求する個別品目での貿易障壁をそのつど対症療法のように解決していても、基本的な構造は変わらない。外需中心の経済体制を内需中心に変えるという根本的な体質変換をしなければならない、と後藤田は考えていた。だが、この点については充分に行なえなかったという悔いは残っているという。

それでも中曾根政治の時代は失業率も低いうえに、物価は超安定という時代だったと言い、これは特筆されることだと力説した。「中曾根内閣が政治上は比較的うまくいったのは、鈴木内閣を引き継いですぐに業績をあげたからだ」と後藤田は言うが、そこには前任の鈴木内閣の無為無策があったからというニュアンスも含まれている。

後藤田が中曾根内閣の五年間をふり返って、〈国家の安全〉そのものが問われたと述懐するのは、ソ連の大韓航空機撃墜事件（昭和五十八年九月一日）のときであった。

ニューヨークからソウルにむかっていた大韓航空機がサハリン上空でスホーイ15と思われるソ連の戦闘機によって撃墜され、乗客、乗員を合わせて二百六十九人が死亡した。この事件は、ソ連の解体後、真相があるていどロシア側から明らかにされたが、当時ソ連側は、旅客機と知らずにスパイ機と思って撃墜したようであった。ソ連の対空防備の緻密さを欠くことと、どのような航空機であれ自国の領土に侵入した航空機は撃墜する、とのソ連側の姿勢を示すことになった。

事件が起きた日の早朝、後藤田は官邸の内閣情報調査室長と長官秘書官から「行方不明になっている大韓航空機は撃墜された」との報告を受けた。

その報告にもとづいて、〈この処理の基本姿勢は、いかなる形であれ非武装の旅客機を撃墜することは国際社会では許されない〉との方針で対応することに決めた。当時のソ連の国家的性格を考えると、犠牲者への賠償・補償というのは行なわないだろうが、要求すべきものは要求するとも定めた。それと撃墜したという現実はいかなる形にせよ認めさせると決意を固めたのである。

後藤田は警察庁長官を体験していたから、このような事件が起こったときに、状況にふりまわされて重要な事実を忘れがちになる、ということを知っていた。重要な事実とは、犠牲者の家族の心情を思いやる、ということであった。政治的対応とともに人間的な配慮を欠いてはならぬという心づかいであった。後藤田は外務省に対して、その面の配慮をするよう領事部に伝えることを命じた。現在、後藤田は次のように話す。

「これは中曾根さんとの基本的な合致点でしたが、日本は大国に非ずという意識で事にあたれ、ということを命じましたな。あのあとサハリン海域は非常に危険だったんです。

ソ連軍はもちろん、撃墜された飛行機の機体をさがして、アメリカ軍も出ていましたし、日本も海上保安庁や海上自衛隊が北海道海域をあたりましたからね。一触即発ということもないとは限らない。こういうとき、日本は決して大国意識を持ってはならないと強く戒めたんです」

大国意識を持ってしまうと、ソ連軍と衝突することにもなりかねない。日本も自衛隊の航空機を北海道や青森に集めて捜索することを考えていた。アメリカは艦艇も出しているから、もし事が起きれば日本もまきこまれる状態であった。大国意識を持つな、というのは米ソの対峙した状況にふりまわされるなという意味であった。

だが極東ソ連軍の動きをみていると、やはりソ連機が撃墜したという、日本側がつかんでいる事実の根拠を示さなければならなくなった。その〝根拠〟とは、自衛隊が日ごろから極東ソ連軍の無線傍受をするなど、その動向を正確に監視しつづけているという事実であった。撃墜時のソ連軍機の無線の内容を全面的に公開すれば、日本の防衛体制の手の内をあかすことになる。しかし、稚内《わっかない》で行なっている傍受の一部を公開して、撃墜を明らかにした。これは防衛庁側にも不本意なことだった。

ただ、当時の防衛庁詰め記者の証言によると、日本側の傍受記録は官邸の許可なくアメリカ側にわたされた形跡があり、これに対し、後藤田は防衛庁の杜撰《ずさん》な情報管理を叱りつけたという。

大韓航空機がなぜ通常のコースをあれほど外れて、ソ連の内陸にはいっていったのか。それはいまもって明らかになっていないし、この事件の真因については、〝永遠の謎〟になってしまった部分がある。後藤田にも、まだ幾つかわからないところがあるという。

こうして、日本は日ごろの防衛網の一部を明かして、ソ連の非を責めた。そしてこの撃墜事件を国連に持ちだした。それは日本の情報収集能力を明らかにすることでもあったが、しかし、事態はそれを超えて進まなければならないと、中曾根内閣は判断したのであった。後藤田は官房長官として、国家機密と人命尊重のバランスを巧みにとりながら、東西冷戦下の日本の立場を守ったといえる。

後藤田が、日本の国防方針や国際社会での軍事協力について、明確に自らの立場を明らかにしたのは、昭和六十二年十月のことであった。このとき後藤田は、第三次中曾根内閣(昭和六十一年七月に成立)で再び官房長官のポストに就いていた。

当時、イラン・イラク戦争によってペルシャ湾にはイランが敷設した機雷が無数に浮遊し、そのためタンカー船の触雷事故が相ついでいた。しかも、この海域に遊弋《ゆうよく》中のアメリカ軍艦隊に対しイラン軍が攻撃をしかけたりしていた。アメリカは機雷除去のために、日本政府にきわめて具体的な対応を考慮してほしいと要求してきた。そこで、ペルシャ湾の安全航行確保のため、海上自衛隊の機雷掃海艇の派遣や海上保安庁の巡視船の派遣などを、中曾根や外務省は考えた。経済力を背景に国際社会での政治的発言の強化を狙ったのである。この方針が明らかになったとき、官房長官の後藤田は猛然と反撥した。

「交戦海域に海上自衛隊を派遣することが許されるのか」

というのであった。

この点については、後藤田は詳しくは語らない。一般にいわれているのは——当時の新聞などが報じているのであるが——後藤田の怒りには激しいものがあったということだけだ。当時の朝日新聞によると、後藤田は「どのような形であれ、海外に出て武力行使につながる可能性のある対応はとれない。非軍事の分野に限るべきだ」と中曾根に申し出ているというし、日ごろから、日本を再びキナ臭い方向にむかわせないということ、戦争体験のない世代に国力の増大とともに対外強硬の考えが出ていること、このような危険で不遜な考えは、私が責任ある立場で働いているときは決して認めないことを、持論にしていると報じられている。

ペルシャ湾への海上自衛隊の掃海艇派遣などは、この持論からいってもとうてい認められないことであった。

後藤田と中曾根は、この件で首相執務室で激しく議論をしたと報じられた。後藤田は次のように言ったというのだ。

「ペルシャ湾への派遣は閣議で決めるんでしょうな。こういう重大な決定は閣議で決めなければおかしい。しかし、私は閣僚として決して署名はしませんよ」

中曾根に対して、そういうなし崩しの軍事貢献には身体を張って抵抗した。もし、あなたがそういう危険な政策をとるなら、私の首を切ってからにしなさい、という意味であったろう。

たぶんこのときの中曾根と後藤田の議論の折りに、二人の戦争体験者としての肌合いの違いが明確にあらわれたというべきであった。

後藤田の当時の考えは、次のようになると思われる。

〈いま、イランとイラクは戦争をしている。アメリカを交えてペルシャ湾は交戦海域になっている。そんなところに日本がのこのこ出ていったら、戦争にまきこまれる恐れがある。もともと日本の自衛隊は――私が計画にも携わり編成にもタッチしたのだからよく知っているが――外国の不法な侵略に対して、座して死を待つのではなく戦うという性格のものだ。それに日本には憲法第九条もある。最低限、国家としての自衛権を持つというにすぎない。相手国からの不法な侵略のときにだけ戦う武装組織であるということだ。単に憲法論だけでそう言うのではない。日本は、日本なりの独自の道を進むほうが国益にかなう〉

そして実は、このような考えは、後藤田の基本的な姿勢である。

ペルシャ湾への掃海艇の派遣を示唆するアメリカは、あまりにも勝手である、日本をどのように考えているのか、そのアメリカの要求にすべて応じるわけにはいかん、というのが後藤田の結論だと思う。

後藤田のアメリカ観は――私の解釈では――かなり屈折しているように思える。基本的には後藤田の世代が持つ対米不信感に彩られている。太平洋戦争に動員された世代は潜在的にはこの意識を持っている。それはすでに地肌の一部になっている。

後藤田が中曾根を評して、「私は彼を人間的には好きではないが、だからといってともに仕事をするのが嫌だというのではない」と言うように、「私はアメリカを好きではないが、だからといって同盟国であることが嫌だというのではない」との心情を持っているようである。この心情を使い分けられるという逞《たくま》しさこそが、むしろ後藤田が信頼される理由でもある。

〈アメリカは世界の紛争地に自国の青年を送り出している。そういう青年の血を流しておいて、その費用は外国からとるという政治はおかしいのではないか〉〈日本は経済的支払いをする以上は、アメリカに対してすべてを戦争という手段に訴えるべきでないと言うべきでないか〉〈日本もまたアメリカにならって、血を流せなどという学者がいるけれど、お前、そんなこと言って日本の青年に血を流せっていうのか。お前自身その覚悟があるのか〉〈日本が日本なりの国際貢献をしてどこが悪いのか。どんなことがあっても日本はアメリカと同じ軍事路線を歩めというのはおかしいではないか〉。

私は、後藤田との取材で、このようなニュアンスの言をなんどか耳にした。アメリカが自らの国家利益を世界的な規範として他国に強制することに、後藤田は納得していないのである。後藤田の言に含まれているのは、歴史的な体験にもとづいた重さなのである。後藤田のそうした認識が未だ一般には充分に理解されていない、と私は思う。

後藤田に言わせれば、日本社会は本音と建前があまりにも遊離してしまったという。その両者のかみ合いが平衡感覚を持っていればいいが、国会の論議をみても本音では決して論議がなされない。アメリカの押しつける「正義の論理」に対してどういう態度をとるか、すべて建前論に終始していて、本音の論議ができずつねに懸案を先送りするという結果に終わっている、というのだ。

後藤田は官房長官として、こういう苛立《いらだ》ちをなんども覚え、それゆえに後藤田自身は大胆に本音を発言した。それがしだいに後藤田の政治的重みを増していくことになった。

確かにアメリカの要求をいれて、海上保安庁の巡視船ならペルシャ湾に派遣できるかもしれない。海上自衛隊と違って海上保安という任務を持っている。だが、ペルシャ湾で日本のタンカー船が攻撃されたら海上保安庁の巡視船は所有している武器で応戦しなければならない、正当防衛という論理を用いてだ。だが交戦するということになる、と後藤田にすれば考えざるを得ない。内々の調査では、海上保安庁の巡視船がペルシャ湾に出かけるとなれば、七割の乗員はそれは任務外だとして拒否する、との結果が出ているともいわれていた。こんな状態でどうして送り出せるのか、ということになる。

私は、後藤田の取材を通じて、幾つか新しい発見をした。太平洋戦争に触れて、次代の者の責任、あるいは歴史との関わりに話が及んだときであった。後藤田は、自民党の総務会で戦争を知らない世代の代議士の発した言葉に失望をみせていた。

「名前は忘れてしまったが、戦争はわれわれの親父の世代の責任であり、われわれには関係ない。他国からとやかくいわれる筋合いはない、と発言した」

と嘆いた。こんなことを平気で言える神経の持ち主には、とても政治を任せるわけにはいかないといった口ぶりであった。

ペルシャ湾への掃海艇派遣が問題になったとき、後藤田は、軍事行動につながりかねない措置に対して、外務省など幾つかの官庁の幹部にためらいが少ないことに驚いた。官僚を抑えられる立場に自分がいる間はいいが、そうでなくなったら、日本の将来はどうなるのか、という不安を持ったというのであった。この不安は、後述のようにＰＫＯ問題の折りにさらに後藤田が痛感することになる。

中曾根は昭和五十九年一月五日に戦後の首相として初めて靖国神社に新年参拝した。六十年八月十五日には首相として初めて公式参拝をした。中曾根はそうしたタブーを次々に破ったともいえた。これに対して近隣諸国からはさまざまな形での反撥を受けた。とくに中国と韓国の反撥は強かった。

後藤田は、靖国参拝は決して軍国主義賛美ではない、と近隣の国々に説明しなければいけないと考えていた。結局、後藤田の二度目の官房長官時代に、公式参拝は中止となった。後藤田は、この件を「非常に残念だ。参拝というのは純粋に素直な気持で行なえばいい。それを公人、私人といった分け方で言うのはおかしい」と話す。つまり、戦争で逝った人たちを悼むという素朴な気持こそが大切である、というのであった。

もっとも後藤田は次のようにもつけ加えている。

「近隣諸国に反撥があるということは、公式参拝はまだ時期が早いのだろうという気もする……。まだ傷を受けた人や生存中の人びとがいることを思いやらなければいけないだろう。とにかく近隣諸国の誤解を解く努力をして、一日も早く公式参拝ができるような状態にもっていくことがわれわれの世代の役目という気はするなあ」

いまも日本人の「心の戦後は終わっていない」というのが、後藤田の実感であった。偏狭なナショナリズムと自虐にも似た公式的な加害者史観、このふたつの間にある歴史的中庸を保つ姿勢が求められているというようにも解釈できる。後藤田が嘆く、「親父の世代だから関係ない」との戦後派世代の発想にひそんでいるのは、歴史的教訓を学ぼうとしない傲慢さであり、怠慢でもあるということであった。

後藤田の言葉の端々には、明治人の過ちが――むろんそれだけではないが――大正人に犠牲を強いたが、生き残った大正人がその荒廃を救い、過ちに対する反省の念を昭和につないでいくという使命感のようなものが感じられる。中曾根にはそうした反省は感じられないが、後藤田はそれを中曾根の欠点と知りつつ、そのカバー役に徹したともいえた。中曾根内閣が五年も政権を維持できたのは、後藤田の存在があったから、というのが私の持論である。

第一次中曾根内閣は、昭和五十九年十一月に任期の終わりを迎えたが、このとき中曾根は田中の後押しで対立候補がなく再選された。二期目の二年が約束された。

この再選時に、中曾根の対抗馬としては、鈴木派がかつぐ宮沢喜一、河本派の河本敏夫の擁立運動があった。しかし、これは田中の恫喝がきいたり、河本を支える支持基盤が弱くて消えていった。だがもっともドラマティックだったのは、副総裁になっていた二階堂進擁立計画だった。これは鈴木善幸や福田赳夫が、公明党や社会党にも働きかけて、田中派を四分五裂させるために仕組んだ計画でもあった。

田中は、これに気づき、中曾根に対して「二階堂擁立の背後に鈴木がいる」と連絡して、その動きを監視するように命じた。後藤田は、このころ田中邸に行って、

「わが派からも誰か総裁候補を出さなければならない時期です。鈴木さんが勧めている二階堂さんでもいいではないか」

と説得した。以前に、後藤田は田中から「中曾根でいく」と聞いていたから、それと

なくその意向を変えるように説いたのだ。田中は「それはだめだ」と厳しい口調ではねつけた。田中はあくまで「中曾根でいく」という。そこで後藤田は「二階堂さんとも話し合ってほしい」といって辞去した。後藤田はたぶんこのとき、鈴木や福田がかつぎだした二階堂にもし田中が反対すれば、田中派が分裂する事態になることを恐れていたのかもしれない。

後藤田はこの暗闘にまきこまれるのを嫌って、八ヶ岳のロッジに出かけたという。だがすぐに田中派の面々によって東京に呼び戻された。

この間に田中の意を受けた金丸信は、二階堂つぶしに動いた。金丸は巧妙に党内調整を行なって中曾根再選の道をつけた。だが福田は鈴木と謀り、再度河本をまきこんで、田中外しを狙って二階堂擁立の動きを始めた。一時は、二階堂も出馬要請を受ける気構えをみせるにいたった。この経緯は、権力というものに政治家がどれだけ弱いか、その場になればその魔力に百年の知己をも一瞬にして敵にまわすような心理になるということを、図らずも示していた。

田中派の幹部は、二階堂を激しく詰問した。「どんなことがあっても俺は反対する」と金丸はどなった。小沢辰男などは「あなたは明智光秀になるのか。それでも福田派の分断策に乗るのか」と説いたといわれる。二階堂はしだいにその決心をぐらつかせた。後藤田も小沢に呼ばれて二階堂の説得にあたった。後藤田は、政治家の道を歩んでからは二階堂に数々の恩義を受けている。後藤田は次のように言ったという（後藤田正晴『政治とは何か』からの引用）。

「中曾根内閣は、戦後初めて内閣発足後二年もたっているのに、なお五〇％前後の高い支持率を得ている。そのときに総理に『代われ』と言うのはどんなものか。もうひとつは、田中派が他派からの働きかけで分断されるのは避けなければならないのではないでしょうか。他派の思惑に引っかかってしまうだけです。おやめになったらいかがですか」

二階堂も後藤田の説得に静かにうなずいた。

「わかっている。おれは断るよ」と、二階堂は応えたというのだ。このあと二階堂は、たとえ自分が推されても受けるつもりはない、と福田や鈴木に伝えた。後藤田は、このとき二階堂が自らが立候補することで、自民党の分裂に至るとの大局観をもって身を退いたと理解した。二階堂に対して、大局のわかる人、といった評価をするようになるのだ。

中曾根はこうして自民党衆参両院議員総会で再選された。田中と中曾根が二階堂擁立に一時は肝を冷やしたという事実は、実は人事をみただけでも明らかであった。二階堂つぶしに動いて、それを実現させた金丸は、幹事長になって党を自在に差配することになったのである。その金丸が田中派の中の若手を密かに集めて、竹下擁立の動きを始めていたことを、当時は誰も知らなかった。

つまり金丸は、二階堂つぶしという一見田中に忠勤を励むがごとき政治工作の傍らで、竹下擁立という動きを始めていたのだ。後藤田はこの事実を察知していたと、自著（『内閣官房長官』）のなかで明かしている。田中もあるていど知っていたが、田中はいつでもつぶせると考えていた節があったという。後藤田は、竹下が田中にいつまでもおさえつけられていることに我慢がならなくなったとみていて、これは竹下の政治生命をかけた戦いになると予測した。

この予測は外れた。というのは、竹下が田中派の派中派である創政会を設立した二十日後（昭和六十年二月二十七日）に、田中が突然脳梗塞で倒れて入院したからである。田中が脳梗塞で倒れたときの情報管理は、田中家側が病院に呼んだ後藤田、二階堂、田中の秘書だった早坂茂三の三人によって進められた。この三人で、田中の病状についての秘密は守られたというし、東京逓信病院の医師や看護婦などの人脈も調査し、田中の病気が必要以上にさわがれることのないよう配慮をしたともいわれる。この間、田中家にとって後藤田は頼りになる友人だった。

後藤田は、田中がこのような状態になった以上、創政会は活動を停止すべきだと考えた。

創政会側は、田中には派内の勉強会だからと説明しているのだから、領袖が病床に臥せる状態になった以上、なおのこと派閥を割る行動は慎むべきだと考えたのだ。それが後藤田にとっての倫理でもあった。

だが田中派の若手議員は、田中が倒れたのを機にかえって竹下擁立の動きを強めた。三月、四月、五月と日が経つにつれ、田中は言語障害を起こしている、政界復帰は無理だ、という情報が流れた。六月にはいると、田中家は田中事務所の閉鎖を発表し、これまでの秘書などとの契約も御破算にした。田中の政治活動はほとんど不可能という意味に一般から受けとられた。田中家では、田中の近況という写真を発表したが、それはむしろ田中の病状がそれほどよくない、つまりは政治活動は無理だということを裏づけたにすぎなかった。

領袖を持たない派閥、総裁候補を持たない派閥、そのような派閥が政界に存在するわけがない。

田中派は竹下・金丸の創政会と二階堂系の二派に分かれていった。百二十人近い田中派のうち、百人ほどが竹下・金丸系の創政会に移り、二階堂系は二階堂を師と仰ぐ十数人になった。

しかし、後藤田はどちらの派にも属さなかった。どちらの派閥にも等間距離を置き、自然に無派閥となった。もともと閥務には熱心ではなかった後藤田自身、政治的な計算よりも友人として田中角栄を見守る側についたということであろう。このときの後藤田の心理は、政治家の利害得失を超えて、言ってみれば同時代を生きた戦友を労るような人間的な感情のほうに重心が傾いていたのだ。

後藤田の胸中を推し測れば、後藤田は、政治家として最高権力者の地位をめざす意思を持っていないから、政治的利害得失を超えることに抵抗はなかったと思われる。だが、田中が倒れたからといってはなれていく政治家の、その現実的な対応を直接に批判することもしない。竹下の創政会に対して、田中派をもっと堂々と胸を張って継承していく姿勢を示せば、竹下も王道を歩めたのに、という批判は内に持っていたように思われるのである。

田中の存在が稀薄になってから、政局は中曾根主導に移っていった。田中支配を脱した中曾根は、蔵相に竹下登を据え、党では金丸信が幹事長におさまり、しだいに権勢を拡大した。後藤田は中曾根内閣の実務総指揮官としての立場にかわっていった。この期に前述のように行政改革に専念したのである。

中曾根はこの期になって、自らの政治信念を明確に主張していった。「靖国神社への公式参拝は当然のこと」—「防衛費を一パーセント枠にとどめておくというのはおかしい」という発言など、明らかに自らを拘束するものはないとの自信を背景にしていた。そうした一連の発言は、レーガン米大統領と約束していたといわれる日米軍事同盟への地ならしの意味があった。

後藤田はこうした中曾根発言を具体的に政策に移すにあたって、ときに対立し、ときにその意を自らの持論のほうに引き寄せる形で対応した。たとえば、防衛費をGNPの一パーセント枠にとどめるという歴代政府の公式見解を変えたのは、中曾根の意を自らの側に引き寄せて手直しした一例であった。

この見解は、昭和五十一年十一月、三木内閣の時代に「防衛関係経費の総額がGNPの一パーセントを越えないのを目途とする」という方針が決まって以来守られてきた。だが、本来GNPそのものは変化する数字であり、GNPの増減にともない一パーセントの額も増減する。また、防衛庁はその一パーセント枠で獲得した額を、隊員の宿舎や諸施設などの後方支援部門よりつねに兵器など戦備の正面部門にあてはめようとしていた。この数字枠を越えることは軍事大国になることだ、という批判にも脅えていた。マスコミもまた「GNP一パーセント」枠を尺度にして論じることが多かった。

後藤田は、この構図そのものに疑問を呈していた。つまり、「GNP一パーセント」枠を所与の絶対的尺度とするのではなく、日本の防衛はどうあるべきか、それにはどの程度の防衛費が必要か、といった観点から防衛予算は算定されるべきだという主張である。昭和六十二年度予算の編成にあたって後藤田は、大蔵大臣と防衛庁長官に予算のつけ方が「防衛大綱」水準に沿った戦備のほうに重点をおいていると指摘し、隊員の官舎、施設などの後方支援経費に対してもっと考慮すべきだと注文をつけた。戦備と後方部門のアンバランスを正せという指摘である。その結果、防衛予算はGNP比一・〇〇四パーセントとなった。中曾根発言とこの数字をもとに、軍事大国への道を歩み始めたとの論調も出たが、後藤田はその論調にはとりあわなかった。

だが、GNP比一パーセント枠を越えたことにより、新しい基準づくりを行なった。具体的には、政府は安全保障会議と臨時閣議を開き、「今後の防衛力整備について」をまとめた。この文案は後藤田が最終的にチェックしたが、その第一項に次のように謳われていた。

「我が国は、平和憲法の下、専守防衛に徹し、他国に脅威を与えるような軍事大国とならないとの基本理念に従い、日米安保体制を堅持するとともに、文民統制を確保し、非核三原則を守りつつ、節度ある防衛力を自主的に整備してきたところであるが、かかる我が国の方針は、今後とも引き続き堅持する」

ここには後藤田の信念があますところなく盛られていた。自衛権の拡大解釈に歯止めをかけるとの意味も含まれていて、私にはこういった文章は後藤田があえて暴走しがちな中曾根を諫めるかのようにも読める。そしてこの考えが、のちのPKO論議の伏線にもなっているように思える。だが当時、後藤田のこういう信念や行為は社会にはそれほど広く知られることはなかった。

昭和六十一年十一月二十六日が、中曾根の総裁の任期切れであったが、中曾根は内心では続投を考えていた。自民党の党則はそれを禁じていたが、その改正を図っての続投であった。しかし、長老の二階堂や竹下登、宮沢喜一、安倍晋太郎ら各派のリーダーたちは、昭和六十年の秋から「三選反対」を標榜していた。とくに幹事長の金丸信は、昭和六十一年五月の東京サミットを終え、それを花道に中曾根首相は引退すべきだと主張した。

後藤田は、新聞記者の質問に答えて、

「(中曾根三選は)党則というものがある。これが大前提になる。といっても、同時に民主主義の原点は何かということを、政治家は念頭に置いて行動をとらなければ国民の理解は得られないのではないか」

と語った。この期にも六〇パーセント近い中曾根内閣に対する国民の支持率の高さを忘れてはいけない、という意味であった。

昭和六十一年から六十二年にかけては、日本が経済大国として、円高に対する自制的な経済政策が要求された年であった。レーガン政権になってからの赤字財政は対日貿易赤字によるものだとして、アメリカの対日攻勢は強まった。半導体に関する日米協定、東芝機械のココム違反、牛肉・オレンジの市場開放など次々に新しい問題が起こり、日米関係は少しずつ利害が衝突するようになっていた。中曾根はそれを「ロン・ヤス」という友人関係でのりきろうとしたが、後藤田はその人間関係を評価しつつも、アメリカとの利害関係に根本的な哲学が必要だと考えていた。新しい時代の日米関係の構築というテーマであった。私は、実務者として後藤田はこのテーマに拙速に答えを出してはならない、時間をかけてじっくりと考えていくべきだ、と考えていたように思う。

昭和六十一年七月六日に衆議院と参議院の同時選挙が行なわれた。憲政史上二回目のことだった。この選挙は衆議院の定数問題を解決して行なわなければならなかったが、中曾根、金丸、それに後藤田も協力して国会での定数改正法案可決の日程を調整し、同時選挙に持ち込むことに成功した。

後藤田はこのときにふたつの基本姿勢を明らかにしていた。ひとつは、公選法改正なしの解散は避けるということと、全閣僚が解散に署名することが大切だということであった。党内抗争を露呈し、分裂選挙になってはいけないということであった。後藤田のこの論は自民党が一致して選挙に臨めば安定多数がとれるという意味であった。

事実、この同時選挙で自民党は衆議院で三百四議席の安定多数を得た。中曾根はこれによって党内の地位をより安定させた。あまりにも大勝だったために、ほかのリーダーたちも世代交代の声を大きくすることができず、中曾根は党則を改正して、もう一年総裁・総理の座に就くことになった。

このときの第三次中曾根内閣で、後藤田は再び官房長官になったのだが、創政会のなかには後藤田があまりにもポストに恵まれすぎているとの反撥もあった。後藤田自身、そうした声を知っていたために固辞しつづけたが、中曾根のたっての要請で受け入れた。

第三次中曾根内閣の議会運営は円滑に進んだ。行政改革の柱である国鉄改革法案は選挙の大敗で銷沈《しょうちん》している野党の抵抗も弱く、すんなりと議会を通過した。中曾根内閣は、そうした政治状況をみて売上税の提出を考えた。野党は「増税なき財政再建」という公約に違反すると反対した。後藤田は内閣のスポークスマンとして、本来現行税制の中に不公平なものがどれだけあるか、それを手直ししなければならないが、まずは売上税でその手直しを行なうのであり、重税感を持っている給与所得者にとっては利益が大きく、彼らが反対するのはおかしいと説明した。

だが売上税は労働組合、サービス業、それに経団連にも反対という声が広まり、野党も審議に応じなかった。後藤田は中曾根とともに本会議での強行採決も考えたが、結局は金丸が野党との間でまとめてきた「議長あずかり」という案にのった。後藤田には苦い体験となった。

中曾根の任期は、昭和六十二年十月末日までである。ニューリーダーによる党内抗争がしだいに激しくなった。後藤田は、中曾根政権を支えているのは田中派であり、田中派は結束していかなければならない、と事あるごとに説いた。後藤田は、中曾根首相は任期時に必ず辞めるのだから、三人のニューリーダーの自制ある行動をも望んだ。意中の者を明かさなかったが、党内には調整役の声もあがってきた。後藤田は党内で長老格の実力者と受け止められるような立場になっていた。

総裁公選への立候補締め切りは十月八日で、竹下、安倍、宮沢の三者が立候補の意思を示した。三人はすぐに話し合いを行なった。そして、宮沢と安倍は「選挙は行なわないで第三者に一任する」との結論を出した。竹下は、公選による投票を望んだ。宮沢と安倍は、中曾根の後継指名に自信を持っていたが、竹下にはその自信がなかったとも噂された。だが、実際はそうではなく、竹下はこれまでの政治の動きからみて、戦って勝ち得た首相の座は重いとの認識を持っていたのであろう。だが、中曾根の説得で竹下も態度をかえた。

結局、三者とも「中曾根一任」で態度を揃えた。

竹下、安倍、宮沢は、それぞれ田中、福田、大平の下で働いたが、昭和五十年代の「三角大福」の怨念の政治を直接目にしてきた。権力を奪いあう政治エネルギーが、人間のむきだしの生地をあらわす光景を生んできた。彼らはそういう怨念の政治に別れを告げ、三人で話し合いを進めて首班を選ぼうと決めたのだ。政治から戦いの様相が消えていくかわりに、談合の時代にはいったともいえた。談合政治は政治の持つ本来の意味——政治指導者のリーダーシップという重要な要因をなし崩しにして、政治を無色に変えることであった。時代の色合いがまったく浮かばない時代にはいったともいえる。

　昭和六十二年十月十九日の夜、後藤田は首相官邸で中曾根から、三人のうちの誰を推すか、の裁定文（原案）をみせられた。そこには中曾根が考える総裁としての要件が書かれていて、肝心の名前を書き込む欄は、空白になっていた。原案の一部に後藤田なりの注文を出し、中曾根はそれを受け入れたあと、

「竹下君でいきたいと思っている」

と言った。そして理由を説明した。

　後藤田の証言によれば、「中曾根さんが一任されたことであり、僕は何もそれに口を挟んだりすべきでないと思っていたから、何も言わなかった。結構でしょう、と答えただけだよ」ということだった。中曾根が、竹下を推した理由は何であったか――後藤田は、まだ自分の立場からは言うわけにはいかない、と言う。だがその理由は、後藤田には納得できるものであったと思われる。

　昭和六十二年十一月六日、竹下内閣が成立し、後藤田もまた官邸を去った。官邸を去る日、後藤田は職員から花束を受けとったあと、感慨深げに、「皆さんのおかげで歴史に残る仕事ができました」と頭を下げた。それは、後藤田の本音でもあった。

　十二月二十六日、中曾根や田中角栄が発起人になって、後藤田を慰労するパーティがホテルで開かれた。このパーティで、中曾根は六百人余の出席者を前に、

「海上保安庁の船をペルシャ湾に派遣する案に、後藤田さんは最初から反対していた。いまにして思えば、後藤田さんの意見が正しかった」

とその心中を告白したのである。

第七章　政治改革とその時代

　後藤田は、しばらくは身体を休める日がつづいた。徳島に戻って、支持者たちの会合に顔をだし、ときに興がのると、詩を吟じた。後藤田の詩吟は、一般には知られていないが、仲間うちでは有名であった。ほとんど青年期から変わらない声であったから、この詩吟を耳にしている者は宴会などでは、いつも「後藤田、ひとつ頼むよ」と言う。内務省同期入省の海原治によると、「秦野（章）の小唄、後藤田の詩吟」は、この前後の入省組には有名なのだという。

　このとき、後藤田は七十三歳になっていた。肉体上はどこも異状がなかった。だが後藤田は自らの家系に糖尿病が多いことを気にしていて、つねに健康には注意していた。一日に八十本も喫う煙草と縁を切ったのは、二度目の官房長官時代のことだった。

　三人の子供たちは、すでに結婚していた。孫もできていた。その孫が夫婦二人で住むマンションに遊びにきたときは、後藤田は膝に抱え、いつまでも放さなかった。後藤田にとって、家族という紐帯《ちゆうたい》こそ、もっとも重要であった。自らの幼少期の寂しい体験は、後藤田の心理の底にいつもあり、それが後藤田のバネにもなってきた。

七十歳をすぎると、人は誰しも少年時代、青年時代の仲間がことさらなつかしくなるのかもしれない。とくに旧制水戸高校時代の仲間は、後藤田にとってはひときわ思い出が深い。日本寮歌祭に、仲間に誘われて出席することもあった。旧制水戸高校の文乙のクラスはいまも十六人（平成四年十一月現在）が存命しているが、年に一回は学士会館に集まる。

同級生の種田《おいた》孝一（平成五年現在・ダイキン工業株式会社相談役）の話では、

「もうみんな年寄りですからね、何を話すかといえば病気の話でしてね、まことにもって頼りない話です。みんな耳が遠くなっています。後藤田はいつも元気なグループのひとりだ。『どこも悪くないの』ってみんなに聞かれていたけれど、『別に、目も耳もさしたる故障はないんだ』って言っていました」

という。後藤田は政界という、それこそ生き馬の目を抜く世界に身を置いているのが、元気の秘訣なのかなあ、と仲間たちは噂した。後藤田は、息子の結婚式などには、代議士仲間を呼んで華々しく行なうより、水戸高校時代の仲間を呼ぶというタイプであった。

後藤田は、一代議士に戻っての活動を、政治の浄化、政治の改革、という一点にしぼった。そして、日本がキナ臭い方向にむかっていると判断すれば、自分はそれに意見を述べる、という役割に徹することに決めた。これからの代議士としての役割は、この点にある、と自らに課したのである。人生にも起承転結とか序破急といったパターンがあるとするなら、後藤田は明らかに「結」とか「急」の終末部にこれからの人生を置くことにしたのである。それが後藤田の政治家としての第三期にあたった。

後藤田の願いは、かつて田中内閣の官房副長官時代に手がけ、そのままになってしまった選挙制度の改革にあった。日本の政治腐敗の根源は現行の選挙制度に起因しているというのが、後藤田の持論であった。自らの初出馬時での苦い選挙違反体験の反省のうえに根ざしている面もあったが、現行の中選挙区制での選挙では莫大《ばくだい》な費用がかかり、それが無用の裏ガネづくりに走る原因になり、政治倫理の崩壊をもたらしている。現行の中選挙区制度は、その元兇であり、そのためには選挙制度の改革が不可欠だというのが、後藤田の持論であった。

私が後藤田を取材しているときに、後藤田が、つねに現行制度がなぜ悪いかをとりわけ熱っぽく語るのが印象的であった。

「君、この制度はもう金属疲労を起こしているよ。もう変えなければいけないのに、一日延ばしに延ばしている。それだけ問題が先送りされているだけだ」

まさに憤懣やるかたないという口調であった。

戦後数えてみても——といって、後藤田は、「昭和電工事件、石炭国有化の事件、造船疑獄だろう、タクシー汚職事件、共和製糖、ロッキード、そしてリクルート、共和とつづいている」と指を折っていった。その後、金丸事件、ゼネコン汚職、とつづいている。後藤田はほぼ十年置きと言っていたが、ここにきてまるで五年に一度といった割合で不明朗な汚職事件が起きている計算になる。なぜこんな事件がいつまでも起こるのか、そのつど司直の手による摘発や一部法改正などの対症療法で事態を解決しても何もならないではないか、もっと根本にメスを入れなければならない、とも語気鋭く指摘する。「戦前は首相はテロで倒れたが、いまは赤レンガ（法務省・検察庁）で倒れるというのでは情けない」とも言った。

後藤田は、派閥の領袖に「実際、君、よくそんなに金のつごうがつくね」と冷やかし気味に問うことがあった。誰も苦笑いを浮かべるだけだった。机のうえで政治資金規正法の枠内の金が動き、机の下では不明朗な巨額の金が動いている、というのであった。リクルート疑惑が明らかになったのは、昭和六十三年にはいってからであった。リクルートコスモス社が自社のマーケット拡大のために、政治家、官僚、財界人に自社の未公開株を資金まで提供して譲渡していたというこの事件は、政・官・財の癒着を露呈していた。名前のあがった政治家には、中曾根、宮沢、竹下、安倍といった政界の有力者もおり、第二次中曾根内閣時代の官房長官藤波孝生も含まれていた。結局、起訴されたのは政治家では藤波と公明党の池田克也の二人だけだった。

後藤田は、藤波がそのような株譲渡に関わったとは思えなかった。確かに藤波の秘書などは株の売買が好きだったようだが、藤波はむしろ誰かの人身御供になったのではないかとも考えている節が窺えた。後藤田は現在（平成五年八月）、官房長官の職務権限とはどういうものだったか、あるいは内閣の運営についての総理の職務権限について、自らの体験をもとに論文を書いている。二万語ほどのレポートになる予定というが、そこで田中角栄や藤波孝生を例にひいて検証するつもりだと語っている。

後藤田は、政治改革については、昭和六十三年以後、もっとも代表的なオピニオンリーダーとして党内での発言を強めていった。新聞、雑誌、テレビなどでの発言の多さは、スクラップを集めてみても、自民党内の誰もが及ばない。

選挙制度を変えなければならない。いまのままでは冠婚葬祭などを含む日ごろの有権者向け活動や地元還元のサービスといった面のみが重視され、全国的な問題や国際的な課題についての見識が軽視される。これで政治家といえるのか。汚職事件のくり返しをつづけていれば、国民の間に政治不信が起きるのは当たりまえのこと、時間とともにその不信感は肥大化していく。

「どこかで、この悪循環を断ち切らなければだめだ。自民党自身、この手法が通用しなくなったのだから、対応を考えていかなければならない」と力説するのであった。二階堂や奥野、それに自民党代議士に聞いても、後藤田のこの信念は余人とは比べものにならないほど強く固い、と証言する。後藤田のこの怒りを共有できる者は、好むと好まざるとに拘わらず、党内の改革派と位置づけられ、またその発言も憂国の情にあふれたものになっていった。

とはいえ、後藤田は、選挙制度の改革がいかにむずかしいかを、昭和五十九年八月に行なった公職選挙法の改正を例にひいて語った。後藤田は党内では選挙制度調査会長だったが、この法案で参議院の全国区の改正を試みた。参議院内部でも、この全国区は選挙運動もむずかしく、実際にはなんらかの再改正が必要という声があがっていた。

この調査会は比例制の導入を検討した。政党に投票してもらい、それぞれの政党は候補者に順位をつけて、名簿にのせる。政党の得票数に応じて名簿の上位から当選していくとしたのだ。この制度はさまざまな案のなかでも利点が多いだろうというので導入されたのである。

ところが、自民党では名簿の順位をどうするか、でもめることになった。客観的に判断しやすい基準として、党員の獲得数に応じて決めることになった。実際に党費を払う党員をどれだけ獲得しているか、で決定する方式である。しかし現実には、党員獲得のために自らが架空党員の党費を負担するような事態が出現し、かえってお金がかかる結果をまねいてしまった。党営選挙のはずが、実際にはそうではなくなったのだ。

後藤田はこの結果からひとつの教訓をみちびきだした。

〈いかに良い制度でも完全な制度とはいえない。良き制度でもどのように運営するか、が問題である。党の運営のあり方、党員の倫理感、党員の道義心といったものが制度とともに改革されていなければならない〉

この教訓は、後藤田にとってつねに尺度になる考えとなった。共産党や公明党のような硬直した一枚岩の政党なら別だが、あらゆる考えを含む政党にとっては党員個々の倫理感と道義心の確立こそが問われるというのであった。選挙制度はハードとソフトの質の高さが重要だという教訓であった。

官房長官を辞めてから、後藤田は、自民党の選挙制度調査会長として独自に各国の制度を研究し、さまざまなケースを自ら考えながら研究してきた。後藤田は中選挙区に反対し、小選挙区を採用するべきだと言い、しかしこれだけでは死票も多くなるから、比例制を並用すべきであるという考えに固まっていった。

野党は、選挙制度に手を触れようとすると、自民党の多数独裁を目論《もくろ》むもの、と同じ批判をくり返す。小選挙区制は五一パーセントの得票で議席の八割を占めることも可能だ、といって政争の道具にする。しかし、後藤田に言わせれば、実は五一パーセントで全議席を占める事だってありうる制度だから、比例制を導入してバランスを保つよう工夫したというのである。

平成二年に日本は憲政百年を迎えた。この折り、国会議事堂前の尾崎記念会館（憲政記念館）で記念展示会が開かれた。ここには憲政百年の間に日本の議会政治に貢献した人物の業績や憲政史のさまざまな貴重な資料が展示されていた。展示期間中、見学者の説明には国会図書館の関係部門の専門家があたったが、この説明役を驚かせたのは、与野党を含めほとんどの代議士が見学に訪れることのなかったなかで、ひとりだけ三回も訪れた代議士がいたことだった。三回訪れた代議士とは、後藤田正晴だった。

後藤田は、大日本帝国憲法の成立のプロセス、とくに草案はどのようにしてつくられたのか、といった点に関心を示した。それだけでなく、日本の選挙制度の成立のプロセスを丹念にみて、そして的確な質問を発した。日本の選挙制度がほとんど欧米の模倣であることを確認し、その選挙区の地域割りなどがどうして決定されたのか、といったこまごました点まで質していった。実際に後藤田の説明にあたった専門家のひとりは、

「後藤田さんはほんとうに真剣に勉強しているという感じがしました。驚いたのは、まず最初にご自分ひとりでおみえになり、二回目には秘書の方を連れてきて見学されていったことです。そして三回目は奥様と一緒にこられて、近代日本の憲政史を真剣に研究していかれたことでした」

という。目にみえないところで後藤田は密かに研究をつづけていたのである。

昭和六十三年十二月、竹下登内閣は、リクルート事件後の政治不信を解消するために、あわせて政治資金のあり方や日ごろの選挙活動や選挙制度の改革などをめざして、党内に「政治改革委員会」を発足させた。竹下は、後藤田にこの委員会の委員長に就任するよう要請した。

竹下と会った後藤田は、

「これらのことはなかなか容易じゃないよ。難しい仕事だと思うよ。しかし、これは何としても実行しなきゃならないことだから」

と言った。竹下もこれにうなずいた。

この委員会は四十人で構成された。事務局長には左藤恵、次長に武村正義、森山真弓などが加わった。会長代行の塩川正十郎や副会長には梶山静六、粕谷茂など七人、顧問にも奥野誠亮など七人、つまり自民党は党をあげて政治改革に取り組むという姿勢を示した。しかし、その心中はそれぞれによって異なっていたのである。

政治改革委員会の委員長として後藤田は、積極的に動いた。啓蒙のため地方にもしばしば講演に出かけた。平成元年四月には、「政治改革断行には、まずリクルート事件のけじめをつけなければならない。司法のけじめはもちろんだが、政権担当政党の総裁、首相は自己批判し、国民にあやまらなければいけない」と言った。後藤田の舌鋒《ぜっぽう》はしだいに使命感を帯びたものになった。委員のなかには、こういう委員会の設置で表面をとりつくろえばいいとの考えの者もいたが、後藤田はそれを無視して講演して歩いた。

後藤田自身が次のように話している。

「私の言いたいのは選挙制度の改革だけではありませんよ、ということです。狙いは議会政治の活性化で、これが結果で、選挙制度改正というのは手段です、ということを言って歩いた。ところが、いきなり選挙制度といっても簡単にわからない、だから改正などしなくてもいい、腐敗防止さえすればいい、と言う者もいる。でもこれまでそれでは直ってこなかったではないか、と私は言うんだが、党内でもなかなかわかってもらえなかったときもあったね」

それでも平成元年五月二十三日に、この委員会は政治改革大綱をまとめた。一般には「後藤田ビジョン」といわれた。当面なすべきこととして、寄附規制の強化、政治資金の透明化、資産公開の拡大、などをあげ、中・長期には選挙制度の改革――衆議院の定数を四百七十一以下にして、格差を二倍以内にする。小選挙区・比例代表並立制へ移行する――を訴えた。わずか半年でここまでまとめたのは、後藤田とそれに同調する委員たちの力によった。

党内には、これはあくまで建前といった見方の声が相変わらず強かった。

しかしともかく、これが当面の活動の方向となった。実際にこの案を実行するために、新たに政治改革推進本部が設けられた。平成元年六月、辞任した竹下首相の後を継いだ宇野宗佑首相は、本部長に伊東正義を、本部長代理に後藤田を、党四役を副本部長に据えた。宇野は、自民党は政治改革に本格的に取り組むというかたちだけみせることを望んだのだ。事実、メンバーには改革反対派の議員も含まれていて、後藤田は二階にあげられ梯子《はしご》を外された、との噂もあった。自民党の大勢として、国民の政治不信を解消するためのみせかけという冷ややかな空気があったのに対し、後藤田や伊東は、このことに政治生命をかける意気込みと自覚を持っていた。

後藤田は政治改革をないがしろにする党内の空気に対し、「政治改革を掲げた党の姿勢を疑わせるような発言が党内から出ているのはきわめて遺憾だ。幹事長に注意するよう強く要請したい」と語ったこともある。それでも、党内では「自分たちはまもなく政界を引退するつもりだろうからいいだろうが、われわれにとって選挙制度をいじられるのは死活問題だ」という声も囁かれた。政治改革というスローガンは、口あたりはよくても、現実の政治にはそれほど魅力のあるテーマではなかったのだ。

とくに従来の自民党の体質に染まった代議士たちは、政権党であるという事実は何にも増して重く、その政権を支えている基盤――選挙制度にメスを入れることには内心では反対していた。そういう反対の声は、「伊東や後藤田は理想論に走りすぎている」という点に集約された。

政治改革推進本部は、その内部に政治改革委員会を設け、後藤田はその委員長となって実際には後藤田の考えをもとにその方向を模索することになった。

政治改革論議が理想論といわれながらも、しだいに現実味を帯びるのに、リクルート事件への批判が追い風となった。リクルートの贈賄工作は、これまでのようにあからさまな献金と異なって、上場前の未公開の株を自社系列の企業に融資をさせて買ってもらうという手のこんだ方法であった。平成元年は、この事件の内実が連日のようにメディアをにぎわせた。政治家が政治倫理を喪失している実態が、あからさまに国民の前に露呈してきたのだ。

後藤田はこの時期、全国を遊説して政治改革を訴え、選挙制度の改革を訴えたが、どこに行っても国民の怒りは深く、そして後藤田の演説に熱っぽく反応することに後藤田自身が驚かされた。後藤田は、「自民党の政治改革推進本部長代理という立場から言うのは物議をかもしかねないところもあるが……」と前置きして、

「リクルート事件をきっかけにして始まった政治改革というのは、金がかかりすぎる政治に対して国民の信頼もなくなったから改めようというわけです。政治改革の真の意味は、選挙制度を改革することによって、結果として、日本の政治の仕組が変わるということです。自民党の一党独裁という、いまのような政治状況では政治は変わらない。自民党は四十年近く政策的に貢献してきましたが、いまは少し疲労気味になっている。そ

れを政権交代によって正そうということなんです」

と持論を披瀝《ひれき》した。

後藤田の意見は、自民支持者、非自民支持者を問わずしだいに注目されるようになった。それは後藤田が意図して考えたわけではなかったが、その意見の中に具体的な内容が含まれていたからだ。日本のこのような政治の状況を変えるには、現在の中選挙区制度ではだめだ、二大政党時代を到来させることによって政権の交代を図らなければだめだ、小選挙区制を導入することによって懸案の課題は解決するはずだ、と断定的に発言するからであった。ここまで断定的に、そして建設的な提言をする議員はいなかった。

「議会制民主主義なんていったって、政権、政党の交代がなくて、正常な議会政治といえるかい」

と後藤田は誰に問われても断言するのだ。

その半面、このような政治状況になった因には、田中角栄以来の金権政治が拡大再生産され、行き着くところまでいきついた結果という面もある。田中の責任もまた重い。だが後藤田は、そのことに対して個別のケースをみるのではなく、日本全体の流れをみて考えていくべきだという意見のようでもあった。

竹下政権がリクルート事件の責任をとって退陣し、そのあとに竹下の推薦で誕生した宇野内閣は女性問題のスキャンダルでわずか二カ月で倒れた。ここではまた別の政治倫理が問われた。これも後藤田の論が受け入れられる素地を提供した。

昭和から平成に移ったとき、つまり昭和天皇が崩御したとき、後藤田は特別の要職に就いていなかった。後藤田の世代は、昭和天皇に対してどのような考えを持っているか、といえば、総じてその前の世代、そして大正末期からの世代とは異なる感覚を持っていた。現人神といった、神がかりの天皇論とは距離を置いていた。後藤田は昭和天皇の崩御には、「陛下のこれまでのご苦労に対しまして深い哀悼の意を表します」と言うにとどまった。

後藤田自身は職務上、なんどか天皇に直接会っていた。中曾根内閣の官房長官の折り、天皇に人事案件の説明をしたときに、「ところで官房長官というのはどういう仕事かね」と尋ねられ、その職務を説明したことが記憶に残っている。それ以前の警察庁長官のときにも会ったが、その折りは、天皇は警視総監と警察庁長官の区別ができないようで、両者の違いはどういうところにあるのか、と尋ねられていた。

後藤田は、昭和天皇の崩御によって、時代の様相が変わることも感じた。さらに一九九〇年(平成二年)からの東欧社会主義の崩壊、ソ連の解体と一連の社会主義体制が崩れていく様をみながら、これからの時代はあらゆる価値観の問い直しが始まることも予見した。後藤田が政治改革に大胆な発言をくり返すことになったのは、このような予感も背景にあった。

「社会主義が倒れたことについて、先生はどう思われますか」
と、後藤田はなんども問われてきた。そうした質問には、かつての治安の総帥として、あるいは共産主義に対して露骨な反撥を示していた官僚として、この事態をどうみるかというニュアンスがこめられていた。なかには、われわれの勝利です、といったニュアンスの後藤田の答えを期待する響きがこもっていた。

しかし後藤田は、そういうニュアンスを感じとると、とぼけた口調になり、
「僕が生きている時代にこのようなことが起こるとはとても考えられなかった」
と答えた。正直なところ、後藤田の素直な感想というのはそういうことでもあった。しかし、「思想はせいぜい百年、民族は数百年、宗教は二千年」という後藤田の信条からすれば、共産主義の耐久性は、ほぼ予想どおりということになる。

こうして、後藤田の胸中をさぐっていけば、内にあっては昭和天皇の崩御による国民の紐帯が変化し、外にあっては社会主義体制崩壊が始まるという内外の枠組が崩れる時代に、日本が政治変革を試みなければ、政治はますます空洞化し、国民の怒りは単に怒りとして内攻するのでなく、暴力的な方向にむかうという、後藤田なりの危惧と判断があったに違いなかった。

日本が道を誤ってはならぬという思いは、ＰＫＯ論議の折りにもあらわれた。

対イラクの湾岸戦争に、日本はアメリカの要求に応えて九十億ドルの支援を行なった。

もともとアメリカは、日本の自衛隊も多国籍軍に加わり、後方輸送などで協力するように求めてきた。自衛隊を派遣しようとの声が外務省や政府の中からもあがった。しかし、後藤田は、

「多国籍軍といっても国連軍ではないではないか。近代戦争では、後方も前線もない。通信だの輸送だのといっても、そんな区別はできない。そういうのは戦争参加だ。賛成はできない」

と主張した。結局日本は、アメリカの要求していた人的支援を拒否して、経済支援で事態をのりきることになったが、このときから国内でも、日本も汗を流して国際貢献をしなければならないという論が起こった。しかし、後藤田はあくまで日本は青年の血を流すことはない、経済支援でいいのだ、とくり返した。アメリカの言い分に対して、後藤田の胸中にあったのは、

〈いまさら何を言うか。こういう憲法をわれわれに要求したのはそちらではないか。われわれはわれわれでこれを守っているのだ。それがなぜ悪いか〉

というつぶやきではなかったか。むろん後藤田はこのような意見を直接口にはしなかった。その代わりに、日本はいかなることがあっても血を流すことはない、自衛隊はそのようになっていない、という論で応えた。しかし同時に、「純粋な国連の平和維持活動（PKO）については賛成である」とつけ加えた。

ＰＫＯという語を日本で最初に持ちだしたのは、実は後藤田であった。平成二年九月の自民党総務会には、外務大臣を始め外務省や防衛庁の局長たちも出席していた。多国籍軍への人的派遣が総務会の検討議題になっていた。アメリカとの関係で人的派遣を望んでいる官僚たちを前にして後藤田は、

「君らの言う国際協力というのは、ＰＫＯなのか。それなら私も認めないではない」

と発言した。後藤田はこのときすでにＰＫＯについて具体的に検討し、詳しい知識を貯えていた。後藤田のもとに東大法学部教授の研究室からＰＫＯに関する資料が届き、それをもとに研究をつづけていたのだ。そして、日本が将来国際社会の人的貢献を求められたら、ＰＫＯという道があると気づいていた。ＰＫＯは、双方の交戦国が停戦したときに参加し、その停戦状態を中立の立場で拡大し、平和維持を図っていくという部隊である。国連憲章には規定されていないが、その権限はすべて国連の総会が握っている。

多国籍軍は、国連軍ではないし、また交戦国の片方に与《くみ》するという意味を持っている。

後藤田はＰＫＯを詳しく知るために、すでに昭和六十三年秋に、ＰＫＯで活躍しているスウェーデンに視察にも出かけていた。スウェーデンがＰＫＯで貢献しているのには背景があった。第二次世界大戦でこの国は中立を守り、ドイツの攻撃を受けなかった。隣国ノルウェーまであれほどの被害を受けたときに、中立を守って無傷だったというのがこの国の負い目になっていた。そこで戦後は積極的にＰＫＯに協力することになった

のだ。

スウェーデンのPKOの隊員は志願制であった。現職の国防軍の兵士が司令官と交渉して、「私はPKOに行きます」と申し出る。その間、国防軍の籍ははなれるが、国民皆兵のこの国では、PKOの期間は兵役についたのと同じ扱いになるという優遇措置が講じられていた。後藤田は、ストックホルムで街に出て、青年に意見を聞いてみた。

「私の人生に何の関係もないところに二年間行ってくるんです」と言う。優遇措置を求めて入隊するが、やはり考えれば辛いことだというのであった。

スウェーデンの国防軍は将校と兵士だけで、下士官はいない。PKOの隊員が志願制であるのは、中立国だから軍隊として外国に出ることはできない。そこで外国に出るためにはいったん軍籍をはなれた形で志願制にしているのであった。

後藤田にとってこういう形なら、充分うなずけることだった。もし日本も将来、PKOに参加する事態が生起したなら、こういう形がいい、と思って帰国したといういきさつがあった。

自民党総務会で、PKOなら参加を認める、と言ったのは、多国籍軍に加わるよりはまだ日本の国是に沿うと思ったからであった。

外務省の幹部は、

「はい、これはPKOです」

と答えた。後藤田は、この幹部がＰＫＯの何たるかを充分理解しないで答えているように思ったが、その場ではひとまず納得した。

宇野内閣のあとに誕生した海部俊樹内閣は、国際的貢献の名のもとに、日本も国連の停戦活動に協力すべきだという主張を掲げた。政治の運営は竹下派、具体的政策は官僚に任せるというこの内閣は、風の吹く側に揺れる頼りない内閣であった。党内基盤が弱いという宿命を負っていたにせよ、この内閣は、にこにこ顔で何でもやりかねない内閣でもあった。

国連平和維持活動協力法案（ＰＫＯ法案）は、竹下派の小沢一郎らによって提唱され、やがて自民党の総意となり、民社党や公明党までも引き込んだ。この法案が提唱されたときから後藤田は、独自の意見を吐きつづけた。平成二年の暮れに、後藤田は、日本は国際的環境のなかで何もしないというわけではない、だが問題はその手段にある、軍事での協力は一切すべきでない、と説いた。当時の後藤田の発言は、論理が一貫していた。たとえば、次のような意見を吐いた。

「よく憲法を守りさえすれば国はなくなってもいいのか、とそんな愚かな議論を持ちだす人がおるんだな。そうじゃないんで、憲法というのはもちろん国のためにある。しかし現在、国の将来を考えた場合、やはりいまの憲法で定まっている平和主義を守っていくことが、これから先の日本にとっても、国民にとっても、賢明な道ではないか、と考えている」

「軍事力を強化することによって、それが強国のあらわれだなんていう考え方は、かえって逆なんじゃないか。武力を持っている国が、現在でも強国ですよ。その意味においては日本は強国じゃない。だけど、その強国への道が武力だけであったという時代は、もうだんだん変わってきているのではないか。経済力というものが大きな力になってきつつある。そのへんの変化もやっぱりみなきゃいけないんじゃないか」

「国連協力といっても、平和主義に立つ日本の国是をきちんと守ったうえで最大限やればいい。そうなると、むしろ私が言いたいのは、国連の平和維持活動（ＰＫＯ）への参加ですね。これなら人も物も金も出したらいい」

後藤田は、いかなる形にせよ軍事要員の海外派遣、そして武力行使には反対というのであった。これはむしろ社会党などよりもはっきりとしていた。ある評論家が、後藤田氏は社会党の委員長になればいい、と皮肉ったほどだった。だが後藤田と社会党のもっとも大きな違いは、戦後の歴史を言論だけでしかつくりえなかった社会党に対し――つまり戦後社会に何ひとつ「事実」というものをつくりだせなかったということだが――後藤田はその行動において「事実」をつくり、それを現実社会に定着させてきたことだった。それゆえに、後藤田の発言は重みを持った。

ＰＫＯ法案の審議は、衆議院でも難航した。当初は外務大臣も、外務省当局も、細部になると混乱した答弁をくり返した。国際貢献をするという旗を掲げたものの、あとはそれの辻褄合《つじつまあ》わせをしているからだった。後藤田の述懐である。

「海部内閣であの法案が出て、さあ前線、後方の区別をしてみろとか、危ないところには行かないなら、どこまで行くんだ、という質問にまったく支離滅裂な答弁しかできなかった。それで廃案になった。あれでは廃案になって当然だ、と私は思いましたね」

その後、ＰＫＯ法案は再度、上程され、海部内閣につづく宮沢喜一内閣になって成立した。平成三年十二月のことだった。後藤田は、国内法の改正を行なったうえでという前提でなら認めるとして、この経緯を見守った。その折り、以前の総務会で後藤田の質問に答えた外務省幹部が、後藤田のもとにやってきて国内法の改正を説明していったが、後藤田は、かつてのやりとりを確かめてみた。

「自民党の総務会で、僕がＰＫＯだろうな、と言ったら、君は、はいそうです、と答えたな」

「はい、そのとおりです」

「あのときＰＫＯを知っていたのか、知らなかったのか、それとも嘘をついたのか、どれだ」

「まことに申しわけなかったのですが、主管局は別として、ＰＫＯというのは私どもにはわからなかったのです」

後藤田は、ＰＫＯについて当時は外務省も詳細には調べていなかった、ということがわかった。この幹部の答えも、それを正直にあらわしていた。後藤田は、ＰＫＦもＰＫＯの中の一形態だ、ＰＫＦは自衛のためには武力行使を認めている、だから一口にＰＫＯといっても問題があるよ、と念をおした。

自衛隊の装備や人員を動かすにあたっては、既存の法律を拡大解釈してなし崩しに合理化させることに、後藤田は反対した。どんなささいなことでも、法律改正および立法措置をとることなしに行なってはいけないというのであった。湾岸戦争の折りに、国際協力の一環としてクウェートからカイロまで難民を輸送するという案が検討されたことがあった。その場合、自衛隊の飛行機を使うという案が出た。後藤田は、ほかに手段がないなら、それも仕方ないが、しかしその前に日本の自衛隊法を改正しなければいけない、それなしに小手先で事態をのりきろうとしてはだめだ、と主張した。

それを、当時の幹事長の小沢一郎は現行法を拡大解釈して行なおうとした。自衛隊法の第一〇〇条の五に「国賓等の輸送は自衛隊機を使用させていい」という条項がある。この条項が加えられたのは、昭和六十年代にはいってからのことで、その審議の過程で、当時の防衛庁の官房長は、「在留邦人が危機に瀕したときにも適用されるのか」という質問に対して、「これは国賓クラスに限るから適用されません」と国会答弁をしていたのだ。それなのに法改正もせず、今回それを適用しようとしている。

「なぜ今回はやるのか」

と後藤田が政府筋に質すと、「急ぐから」という回答が返ってきた。内閣法制局は、緊急ということでやれる、という解釈を示した。後藤田は、これを聞いて、「そんな馬鹿な法律解釈がどこにあるか」と工藤敦夫法制局長官に強く抗議をした。結局、自衛隊機は派遣しないですんだが、後藤田は、このような小手先の法律の拡大解釈を許すべきではない、というのであった。

自衛隊の艦船が戦争終了後にペルシャ湾に機雷の掃海に出た。後藤田は、これはイラン・イラク戦争時と違って、戦争終結後だから認めると言いつつ、自衛隊法の第九九条で行なおうとした点もきびしく批判した。

第九九条は、太平洋戦争中にアメリカ軍が日本の港などを機雷で封鎖したのを戦後になって日本とアメリカが話し合って除去し、安全宣言をしたのだが、そのときに海上自衛隊による掃海作業ができるようにつくられた法律であった。あくまで日本近海が前提になっている。

「どうしてペルシャ湾が日本の近海なのかということです。VIPの輸送を難民救済に使おうとしたのと同じことで、とにかくショートカットでやりたがる。どうしてまず堂々と法律改正をしないんだ。僕は法律改正は認めているんです。このショートカットのなし崩しというのが、もっとも危険なんだ、そういうやり方をしていくと、ついには歯止めがかからなくなる」

私の取材でも、後藤田はこのことに話が及ぶと、眉をしかめて話すのであった。

ＰＫＯ法案が成立する前後、後藤田は、丸腰で停戦交渉に行くならいい、その場合も自衛隊の三佐か一尉以上にすべきで、まったく自衛隊を送るな、というのではない、そこが社会党と違うところだ、とも言った。カンボジアにＰＫＯを出す、つまりアジアに最初にＰＫＯを出すというのはあまりにも無神経すぎるという意見も述べた。さらに、ＰＫＯに自衛隊を派遣する場合は不測の事態発生の危険性もあるので、派遣命令は国会の事前承認を必要とすべきだ、とも述べた。

後藤田は戦争を知らない世代に、戦争の悲惨さを知っているか、あの悲惨さはくり返してはいけないのだ、と説きつづけていた。

平成三年十二月二十三日、ＰＫＯ法案は衆議院を通過した。後藤田は本会議には出席せず、議員会館の自室で終日を過ごした。後藤田にとってそれが自分なりの意思表示であった。そして、一日中機嫌がよくなかった。「国益」の名のもとにＰＫＯ法案を推進した、太平洋戦争を直接には体験していない世代の代議士と一線を劃すようになるのは、このときからであった。

当初の海部内閣は、政治改革推進本部のまとめた政治改革法案を通過させることにまったく無力であった。口では政治改革を唱えながら、その実、党内の守旧派ともいうべき政治改革に消極的なグループにふりまわされ、リーダーシップを発揮できなかった。そして、事態を放置したままで、「政治責任をとります」と言って退陣した。

伊東正義や後藤田はこのとき、約束したことは守るよう詰めよったが、この首相はそれも実行できずに倒れた。そのあとに自民党総裁公選で総裁に選ばれた宮沢喜一も、政治改革には情熱を傾けると約束していた。後藤田は、宮沢のその言に新たな希望を託すことにした。

宮沢は、「九増十減」の衆議院定数是正の緊急改革案は野党と話をつけて、衆議院を通過させるなど、初めは「一身を捧げて政治改革にあたる」という意気込みをみせていた。

平成四年十二月十日、後藤田は、伊東とともに宮沢に会って、政治改革推進本部がまとめた答申を手渡した。「これを実現の方向にむけて努力してください」という後藤田の言に、宮沢は、

「わかりました。私の手で必ずやりますよ」

と答えた。後藤田は、そのあとの記者会見で、「政治改革では、ニューリーダーの三派閥の中に横断的な反対派のグループがあった。宮沢さん自身は重い腰をあげたが、そういうグループにとり囲まれているから大変だよ。でもこれをやらなければ、自民党は

「地獄に落ちるんだよ。なんとか目鼻をつけてほしいものだ」と語った。後藤田は宮沢からいろいろな相談を受けていることもにおわせた。

この答申は、政治改革そのものに対する基本的な精神を導入部とし、そのためにどのような改革が必要かを訴えていた。導入部には後藤田哲学とも言うべき表現が幾つか並んでいた。

「政治の透明化は国民の信頼を得る第一歩である。さらにいま政治は何世紀に一度という転換点にあって国民意思の的確な集約を図り、機敏に政策を立案し実行する歴史的責務を負っている」「歴史上、今日ほどわれわれ政治家は国家国民のため自らの責務を全力ではたすべき時をむかえたことはない。われわれはいま立党時にもまさる熱意をもって、国民の視点をわが視点とし勇気ある改革者の神髄を発揮していく決意である」

政治の原点に立ち返ったような意気込みにあふれていて、政治改革推進本部に集まったメンバーの何人かは、ここに盛られた表現に沿って今後の政治活動を進めることを誓い合った。改革派の議員、たとえば事務局長の武村正義などは、後藤田の考えに共鳴して改めて政治家としての初心に戻るという気構えを持ったようであった。

のちにこの改革派の議員が自民党を割ってとび出るのは、ここに書かれた精神に沿っての行動ともいえる。そうした折り、後藤田は彼らの行動を理解できるとも洩らした。

後藤田は、政治改革推進本部の答申をまとめたのを機に、政界引退のプログラム作りを始めていた。老齢であること、健康に自信がなくなりつつあること、それに自らの政治家としての責務も政治改革の路線を敷くことで果たされる、といったことを考え併せての引退の決意であった。

秘書の河野保夫とともに、そのための準備にはいった。平成五年九月には徳島県の知事選挙があるが、それには三選を終えた三木申三にかえて、中央官庁から徳島県出身の官僚をつれていき、中央との連絡を密にするという計画も含まれていた。また自分の後継者には、知事だった三木をあてるという案を持っていた。

次の総選挙は平成五年十一月になるだろうから、そこで引退するというスケジュールであった。後藤田の引退の決意は、河野のほかにわずかの親しい後援者にだけ伝えられていた。

ところが、この計画が根本から揺らいでしまう出来事が起こった。政治改革推進本部の答申を宮沢に手渡した翌日（十二月十一日）の夕方、第二次改造内閣の人事を進めていた宮沢から、議員会館の後藤田の部屋に電話がはいった。「法務大臣を引き受けていただきたいのですが」というのであった。

後藤田は「もうこの年になると疲れますので……」と断ったが、宮沢はあきらめなかった。宮沢の依頼に、後藤田はついに承知した。ほかの大臣のポストを要請されるなら、法務大臣に就任したほうがいい、と瞬間的に決断したのである。閣僚人事の裏側にはどういう理由があったかははっきりしないが、後藤田は、このポストを引き受けると決断するにあたって政治改革という大義を実行する、つまり法律上のレールを敷くとの判断もあったに違いなかった。

こうして平成四年十二月十二日、宮沢改造内閣に後藤田は法相として入閣した。宮沢は後藤田を入閣させることで、内閣に重みを与えようとしたのだといわれた。後藤田もまたそれを理解していた。と同時に、この内閣の手で、自らが絵にえがいてきた政治改革を実行させたかったのだ。後藤田自身、「お国への最後の御奉公」と周囲に洩らした。

後藤田は法務大臣の執務室で法務省の幹部に、検察行政をもっと国民に知ってもらうためにPRせよ、法務と検察行政の信頼を回復せよと命じ、さらに検察の人事の刷新もにおわせた。後藤田にとって、すべてが政治改革実現の道につながっていた。

平成四年八月に明らかになった佐川急便から金丸への五億円献金をめぐって、それが罰金二十万円で済まさなければならなかったという検察側の法解釈に、国民の批判は殺到していたが、後藤田は、「現行法規ではここまでしかできない」ということも明確に述べた。つまり、法律での解釈と感情とは別のものであることを説く一方、事件を解明するには証人喚問を相ついで行なうのも当然だ、とも示唆した。

宮沢内閣は、竹下が佐川急便やそれにまつわる右翼との関わりで疑念を持たれ、政治力を失うにつれ、竹下支配から脱却することができた。中曾根が田中が病いで倒れたあとに主導権を持つようになったのと同じであった。そして宮沢内閣は、官房長官の河野洋平と後藤田が要に座ることになった。しかし、密かに引退を決意している後藤田にとっては、政治的な実権を握ることよりも、いかに自らの政治理念をこの内閣の業績として刻んでいくかのほうに比重がかかっていた。いまや後藤田には一切のタブーがなかった。

法務省での訓示では、国民の検察批判には耳を傾け、改めるべきところは改めて法秩序の信頼を維持すべきである、と説いた。平成五年にはいると、後藤田は、「実務肌の者が遠ざけられているので正したほうがいい」という方針で、検察人事に手をつけた。ロッキード事件で田中逮捕を進めた吉永祐介大阪高等検察検事長を東京高等検察検事長に呼び戻したりもした。後藤田に言わせると、「京大閥ができあがっているというけれど、それはちょうど有力なポストに就く者の採用時に京大出が多く、東大出が極端に少なかっただけにすぎない」。そういう学閥人事などあり得ないし、自分はするつもりもないというのであった。

竹下内閣時代には、法務省の幹部は経世会の有力議員に近づいて、懸案事項の政治的解決を図ってきた。そのため法務、検察の人事は、この十年ほど捜査重視より政治重視になっていた。検察の人事も法務省にまわらなければポストがあがらないといわれるようになっていた。それは法務行政と政治家人脈に詳しい法務、検察官僚が幅をきかすという意味でもあった。現に、東京地検特捜部で捜査畑を歩いてきた実務肌の吉永や山口悠介、松田昇、石川達紘などは、地方に出されていた。これまでの検察人事は、ほとんど法務省の大臣官房や人事課が行なっていて、法務大臣が口を挟むことはなかった。経世会系の大臣はそのことで法務省内の閉鎖的な空気をつくっていたのである。

後藤田が初の訓示で世論に耳を傾けよ、と言ったのは、それを打破するという意味であった。後藤田は捜査畑で地方に出ている検事正を次々に東京に戻した。中央で彼らに存分に力を発揮させようとしたのだ。吉永を補佐する東京地検検事正には北島敬介、東京地検特捜部長には宗像《むなかた》紀夫という布陣を敷いた。佐川事件を充分に摘発できなかった弱体さを克服して、新たな汚職摘発を行なうとの意思があるように思えた。

平成五年三月六日、東京地検は金丸信を脱税の容疑で逮捕した。後藤田の人事で動いた検事たちの働きであった。これは法務大臣の諒解もあってのことだったが、後藤田はこの間にどのような決断をしたかは、口にすることはない。たとえかつての僚友であろうと、法に触れ、政治の道義を崩す者は容赦しないとの後藤田の強い意気込みが窺えた。この逮捕の報告を事前に受けたときに、国会内の一室で誰も寄せつけず、ひとりで考え込むような姿勢で椅子に座っていたという。政治改革という大義名分、この時代を何としても変革するのだという強い意思と自らの心情との葛藤を、胸の内におさえこんでいたのかもしれない。その後は、ゼネコン汚職の摘発がつづき、仙台市長、茨城県知事が逮捕された。

三月二十六日、後藤田は、歴代の法務大臣が責任を回避して印を捺さなかった死刑囚の執行も進めた。死刑反対論者の反対論に対して、後藤田の答えは明快であった。

「厳然と死刑という制度が存在し、それを国民も認めている段階で法秩序を守るために適正な法的手続きをとるのは、三権分立からいっても当然なことである。これまでの法務大臣が捺さなかったというのにはさまざまな理由があろうが、逆にこういう手続きをとれないというのなら、初めから法務大臣を引き受けるべきではない」

後藤田の論には筋がとおっていた。

後藤田のもとには、アムネスティの日本代表や死刑反対論者が声高に抗議にやってきた。そういう抗議の声とは逆に、抗議の投書や電話は極端に少なかった。後藤田は、国民の七割はまだ死刑存続を望んでいると確信した。それに、なにより死刑囚の被害者の遺族から、切々とした文面の手紙が届いた。これには、もし法律が裁かなければ遺族が裁きたいという意味のことが書かれていて、死刑反対論者のエキセントリックな声を凌駕する苦痛がにじみ出ていた。

死刑執行の書に印を捺すか、と後藤田は就任時に記者に問われたときに、「確定している者の執行は法務の仕事に携わる者として大事にしないと法秩序そのものがおかしくなる」と明言していた。それは、ＰＫＯ問題のとき、法改正や立法措置なしに法の拡大解釈で自衛隊を安易に使おうとする議論に終始反対しつづけた姿勢と軌を一にするものであった。

歴代の法務大臣の署名しないことがあたかも人間的であるかのような論は確かに歪んでいて、後藤田の言うとおり、そのような者は法務大臣になるべきではないし、このようなことに印を捺すということを知らなかったというなら、知った段階で辞任すべきという論が的を射ているように思うのだ。後藤田にとって、この国では法体系の運用と感情やムードが渾然となっているのが不満であった。そういうことがつづけば、次代には法治国家としての基盤がゆらぐと危惧した。

ＰＫＯ法にもとづいてカンボジアに赴いた文民警察官が、ポル・ポト派の攻撃によって殺害された。そのとき閣僚のなかには、感情論で引き揚げを主張したり、同情論を吐いて逃げる者もあった。その折りも後藤田は、

「お亡くなりになった方には、まことにお気の毒であった。しかし、犠牲者が出るということは起こりうることでもあった」

と語った。安易なヒューマニズムに与《くみ》すれば、後藤田の発言は冷たく聞こえ、そして冷酷な官僚政治家の弁にも聞こえた。事実、そのような指摘もあった。だが、ＰＫＯに関しては、はっきりした立法措置を主張し、その危険性をもっとも明確に指摘していた

のは後藤田だったのである。後藤田にすれば、本来このような地に派遣すると決めて、それを行なった以上、こういう事態は起こりうると覚悟していなければならないことだった。後藤田は、犠牲者に対する自らの個人的感情とは別に、そうした論がこの社会では表だって口にできない、という状況に一石を投じようとの考えもあった。

平成五年四月、後藤田は宮沢から要請されて副総理のポストに就いた。宮沢が政治改革に意欲を示す意思表示であった。五月、六月、宮沢内閣につきつけられたのは、政治改革関連の議員立法の法案をとおせという改革派——彼らは「政治改革を実現する若手議員の会」を結成し、後藤田を顧問に据えていた——と、それに反対する一派との対立であった。党三役は後者に属していた。宮沢は彼らに日一日と追いこまれた。政治改革法案というのは、宮沢追い落としの権力闘争と化していった。

後藤田はこの期に内閣副総理として、政治改革を進める側にあった。だが法案は、政府提出ではなく、自民党の議員立法であるという理由で、表だっては動かなかったが、密かに幹事長の梶山静六に会って法案を成立させるよう説得したし、中曾根康弘に会って根回しもした。中曾根には、宮沢に協力するようにも迫った。しかし、当の中曾根もこうした改革には消極的であった。後藤田のもとを改革派の議員が訪れては、この法案をどうしてもとおさねば政治改革はできない、宮沢総理はどうして決断しないのだ、と嘆いた。後藤田も同感であった。彼らが激怒するのも当然だと思っていた。

宮沢はリーダーシップを発揮できずに追いこまれていった。後藤田は、その優柔不断さに苛立たしい思いをしながら党内を説得した。後藤田のみるところ、この首相は土壇場になると迷いが出て、結局、打つ手が後手にまわるのだと改めて感じた。

「ここまできたら決断することです」

と後藤田が進言することはあった。しかし、宮沢は、梶山から「後藤田の考えで行くのか、われわれ党三役の考えで行くのか」と詰めよられ、渋々と後者の考えで行くと言ったりもした。さらに後藤田は、

「事ここにいたっては、とにかく党議で決定した単純小選挙区制を衆議院で採決してしまいましょう。野党は反対するだろうが、それを押し切って参議院に送ればいい。そして会期延長をすればいい。野党だって衆議院の土俵に関する法案を参議院でつぶすというわけにはいくまい。まずは会期延長を図ることです」

と会期延長以外とるべき方法のないことを助言した。後藤田は、宮沢に対してそのための強いリーダーシップを求めた。だが宮沢は、相変わらず党の三役にふりまわされ、そして追い詰められていった。事態は袋小路にはいったままの状態になった。

六月十五日、後藤田は法務省で記者会見を行ない、もし政治改革法案が見送られることになれば、「それは宮沢総理にも責任がある」と断言した。その発言は、宮沢が守旧派の梶山静六、佐藤孝行、三塚博などにふりまわされつづけることへの苛立ちの表明で

もあった。

この日、自民党の「政治改革を実現する若手議員の会」のメンバーは、自民党本部で決起集会を開いて、「このままでは国民に嘘をついたことになる」と激しく執行部を批判していた。後藤田は、こういう若手代議士のシンボル的存在であった。後藤田のもとには、若手代議士が面会を求めてきては、「先生、なんとか法案をとおすように尽力してください」と言った。後藤田はむしろ彼らを励ます側でもあった。

平成五年六月十八日、野党の提出した内閣不信任案は、自民党内の小沢・羽田グループの賛成投票を含めて賛成二百五十五票、反対二百二十票で可決された。後藤田は本会議の閣僚席に座りながら、このような事態になるという予感が当たったことを確かめていた。これは歴史的な日なのだろう、しかしこんな形になろうとは、とも思った。

後藤田の胸中に自らの役割が終わったなあ、自分が関わる時代は終わったなあ、というつぶやきが広がった。そのつぶやきを、後藤田は少しずつ自分の身体の中に広げていった。

この日の夜、首相官邸に赴いた後藤田は、前夜に毛筆で認《したた》めた「副総理と法務大臣の辞職願い」を密かに宮沢に差しだした。政治改革法案不成立に対する国民への責任をとるという後藤田自身のケジメであった。

宮沢は驚き、それを受理することを拒んだ。「それではこの内閣はつぶれてしまう」と言った。そうなると、七月初旬に開かれる東京サミットという国際責任を果たす内閣の受け皿が不在という事態になる。

やむなく後藤田は、辞表を背広の内ポケットに納めた。

終章　幻の「後藤田内閣」

平成五年の夏は例年の夏と異なっていた。「自然」がその粗野な素顔をあらわした夏であった。

七月十二日には、北海道南西沖でマグニチュード七・八の地震が起こった。北海道の奥尻島はこの地震の直撃を受け、家屋倒壊、火災、そして十メートルもの津波の襲来で南端の町は崩壊した。死者、行方不明者を合わせて約二百人の犠牲者が出た。日本海沿岸には津波警報が出される事態となった。

七月下旬には梅雨が明けるはずなのに、いつまでも梅雨前線が日本の上空に張りついていた。八月にはいっても梅雨は明けず、いつもの夏のあの暑さは訪れなかった。むしろその前線に呼び出されるように、台風が二度、三度と西日本を襲った。鹿児島県では、土砂崩れや河川の氾濫があり、そのために百人を超える人びとが命を喪《うしな》うことになった。四十年ぶりという冷夏、そして地震、津波、台風といった「自然」の素顔は、この年の変化を窺わせる象徴であった。

そういう異変に呼応するように、日本の政治も変わった。五五年体制以来、三十八年間つづいてきた一党支配の政治体制の舞台が一転したのである。後藤田はその変化の渦中でどのように動いたのだろうか。

もしあの六月十八日の政変がなければ、後藤田は甥が経営する病院に入院することになっていた。六月二十二日から二週間の予定で入院のための日程もつくり、ベッドも用意されていた。東大医学部を出た甥が理事長を務める病院は、彼の同窓生などが勤務していて、とくに吉田院長は、後藤田が内臓疾患を起こしたときに治療にあたる医師でもあり、後藤田はこの病院に絶大の信頼をおいていたのである。

血糖値が三百以上になったのも、法相としての激務、それにまもなく七十九歳になる年齢からくる体力の衰えなどのためであった。糖尿病には自制のとれた生活が必要であったが、後藤田は、法相に就任してからの半年間、その職務に没頭したために、体調は少しずつ悪化したのだ。加えて、政治改革法案をめぐる党内抗争でも、改革派の意向を受けて、俗に守旧派といわれた党三役や中曾根元首相にも会って、この政治状況を正すには、政治改革法案を成立させることが第一であり、そのために宮沢首相を助ける以外にないのだ、と説いた。

後藤田の体調を見守りつづけた医師は、

「糖尿病の症状としては、中の下、といったところだから、まずは二週間ほど安静の生活をしてほしい」

と忠告した。後藤田もそれに応じて骨休めするつもりだった。しかし、六月十八日に宮沢内閣の不信任案が成立し、解散となって事態は一変した。法相就任以前から想定していた政界引退の時期を、十一月からこの機会にくりあげようと考えた。

翌十九日、後藤田は徳島に行った。そして「私の行動にフリーハンドをもらいたい」と、後援会の幹部会に図った。幹部会は、「とんでもない。先生にいま辞められたら、徳島はどうなるのか」「先生は徳島に戻らなくても当選するようにするから、つづけてほしい」という声で満ちた。結論をみないまま帰京すると、幹部が数人議員会館まで駆けつけてきて、膝づめ談判をくり返した。

「しばらく考える時間がほしい」

と後藤田は答えた。

毎日、医師の診断を仰いでいた。医師はドクターストップをかける寸前だというのであった。疲労をとらなければ倒れてしまう、ともいうのであった。毎日、薬を服用すること、さらに糖尿病が進めばインシュリンを注射しなければならない、とも忠告した。

後藤田をとりまく政府、自民党周辺にはそのような事実は伏せられた。内閣不信任案の可決後、自民党が割れ、羽田孜や小沢一郎、渡部恒三ら三十六人は自民党を脱党し、新生党をつくった。このグループには、後藤田は関心を示さなかった。これまで竹下派がいかに党内汚染の因になっていたか、を思えば、彼らの脱党は、それはそれで仕方のないことであった。羽田は政治改革に情熱を懸けているという一点では、後藤田のお眼鏡にかなっていたが、乱世にむくか否かにはいささかの疑問を持っていた。小沢の政治改革への熱意や政治力には、高い評価を与えていた。だが後藤田にすれば、長幼の礼節に欠けること、憲法論議に不安な面があることなどで、危惧の念をいだくようになっていた。とりわけ小沢と創価学会・公明党との関係については不信感をつのらせていた。両者の関係がいずれ日本の政治を歪めることになりかねないと考えている節も窺えた。

政治改革の旗手のひとりでもあった武村正義は、後藤田を慕っていたし、後藤田もまたその政治姿勢に目をかけていた。自治省出身の肌合いも後藤田にはむいていた。

「先生、ぜひわれわれを指導していただきたいのです」

武村とそのグループは、後藤田に執拗に迫った。だが後藤田は、副総裁として、閣僚として、七月上旬の東京サミットを成功させることに、意をそそいでいた。東京サミットの成功を妨害するような行動に出るつもりはなかった。彼らの脱党も辞さないという意気込みに、後藤田は内心では共鳴を覚えていた。私の取材の折りにも、「新党さきがけの十人は、いずれも有能な連中だよ。彼らは相応の政治家になると思う」と言って、その行動を理解しているといったニュアンスを隠さなかった。

脱党した小沢・羽田グループは「新生党」を結成し、武村も「新党さきがけ」をつくり、それに細川護熙の「日本新党」も六十人余の立候補者をたて、総選挙後の政局は「自民か非自民か」、といった論議がテレビや新聞をさわがした。

後藤田首班であれば、自民側と非自民側のどちらでも政権が可能だという空気ができつつあった。後藤田のもとにはテレビ出演や取材が殺到した。後藤田はその種の取材には、「私は自民党員であり、副総理という立場にいる。閣僚でもある。発言は自由ではない」と断りつづけた。

この間にも後藤田への後援会幹部の説得が密かにつづけられた。

「先生、辞めないでほしい」

後藤田は、実は甥の社会党代議士井上普方《ひろのり》とも、「おいこんどでもう辞めような」と話し合っていた。井上は九期、社会党の代議士をつづけていて、社会党では長老格になっていたが、社会党の現状について半ば絶望に近い感情を持っていた。しかし、総選挙が予想外の形で行なわれることになったため、出馬せざるを得ない状態になった。

後藤田は二人の息子を後継にする意思はなかった。二人とも平凡なサラリーマンで、政治には関心を示さなかった。周辺では二人の息子のいずれか、あるいは女婿のやはりサラリーマンを推す声もあったが、当人たちにその気はなく、後藤田も強力に後継者になるよう説得はしなかった。

後援会の度かさなる説得に、やむを得ず後藤田はもう一期だけという条件をつけて出馬に踏み切ることになった。それにはふたつの役割があり、それを果たすのが、自らのもう一期だけの務めである、と後藤田は割りきったのだ。

そのふたつとは、後藤田に言わせると次のようなことだった。

「私が当選しても、こんどはふたつしか約束しませんよ、と言ったんだ。ひとつは、政治改革について私は政府内でも党でもやるべき努力はし尽くした、だから党内的にはその責任は果たしたと思う。だけど国民に対しては、あまりにも無責任な形になった。国民には申しわけないと詫びたい。政治改革にかけるチャンスをもう一度与えてもらう。もうひとつは、九月の徳島県の新知事の誕生とそれが軌道にのるまではお手伝いをする、このふたつだけは約束するということで諒解が得られたんだ」

後援会の幹部も渋々ながらこれを納得した。だが後援会員のなかには、「後藤田新総理」を望む声も多かった。三木内閣以来の、郷土からの首相誕生という期待が高まった。後藤田の故郷の美郷村の元村長矢西保によると、

「先生を首相に、ぜひとも首相に、とわれわれは張り切りましたよ。国民に申しわけないというのは、首相になって政治改革を行なう以外にないということですから……」という見方が、県内に広まっていたというのであった。

七月四日の公示以後、後藤田陣営は燃えた。後藤田の当選は当然であったが、できるだけ票を上積みしようと支援者は県内を走りまわった。

後藤田は乞われるままに、自民党内の改革派の代議士の応援演説に出むいた。東北地方、九州にと糖尿病を抑える薬を持っては赴いた。なんとしても次期内閣では、政治改革をやりとげるつもりだ、と檄をとばした。後藤田には、国民は、腐敗のつづく政治状況にうんざりしているのがわかった。もしここで政治改革を行なわなければ、それこそ「自民党は地獄をみる」という感があったのである。

七月八日、後藤田は夫人の侑子とともに東京サミットに出席した各国の要人を招いての宮中晩餐会に出席した。後藤田はアマコスト米国大使や河野洋平、中曾根康弘らと談笑を交わした。当時の新聞報道によれば、別に身体の具合が悪い様子はなかったという。午後十時半に広尾のマンションに戻った。しばらく侑子と雑談を交わしたり、電話に出て記者の質問に答えていた。

午後十一時すぎ、疲労からくる体調の悪さを訴えた。そこで一一九番を呼ぶことになった。後藤田によれば、肉体的な疲労が限界に達していたのだろう、ということだった。救急車を呼び、初めは日赤医療センターにはこばれ内診を受けたが、脈や血圧、呼吸に異状がみられた。しかし、医師団からは表向き異状はないと発表された。

九日未明、官房長官の河野洋平が見舞いに訪れた。そこで後藤田は、宮沢内閣不信任案が可決された日の夜、宮沢へ差しだし、受理されなかった「副総理と法務大臣の辞職願い」を七月十日の日付で河野に手渡した。サミットがとどこおりなく終わったことが、後藤田を自由にもしていた。しかし、河野はすぐに宮沢と相談して、「これは私がおあずかりしておきます。このことはマスコミや閣内には発表しないことにしておきたいのですが……」と強く要請してきた。後藤田もそれを受け入れた。これが公表されると、選挙期間中の政局が混乱するとの配慮もあった。

九日午後、日赤医療センターから三井記念病院に移った。後藤田の長女が医師であり、後藤田の変調にはつねに身内の者によって見抜ける態勢ができあがっていたために、この入院は静養の意味が強かった。

三井記念病院の病室には、限られた者だけの見舞いが認められた。医師の診断の結果、心房細動ということで、疲労を取り払うために規則正しい生活をするように命じられ、病室でゆっくりと身体を休めることが大切だと言われた。

「後藤田倒れる」、あるいは「後藤田入院」は、メディアによって大きく報じられた。それは図らずも、後藤田が総理の任に耐えられる体力を持っていないことの意思表示になった。後藤田は、自分がそのようなポストに就く意思を持っていないことを間接的に語ることにもなった。

後藤田のもとには胸襟を開いて話せる友人や知人だけが訪れた。昭和四十一年に後藤田の内臓疾患の手術にあたった元東大病院の医師が八十六歳の老齢ながら駆けつけてきて、まだがんばれる、と励ましていった。旧内務官僚の同期生海原治は、病室にはいり、「君の時代だ。首相になって政治改革をやってみたらどうか」と勧めたが、後藤田はうなずかなかった。身体が悪いよ、それにこんな高齢の者が出るときではないよ、と後藤田は答えた。

海原は、一日にインシュリンを二回も三回も打つような状態になるかもしれない、と聞き、加えて病室で侑子夫人がもう引退してほしいと望んでいる表情をみて、強くは押せなかった。海原のもとには、とにかく後藤田を説得してほしい、説得できるのはあなただけだ、という電話が何本もはいっていたのである。

後藤田はほぼ一週間後の十六日午後に三井記念病院を退院した。解散、総選挙がなければ、二週間の入院を予定していたが、そのうちの一週間を終えたのである。このときの退院は、十八日の投票日に備えて、選挙民に元気な姿をみせることが目的であり、支持者への感謝の気持をあらわすための退院であった。病院の玄関で、後藤田は、「ご迷惑をおかけした。再入院の可能性もある。副総理としてやらなければならない各候補者への応援ができなかったことが申しわけない」と記者団に語った。選挙を終えたのち、再び一週間ほど入院する手筈になっていたのである。

主治医は、「元の仕事に戻るのはむずかしいだろう。インシュリンの注射を日常的に行なわなければならず、決して軽くはないが、合併症が起きるほど重くはない」と発表した。

総選挙の結果、自民党は比較第一党になったが、過半数を占めるには至らなかった。後藤田にとって、これは半ば予期していたとおりの結果であった。後藤田は九万八千票を獲得して最高位の当選であった。ここには、後藤田を首相に、という徳島県民の悲願が凝縮されていた。後援会幹部の電話に、後藤田は自宅にあってしきりに労をねぎらいつづけた。

七月二十日、後藤田は再び三井記念病院に入院した。後藤田は当初の計画どおり、一週間入院する予定になっていた。

その間、政界では「自民か、非自民か」の連立政権の可能性が論じられ、綱引きが始まっていた。焦点になるのは、十三人の議員を有することになった武村の新党さきがけであり、三十五人を当選させた日本新党であった。日本新党の細川護煕は、この政党を結成する前から後藤田のもとに来て意見を求めていたし、七月四日の総選挙の公示日には、徳島での後藤田の出陣式に激励電報を寄せてきていた。武村も細川も、後藤田が自民党の総裁候補になるならば、自民党との連立政権に参加するとの意思をにおわせてもいた。

二度目の入院をしている病室にも、さまざまな情報がはいってきた。しかし、後藤田はそのような情報にふりまわされず、政局をみつめていた。自身は、自民党総裁選への出馬についてはまったくその意思を持っていなかった。二十五日午後、後藤田は三井記念病院を退院したが、玄関口で記者団に「総裁選への出馬はあるか」と問われると、明確な口調で、

「九九パーセントない。残りの一パーセントもあるかといえば、それもない」

と答えた。後藤田の決意は固いようにみえた。

自民党内でも選挙結果をみて、党三役や総務会はそれまで反対していた「小選挙区・比例代表制並立案」に賛成した。あっけない豹変ぶりであった。政調会長の三塚博は、後藤田の意思を確かめることもせず、細川や武村に、「後藤田さんを総理にして救国大連合をつくりたい。総理になれば後藤田さんは自民党を出るだろうから、自民党政権にはならない」と申し出ていた。しかし、細川も武村もこれにはのらなかった。自民党の首脳部は、後藤田を推すことによって、細川と武村を自民党側に引きつけようという戦略だったが、すでに彼らは後藤田に出馬の意思はないと判断して、非自民の側に一挙に傾斜していった。

七月二十八日、自民党の総裁選の立候補届け出が行なわれた。

この日午前九時に、官房長官の河野洋平が広尾の後藤田の自宅を訪れた。最後の説得であった。後藤田は河野の要請をやんわりと拒んで、

「もうわれわれの年代が出るときではないよ。自民党を立て直すには、君がふさわしい。是非、君が立ってほしい」

と逆指名を行なった。河野は、後藤田の再三の説得にもすぐには応じる態度を示さなかった。河野が官邸に戻ってまもなく、宮沢から後藤田のもとに電話がはいった。「後藤田さん、河野君が適任であるとの記者会見をしてもらえないか」との要請であった。後藤田はすぐに法務省の記者クラブに連絡をいれ、午後から緊急記者会見を行なうと伝えた。後藤田は河野とともに宮沢内閣で仕事をしてきて、着実に仕事をこなし、信頼感のもてる人物と評価した。河野に自民党の再生を託する以外にない、と心中密かに決めていたのだ。

河野が訪れる前に、三塚が参議院自民党幹事長の山本富雄とやってきて、後藤田に出馬を促した。しかし、後藤田はうなずかなかった。三塚は後藤田をかつぐことで、政治改革を行なうというポーズをとり、自民党が政権政党の座からおりないですむための便宜的なカードに後藤田を利用するかのようであった。これは私の推測になるが、後藤田は、この期に及んでまだ自分を利用しようとするのか、という苛立たしい思いがあったと考えられる。渡辺派の武藤嘉文外相からも強く出馬を勧められたが、後藤田はこれに

も応ずる気配を示さなかった。

　この日午後一時、後藤田は法務省の記者会見で、「河野洋平君こそがふさわしい」と言い、河野の人物評を聞かれると、河野の誠実さと見識の高さこそその役にふさわしい、と激賞した。この発言を機に、後藤田を軸にして動いてきた政局は様変わりし、自民党内の流れも「河野総裁」へと進んでいった。七月三十日、自民党の両院議員総会での投票の結果、河野は前副総理の渡辺美智雄に四十九票の差をつけて第十六代自民党総裁に就任した。

　平成五年八月六日夜、衆議院は日本新党の細川護熙を首相に指名した。細川の得票は二六二票、河野洋平は二二四票、不破哲三十五票、山花貞夫二票であった。五五年以来の自民党政権は崩壊し、非自民・非共産の八党派の連立内閣が成立したのである。

　後藤田は議場の自席に座りながら、「これも歴史の必然であろう」と思っていた。この事態がなぜ起こったか、自民党の守旧派の連中にはわからないだろう、とも考えた。後藤田はこの日、自宅に戻って身体を休めた。毎日書きつづけている備忘録に、「歴史の必然」であるという意味の語をなんども書いた。それが後藤田の政治家としての実感であった。

翌日は暦のうえでは立秋である。しかし、依然として夏は訪れてこなかった。後藤田は自宅で身体を休めながら、読書をしたり、家族と談笑したりの日々を送った。これほどのんびりした夏休みは近年なかったことだった。

＊

私が、後藤田と会ったのは八月十三日午後であった。久しぶりに議員会館に顔をみせたために来客は切れ目がなかった。一時間ほどの取材であった。一日に三回、インシュリンの注射を自分で打っていると言い、机の上には小さな黒鞄が置いてあった。「お腹に打つんだ」と言って、注射を打つ真似をした。表情には確かに疲労の影があった。

私は、一連の政変の間は取材を遠慮していたが、次の取材では冒頭の質問を決めていた。昭和二十年四月に誕生した鈴木貫太郎内閣は、昭和天皇の意を察して戦争終結に消極的な陸海軍首脳部を制しながら、終戦に持ち込むという難事業をなしとげた。鈴木はこのとき七十八歳、自らの人生のすべてをかけて歴史的な政治工作を進めたのだ。私は、鈴木貫太郎の心境で、後藤田は政治改革に取り組むつもりはなかったか、と尋ねたかった。私の問いに、後藤田は、

「その例を引いて、僕に勧めた人がひとりだけおったね。鈴木さんと同じ年齢だと……。だけどそれは違うんだな。あのときは敗戦を認めてどう終戦にもっていくかという大変

な時代でね、いまのようなだらしのない政局の問題とは違うな。だから僕は出る幕じゃないと言ったんだ」

と答えた。年寄りが出ていって当面を収拾するという意味においては似ているけれど、客観情勢が違いすぎる、というのであった。あのときは国難だけど、こんどのは国難というのではない、ともいうのであった。私が、「国難ではなく、党難ですか」と言うと、後藤田は、笑みを浮かべて「そう、そう」とうなずいた。

後藤田の口調には一連の政治状況への怒りがにじみ出ていた。自民党の守旧派と称するわからず屋には、ともに行動するのも腹が立つという口ぶりであった。後藤田は、自分と同年代の者はリーダーになるべきではない、竹下派はこれだけの混乱をつくった責任があるのだから、これからの一期や二期は休むべきだ、という二点を自民党内では主張したようであった。

一時は、橋本龍太郎が自民党総裁に立候補の意思を示したが、後藤田の主張の前に消えていった。

八月十六日の午後、私はまた、後藤田の広尾のマンションで三時間余の取材を行なった。自宅の応接間での後藤田は、ポロシャツにズボン姿でくつろいだ空気の中にいた。七月下旬から八月上旬にかけて、後藤田を説得するためにこの部屋には自民党の改革派の代議士たちが駆けつけてきたという。彼らは、涙を流さんばかりに、「先生の手でぜひ政治改革を実現してほしい」と頼みこんだ。確かに、後藤田が出馬すれば、自民党は新党さきがけ、日本新党などとの連立に成功する可能性はあった。後藤田のもとには、社会党の左派筋からも「われわれも先生をかつぎたい」と申し出があった。これに対しては、後藤田のほうが、「それは困る」とはねつけた。

「この部屋に来た改革派の若手は各派にわたっていたが、皆情熱を持っていた……」

と後藤田は言った。彼らはなんとしても、後藤田内閣をつくり、政治改革を断行する、と意気ごんでいた。そんな彼らに、後藤田は「君らの気持はわかる。だが参議院は過半数になるのか」と尋ねた。

「えっ、参議院ですか」

と彼らは言い、とまどいの表情をみせた。衆議院では自民党と新党さきがけ、日本新党の連立政権で過半数に達する。だが参議院は、自民党九十九人、新党さきがけ・日本新党四人、無所属議員が三人から四人では過半数の百二十七人は超えない。民社党の協力を得ても無理であった。彼らの言う「後藤田内閣」が生まれたとしても、参議院では後藤田の考える政策がつねに壁にぶつかることになる。

彼らもこの壁に気づき、新たな戦略を練り直さなければならないと考えているふうだった。彼らの若さは政治家として飛躍するバネになる、と後藤田は見守ることにした。

八月九日に後藤田は七十九歳になっていた。しかし私は、その年齢からくる老いを感じることはなかった。八月十三日と十六日の二回の四時間余の取材から、歴史の動きの中心にいた後藤田の心境を以下に紹介しておくことにしよう。その口ぶりは、淡々としていて無念さが薄れていたこともつけ加えておかなければならない。

——平成五年夏の政変について、どのような歴史的な解釈をしていますか。

後藤田　これはなんども言うけれど歴史の必然だよ。東西冷戦の終局があって、その後は全体としていい方向にむかっていると思うけれど、しかし結果として各地における紛争がつづくといったように国際情勢そのものが不安定です。そういう背景で、日本の政治状況も変化せざるをえない。五五年体制は崩壊せざるをえないわけだ。そこがわかっていないのが自民党の守旧派だ。僕はいまのような日本の政治がつづくとは思わない。変革していくべきだというのが、私の基本認識なんだ。

変革というのが、政治改革という言葉に収斂《しゅうれん》されているわけです。固有名詞をあげるのがいいか悪いかは別にして、中曾根（康弘）さんなんかに言わせると、政治改革が選挙制度改革に矮小化されている、政治改革というのはそんな小さなことではない、もう少し大きく憲法を中心にしてどう日本を立て直していくかが政治改革なんだという。一方で選挙制度をいじることだけを政治改革だと言う人も確かにいる。私はね、その両方とも否定していない。

政治の変革と私が言っているのは、こういう内外の情勢の変化に対応すべき議会政治が閉塞《へいそく》状況そのものになっているのではないか、ということです。具体的には自民党政権が永続して、その結果は驕《おご》りと歪《ゆが》み、それから濁りも生まれている。野党は政権交代をして国民の立場で日本の政治をどう担っていくか、の意思もなければ能力もない。そのあげくに与野党ともに惰性に流れた議会政治が生まれていた。

——政治改革というのはそういう時代の体質そのものを変えるということですね。

後藤田　そう。この惰性から生まれているのが内外の情勢に対応できない閉塞状況ということなんだ。これを打破して議会政治を活性化する、それが政治改革ということです。ではそのためにどういう手順、段取りを考えるか、ということになるが、いま、国民がもっとも望んでいるのは、つまり政治不信の根元にあるのは、政治と金の関係ではないか。なぜ政治と金がこんな関係になってしまったのか、ということになるが、それはやはり同志が相戦わざるをえない現在の選挙の仕組にあるんだよ、ということなんだ。だから選挙の仕組を変えない限り、いくら三木内閣のときのように腐敗防止と称して政治資金云々といっても、これは根っこにメスを入れていないということでしかない。つまり、庭師が植木の手入れをするのと同じで、外からみたらきれいにみえるけれど、根っこに虫がついておるのなら、虫をとり除いて根っこを生き返らさなければだめだ。庭師の小細工ではだめなんだ。根っこにメスを入れる、それが選挙制度の改革ということなんです。

　現状では、政治活動とは何ぞや、選挙運動とは何ぞやという区別すらない。だからどういうことが行なわれるかというと、選挙運動をやるとなると、これは事前運動になって処罰の対象になる。ところが、政治活動ということであれば自由なんです。これを制限しちゃいけませんからね。それで政治活動という名の集票活動が毎日行なわれている。それが積みかさなって、今日の政治のように金がかかる状態になった。しかも政党対政党、政策対政策の戦いでもなくて、要するに個人の戦いになっているから、なおのこと腐敗する。

　そういう金を誰が集めるかということになると、党も集めてくれるけれど、中心は個人です。個人が金を集めて、それで後援会というものの活動をして、それによって同じ党で戦うということになっている。ここにメスを入れなければ、政治改革だ、腐敗防止だといったってだめなんだ。

　確かに今の中選挙区制というのは、日本人的だ。非常に曖昧模糊としたところがあるんです。いわば、これは比例制と小選挙区制の中間みたいなものなんです。投票意思が必ずしも端的には政権に結びつかない面もある。だが有権者には選択の幅がある。そういう意味では国民の価値観に対応できるということで、非常に日本人的であり、ファジーでもある。それだからこそ、これは六十年もつづいてきた。しかしここまで弊害が出てくると、一度は改めるより仕方がない。

――それは先生ご自身の体験を通じての自省、それに多くの体験から生まれた信念といっていいわけですね。

後藤田　私は率直に言って、昭和四十九年の参議院選で大失敗をやった。そして五十一年に議席を得たわけですが、あのころすでに金権政治というものが出て、それで三木内閣で一応の手当てをしたわけです。それから十数年を経て、今日の状況をみるとよくなっているどころか、むしろあのときの何倍も悪い状況になっている。これはいまの選挙制度の行き着く先だね。それと経済界がバブルに酔ったことで、お金の値打ちというものがわからなくなってしまった。相乗作用でそうなった。ここで抜本的に手をいれると、結果として二大政党の対立時代になるでしょう。むろん二大政党といっても、じゃあ政党はふたつだけかというと、そんなことはない。三つか四つになるでしょう。どこの国もそうなのです。

しかしながら、少なくとも緊張感のある与野党間の対立ということが実現し、議会政治は活性化する。つまり、緊張感の中から政党の健全な対立が生まれる。国民の大多数の要望を吸い取って、しかもそれを責任をもって遂行し、失敗すれば政権は交代することになる。この緊張関係のなかで相互監視という腐敗防止が有効に機能するのではないか、これが私の基本にある考えです。

——それがこの数年来の先生の主張となるのでしょうが、その主張に共鳴する声と逆に同調しない声の間にあるのは、基本的な哲学の違いということになるわけですね。

後藤田　こういう私の考え、結果としてこうなるというところが党内でもわかってもらえなくてね。制度改革なんていらんことだ、腐敗防止さえやればいい、という議論が一方にある。また中曾根さんのような考え方もある。

中曾根さんは、東西対立がなくなって核による抑止力という時代がすぎた。全体に世界はよくなっても、民族的紛争、宗教戦争が絶えない。これに対して、国際的貢献策として必要なら日本は軍事力をもってしてでも貢献しなければいけないという考えがあって、そのために憲法を改正してといった問題が出てくる。それが政治改革であるという。その点では私と違う。平和論なり戦争観というものが、私とはまったく違う。私は日本なりのやり方があるということなんだ。私のいう政治改革とは、議会政治の活性化ということで、改革の切り口はあくまでも選挙制度改正に求めているんだ。

——今回の政変は歴史的には一党支配が崩壊したわけで、その意味では大きな転回点になるでしょう。政変のプロセスで、つねに先生が軸になっていました。ご自身はどう考えていたのですか。

後藤田　私の原則ははっきりしていた。もう私のような年齢の者は出るべきではないということ、竹下派は遠慮すべきこと、世代交代を進めるということです。一般論でいえば、内閣総理大臣というのは、六十歳前後がふさわしい。私は官邸が長かったから、田中さんや中曾根さんのくたびれ方もみているしね。確かに私のもとにはいろいろな人が来た。渡辺（美智雄）さんのところの武藤（嘉文、外相）君なども、あなたが出てくれれば、渡辺さんは起《た》たない、となんどか言ってきた。彼は外遊先のシンガポールからも電話をいれてきた。それに真偽はわからないが、中曾根さんも最終的には私を推すということになった、と言っていた。つまり私一本にしぼられるという情勢になったわけだが、私は、健康問題もあるし、原則どおり私自身出るつもりはなかった。それで河野君に「君がやるべきだ。君でなければ、こんどの選挙は勝てないよ」と言って、彼を推したわけです。

――党内の若手の改革派で、新党さきがけに行った人たち、そして党内にとどまってがんばっている人たち、そんな人たちについてはどのように思っていますか。

後藤田　自民党が立ち直るには、まず河野君、さらには四十代にリーダーを求めていかなければならないでしょう。実際、自民党には、有能な諸君がいますよ。彼らが政治改革を進めて次代を担っていくべきだと思う。そうして改革された制度も、三十年、五十年経てば、また金属疲労を起こすだろうが、そのときはまた変えていけばいいというのが私の持論なんだ。

――いずれにしてもいまの四十代、五十代の政治家が次代を担っていくわけですが、この世代についてお考えになっていることはありますか。つまり政治家として成熟していく可能性についてですが……。

後藤田　そう、全体的にドライなのかもしれないけれど、もう少し礼儀というものをわきまえないといけない。たとえば言葉づかいとかね。また、大きな意味で欠けているものがあるように思う。それは何かということになるが、なかなか日本語になりにくいけれども、たとえば、この前もある若手の代議士に言ったんだけど、「君はガアガア言っておるけれども進むということだけしか知らない。君は一歩退くということがなさすぎるよ」ということなんだ。自己主張はきちんとするけれど、それがいい面かもしれないが、だけどそれだけではいかんわな。世のなかには長幼の序とか、けじめといったものがなければいかん、と私は思っている。

――政治を託すというのには不安な面があるという意味ですか。

後藤田　いやあそういう意味じゃない。私は何も道徳家であれ、と言っているのではなく、政治状況の腐敗を正そうとするなら、相応の姿勢が必要だと言っているわけでね。実際、有能でバランスのとれた者もいるからね。そういう代議士には期待しているということだ。私の世代だって、上の世代の疲弊を正すために懸命に生きてきたし、日本を復興させることに努力をつづけてきた。それがここにきて、新たな疲弊が生まれている。

これを正すために、新しい時代にむけて情熱を持って歴史のなかで生きてほしいという願いを私は強く持っているということだね。

後藤田はときに自民党のニューリーダーと称される人物の名をあげ、その長所と短所を指摘した。あるいはほかの政党指導者についても好悪の感情を洩らした。そういう指摘をしながら後藤田は、〈歴史を託すに値する指導者〉をしきりに求めていることが窺えた。

後藤田のマンションを辞してから私は、都心にしては豊かな緑に覆われた坂道をゆっくりとくだっていった。八月の夕方の暑さはなく、こぬか雨が静かに降っていた。旧盆の季節らしく、通りには人の往来はなかった。

私は後藤田宅を訪れる前、彼がたとえ三カ月でも首相を務め、政治改革法案を国会でとおし、そして「さあ、私の役目は終わった」と潔く身を退く光景を想像していた。それが政治家・後藤田正晴に〈歴史〉が課した使命ではないかとさえ考えた。そして後藤田宅を辞したあと、「実は、後藤田もそう考えていたのかもしれない」と私は思った。そのために、後藤田は情勢をみきわめつつ、自分なりに分析していたのかもしれない。

しかし、七十九年間、休むことのなかった後藤田の肉体はこのとき、無情にももう激務には耐えられなくなっていた。病いを抱えながら、参議院での与野党逆転という状況、自民党内の守旧派と称する勢力の頑強さ——後藤田は、自民党の守旧派が選挙後にあれだけ抵抗した政治改革法案について急遽《きゅうきょ》態度をひるがえしたのも、実は「実現不可能」と読んでいるからだと分析していた——を克服しつつ、限られた時間内に政治改革法案を通過させ、政治改革を断行するのは無理だとの判断を下したようにみえた。確かに、医師からドクターストップをかけられるような病状を押して政治改革を断行し、そのうえで倒れるなら本望だろうが、政治改革断行の可能性がなければ、それはあまりにも実りのない選択といえるだろう。

私は、歴史年表に公式には刻みこまれることのない、まさに〈歴史の一断面〉をみたように思った。大樹の下に身を寄せて八月の小雨を避けながら、「後藤田内閣」という幻の内閣を想像しつづけた。

あとがき

平成二年七月の暑い日、私は文藝春秋出版局の藤沢隆志氏とともに、衆議院第一議員会館に後藤田正晴氏を訪ねた。そして、先生の評伝を書きたいと思うので、長期的に取材に応じてほしい、と申し出た。私の視点は、後藤田氏を現在の政治家としてだけ捉えるのではなく、昭和史のなかでどのような位置を占めるか、あるいは大正世代としてどういう哲学や理念を次代の者に伝えようとしているのか、それをさぐりたいという点にあった。

後藤田氏は一笑に付した。「君、人の見方など当てにならんよ。僕は何も変わっとらんのに、ときにタカ派、ときにハト派とそれこそあらゆる見方をされてきたからね」というのであった。評伝など書かれる人物ではない、ともいうのであった。その後、二回ほど会って、私の視点を伝え、雑談を交わした。後藤田氏は根負けしたのだろうか、とうとう苦笑いを浮かべて「河野（保夫・秘書）さんに日程を調整してもらってくれ」と言った。

私は、折りから話題になっていたPKOへの後藤田氏の考え方、独自の護憲論、政治改革への取り組み、それにこれまで官僚として、あるいは政治家として見聞したり、体験してきた「国家」「戦争」、そして「復興」「治安の維持」などをあますところなく知りたいと思った。私は、これまで何人かの評伝、人物論などを書いてきたが、後藤田氏の考え方の中に歴史的普遍性のある内容が多く、次代の者が吸収すべき幾つかの訓《おしえ》が含まれていると思えてならなかったのだ。妙な表現になるが、後藤田氏はマスコミで流布している人物像とは異なっているとの直観もあった。

平成三年、四年となんどか取材をつづけたが、私は私の直観が正しいことを知った。後藤田氏の故郷徳島県に赴き、少年期の後藤田氏を知る人たちの証言を聞いて、あるいは故郷の自然の中に佇《たたず》んで、後藤田氏の心中を窺い知ろうと努めた。律儀に真摯に、そしてときには大胆に、後藤田氏は時代のなかで生きてきた。旧内務官僚として、警察官僚として、後藤田氏は基本的にはリベラルな体質を持っていて、この国家の安寧と発展を強く望んでいる。もし、ある時期に後藤田氏がいなかったら、日本は異なった道を歩んだかもしれないと思う。例を引けば、中曾根内閣は後藤田氏のバランス感覚によって、一定の政策の枠内にとどまっていたと思うし、中曾根内閣が五年間もつづいたのは、後藤田氏の存在によると、私は考えている。

田中角栄元首相の側近として、後藤田氏は行動をともにしてきた。私は、田中元首相の功罪は今後歴史的に検証されるべきだと思っているが、反面で田中支配が昭和五十年代、六十年代の政治風土を歪めたことも否定できないと考える。後藤田氏は田中元首相の友人という関係とは別に、その歪みを正すのを自らの責務と考えている節もあるように思う。

後藤田氏がなぜ田中元首相の腹心でありつづけたか、私もそれが疑問のひとつであった。だが後藤田氏は、田中元首相の人間的性格の中に自らと共通する感性をみいだしていたのではなかったろうか。田中元首相にはまだ一般には知られていない異能、異才の面があるとも受け止めているようであった。それは論理では解析できない魅力だったのかもしれない。

私はそれほど頻繁に後藤田氏に会ったわけではない。だが、取材をつづけていく間、後藤田氏がしだいに〈歴史〉から呼びだされる状態になっていくことを感じた。五五年体制の手直し、あるいは解体という役割が与えられてきたとも思った。多忙になった後藤田氏への取材を中断し、私は、後藤田氏の周辺の人びとに会って、少しずつその人物像に近づいていった。平成五年夏の政変は、〈歴史〉が後藤田氏を政権の座に呼びだそうとする試みであったように思う。しかし後藤田氏のほうからそれを拒んだという意味で、氏は稀有の政治家として記憶されるべきだとも思った。

ある政治学者が、自民党の河野洋平新総裁、非自民の新政権を担う細川護熙首相は、後藤田氏が生んだ双生児である、と指摘していた。確かに「政治改革」という名の五五年体制の崩壊と新しい体制の誕生は、実際には後藤田氏の手によって行なわれたと言うべきかもしれない。

私が、後藤田氏に「細川政権はどれほどつづくだろうか」と尋ねたとき、「いまから次期選挙を考えて、候補者の質を高めていけばしばらくはつづくかもしれない」と話していた。官房長官の武村正義氏には「小選挙区・比例代表制」の自論とその内容、そしてその実行までの手段などを問われるたびに克明に教示している。武村氏の発言は、後藤田氏の方向に沿っていることが、私にもわかった。実際の政治状況のなかで、後藤田氏の果たしている役割は世間一般でみられているよりはるかに大きい、と私には思える。

私は、後藤田氏が多忙な中、長時間の取材に応じてくれたことに感謝の念で一杯である。現役の政治家は、このような評伝にあれこれ注文をつけると聞いていたが、後藤田氏に関してはそのようなことは一切なかった。本書の内容は、すべて私の責任において書かれている。後藤田氏にとっては、不本意な推測や断定もあるように思うが、本書の記述の責任はあげて私にあることを明記しておきたい。読者の方々にもそのことを理解していただきたい。同時に、そのような形での取材に応じてくれた後藤田氏に、改めて感謝したい。

本書を執筆するにあたって、多くの人びとに貴重な時間をさいていただいた。取材に協力していただいた方々の氏名はそのつど本文中で明らかにしている。本文中に引用しなかったケースもあるが、取材に応じていただいた方々に謝意を表したい。

本書の執筆にあたって、後藤田氏について書かれた記事、単行本はほとんど目をとおしたが、引用した場合は本文中に出典を明記している。後藤田氏自身の著書、『支える・動かす（私の履歴書）』『政治とは何か』『内閣官房長官』は参考にしているし、坂東弘平著『後藤田正晴・全人像』は、私の知識を深めるために大いに役だったことも記しておきたい。

後藤田氏の秘書・河野保夫氏には、多忙な中、ときにわがままを言いつつ、スケジュールの調整を行なってもらった。河野氏には幾重にも感謝したい。その河野氏を始め三人の秘書の方々にも謝意を表したい。徳島の後藤田後援会の会長小川信雄氏（平成五年現在・日亜化学工業会長）は、高齢にも拘わらず、取材に応じてもらい、「後藤田を客観的にみた書を読みたいと思っている。何でも聞いてくれ」と胸襟を開いてもらった。「もう二度と戦争はこりごりだ。後藤田ほどこの感情の強い者はいない」とも話していた。元美郷村長の矢西保氏、産業経済懇話会の布川隆美氏にもなんどか教示を受けた。改めて謝意を表したい。

後藤田氏の姉兄である井上好子氏、後藤田英治朗氏の言にも、私は共鳴するところが多かった。記して謝意を表したい。

文藝春秋の前出版局長・新井信氏、現出版局長・堤堯氏を始め、出版局の方々にも無理やわがままを聞いていただいた。出版局の藤沢隆志氏の適切な助言と激励には深く感謝したい。出版局の浅見雅男氏にも助力をいただいたことに、謝意を述べたい。取材面で記者福沢一郎氏にも協力を仰いだ。お礼を言いたい。

実は、私は、平成五年二月二十六日に長男（二十二歳）を急性心不全で喪った。私は、医療従事者の知的後進性と無責任さを実感として味わうことになったのだが、長男の心中を思うと、しばらくはペンをもつことができなかった。藤沢氏、浅見氏を始め友人の編集者や知人の医師たちから、「これからも作品を残すことで息子さんの霊に報いるべきだ」という励ましによって、少しずつ立ち直ることができた。さらにこの間、今回の取材で出会った人びとからは、追悼と激励の言葉をいただいたことを私は忘れることはできない。

本書では、本文中の敬称をすべて略していることをご諒解いただきたい。

平成五年八月二十日

補章（一）

本書は、平成五（一九九三）年八月に細川内閣が誕生した段階で終わっている。

この細川内閣は、社会党、新生党、公明党、日本新党、民社党、新党さきがけ、社民連、それに民主改革連合（参議院）の八党派によって生まれた。三十八年間続いた自民党一党支配体制（五五年体制）を倒して、政治改革を旗印にこれからの日本の政治を担う歴史的役割を持った内閣という評価が与えられたのである。

それから現在（平成九年十月）まで四年余の時日が流れた。現実に日本の政治はどのように動いただろうか。一言でいえば、この四年余は試行錯誤の連続であり、政治改革のあのエネルギーは見事に雲散霧消したというのが正直な姿である。私のみるところ、日本の政治状況は五五年体制より悪化しているのではないか、政治風土は何ものも生みださないほど疲弊しているのではないか、と思えるほどだ。

この四年余の政治的動きを追いかけると、平成六（一九九四）年一月に政治改革関連法案が細川内閣の手によって成立した。選挙制度が小選挙区制にかわり、政治改革を実りある形にするために、政治資金規正法なども改正された。ところが、この法案が成立したあと、細川首相は佐川疑惑にからむスキャンダルが明るみに出て、結局は内閣を投げだしている（平成六年四月）。

細川内閣の倒閣後、新生党党首の羽田孜を首班とする内閣が成立した。しかし、羽田が組閣準備にはいる段になって、社会党の村山委員長が「私の知らないところで社会党を除いた党派の統一会派が結成されるというのでは、社会党は連立政権を離脱する」と羽田に通告した。連立政権の基盤は実に脆《もろ》いものであることが証明された。そのため羽田内閣は少数与党に転落し、二カ月後の六月になって倒閣した。

次に誕生したのが、社会党と自民党、新党さきがけの連立政権であった。総裁に選ばれたのは社会党の村山委員長である。自民党と社会党の連立は、国民を驚かせはしたが、その一方で小沢一郎の強引な権力掌握術や公明党（宗教政党）に反撥する層、さらには政治改革を単に選挙制度に収斂するだけではないかと不満を持った層、そして五五年体制そのものが日本の政治の主流にあるべきだと考える人たちに歓迎されたのも事実であった。自民党内部にも野党生活に耐えられない族議員も多く、この政権はそうした思惑を抱えた意味合いを持っていた。

自社さ連立政権は衆議院の小選挙区の区割り法案を成立させたが、それに呼応するように平成六年十二月に新進党が生まれた。新生党や公明党、民社党、日本新党などを糾合した一大野党勢力の誕生でもあった。平成七年四月に統一地方選挙、七月に参議院選挙が行なわれたが、この間、衆議院の解散、総選挙という駆け引きもしばしばくり返された。統一地方選挙も参議院選挙も新進党は相応の力を発揮したが、しかし実際には旧公明党の集票マシーンを利用してというのが実態であった。

一方で平成七年一月の阪神・淡路大震災は、危機管理への対応をめぐって政局に微妙な影響を与えた。

その後の政局の動きをなぞっておくと、平成七年九月に自民党は総裁改選を行ない、河野洋平から橋本龍太郎にかわった。十二月には新進党も党首選を行ない、それまで蔭で糸を引く、いわば権力の二重構造をつくりあげていた小沢が前面に出ることになった。俗に「一・龍戦争」といわれるのは、このことをさしている。平成八年一月、村山は「自らの役割は終えた」として辞任の意思をあらわし、橋本に政権を禅譲することになった。

政界では離合集散のくり返しがあり、小沢の政治姿勢に不満を持つ新進党議員、社会党で非自民を貫くべきとする一派、さらに野党に転じた自民党から脱《ぬ》けだす便乗派など議員個人の政治的体質が示されることにもなったのだ。

平成八年九月に民主党が結成されたのも、その背景に、自民党、新進党のほかにリベラル派を中心とした第三極グループが必要との認識があったからだ。

この平成八年十月に行なわれた新制度での小選挙区制による選挙では、自民党が議席数を伸ばしたが、とくに前述のような離合集散の激しい政治状況に嫌気がさした有権者は「自社さ連立政権」を支持する形になり、新進党は予想外に伸びなかった。とはいえこの連立政権のなかでは、社民党や新党さきがけは惨敗という結果になった。二百五十一の過半数を制するのに十二議席足りない自民党を支えることで、連立政権は維持された。

平成九年の政局は、新たに自民党のなかに「自社さ」の連立政権派と自民党と新進党の連携をめざす「保保」派との対立が顕在化する一方で、自民党が単独過半数をめざす動きをみせ、新進党や無所属議員が所属政党をかえるという節操のない光景もくり返された。結局、自民党は新進党からの六人を含め十二人の議員を復党、入党させて、衆議院での単独過半数を獲得した(平成九年九月五日)。

本書を著わしてからこれまでの四年余の動きをなぞりながら、後藤田正晴はどのような政治的動きをしたかを位置づけておこう。

細川内閣の誕生で自民党が野党に転じたとき、後藤田は自民党総裁に擬せられた。とくに宮沢改造内閣のもとで官房長官を務めた河野洋平が、自らは宮沢からの禅譲に一歩退いて後藤田の説得に努めた。野党に対抗して自民党は護憲色を打ちだし、リベラルの傾向が強い後藤田をかつぐことで、社会党の一派との同調を得ることも可能と判断したのである。

実際に、社会党内部には後藤田に強いシンパシーを抱く集団もあり、陰に陽に後藤田政権を支えるとの内示も伝えられていた。後藤田自身は老齢であることや健康状態がよくない、世代交代をすべきという自説をくり返して結局は総裁のポストは辞退する形になっている。それ以後、後藤田は自民党内部の若手議員だけでなく、ほかの政党の真摯な議員グループなどに問われるままに自らの所信を披瀝して、政界の方向を示す役割を担う立場になった。後藤田とすれば、次世代に自らの所信や体験を伝えていきたいとの思いが強いということであろう。

後藤田の政治路線は一貫している。

大正三年生まれの後藤田は、太平洋戦争に狩りだされた世代である。その体験をとおして、「戦争はもう二度とごめんだ」というのが基本にある認識である。自民党政権が崩壊したあとの後藤田は、しだいに護憲色を顕わにすると同時に、日本は「専守防衛」に徹した軍事力の範囲内にとどまるべきであり、軍事要員の海外派遣は憲法の枠内にとどまって決して無理をしてはならないと説いている。

政治改革についてはもっとも強硬にその具体化を要求した。確かに後藤田は、政治改革の一手段として小選挙区制導入を主張していたが、それはあくまでも手段であり目的ではないともくり返していた。しかし、政治改革論議がしだいに選挙区制に移行するにつれ、「真の目的は日本の政治風土を変えることではなかったか」という点に重点を置いた発言をしている。この点で後藤田は、細川政権誕生時にはその政治的主張に共鳴を示していた節はあるが、その政治手腕があまりにも拙劣なのと細川自身が自らのスキャンダルに対応できない政治的曖昧さに批判の目を持ち、この内閣には見切りをつけたともいえるように思う。

自民党にあって、「自社さ連立政権」の村山内閣の最大の支え役になったのは、後藤田でもあった。

村山は自らが政権の座に座るとはまったく考えていなかったゆえに、首相官邸でもあまりの難問にぶつかったり、世論の批判にあうと、「なりたくてなった首相ではない。いつ辞めてもいいんだ」と弱気になった。そういう村山のもとには、後藤田が訪れては、「そういう発言はしないほうがいい。とにかくわれわれが支える」と約束したというし、村山も懸案事項を抱え込むと後藤田のもとに使者を送り、その意を確かめたという。この点は村山も認めていて、「首相在任時代に力となってくれたのは後藤田さんだ」と公言している。

後藤田にすれば、社会党の体質は自らの考えと合致する面もあるとの判断を持っていたからであろう。平成六年から七年にかけて、後藤田はしばしばメディアに登場して自らの意見をナマの言葉で語っている。たとえば、あるテレビ番組では次のようにも話していた。

「いまの日本は、政治について絶望している人が多い。なぜこうなったのだろうと考えてみることが必要だ。私は、政治家が実際に日本の将来を考えるという巨視的な視点がなくなっているところに問題があると思う。日本は結局他国と協調することによってしか生きていけない以上、バランスのとれた国際主義を身につけていかなければならない。日本にそれだけのビジョンが欠けているのは、政治に対する国民と議員との間にコミュニケーションがないのだ。私は、そのための役割を果たしたいと思っているが……」

後藤田のこうした発言は、単に現代をみるだけでなく、次代の日本のありうべき姿を想定してのことである。自らの世代体験を核にして助言していきたいとの思いが感じられる。私自身、本書を著わしたあとに後藤田と会っても「自分の役目は政治の前面に出るのではなく、後方にあってよき助言ができればと思っている」という言をなんどか聞いている。

平成八年十月の総選挙で、後藤田は政界を引退した。すでに八十二歳の高齢だから、政治活動そのものは肉体的に無理であった。しかも糖尿病という持病もあり、医師からは政治活動と両立できないとの助言もあった。後藤田が抑制のある政治家として筋をとおしたのは、三人の子供たちに自らの地盤を継承させなかったことだ。政治家がいまや家業として権益化し、二世議員が全議員の三割余を占めるというこの異常とも言うべき政治風土に、後藤田は抵抗の姿勢を示したともいえた。後藤田は政界から身を退くにあたり三人の子供たちを集めて、「おまえたちにも苦労をかけたけれどいよいよ辞める。世間では二世議員ということで継がせることがあるけれど、それは自分の性には合わない。この世界はそう簡単ではない。おまえたちも選挙に出るというようなことはやめたほうがいい」と言ったのである。子供たちも「ああ、そうだな」ということで話はすんだと、後藤田は述懐している。

後藤田は、選挙区を私有財産のように扱うのはおかしい、という持論を忠実に実行したわけである。

政界引退後、後藤田は東京・麴町に事務所を構え、ときに訪れる人たちと談論を楽しんでいるが、実際には日々政界の関係者や新聞記者などが、後藤田の意見を求めるためにその門を叩いている。ある全国紙のように「後藤田正晴の目」という欄を設け、政治課題が浮上した折りには後藤田の意見を随時紹介していた。

社団法人アジアフォーラム日本会議（ＡＦＪ、現・アジアフォーラム・ジャパン）など幾つかの会長職を担いながら、後藤田は自らの信念を日本社会に根づかせることができたらという思いで動いている。二十一世紀をにらんだ発言も多く、「国際社会に生きる日本にとって今後大事なことは、軍事への傾斜を避けて平和友好の枠組みづくりに目を向け、日・米・中の三者の関係を出来る限り正常な姿に保つことです」（ＡＦＪの会長就任挨拶）と言い、各国の若い世代の交流促進に尽力したいとの意向も明らかにしている。同時に、現在『戦後政治史』を自らの体験をもとに著わそうと執筆を続けている。その書は、ある世代がどのように時代を生き、どのように歴史をつくってきたかの証言になるはずであった。

補章（二）

一九九七（平成九）年以後、後藤田正晴氏は依然として政界の御意見番として、新聞、テレビなどのメディアで自説を披瀝していた。その意見は、日本がかつての戦争につづいた道を二度と歩いてはいけないという強い信念を土台にしていた。護憲という姿勢も明らかにしていたし、大日本帝国が対中国政策を誤ったことを意識していて、その誤りを歴史のなかで清算したいとの思いも持っていたように思う。

平成九年以後の後藤田氏と私の交流を書いておきたい。

東京・麴町に事務所を構えて、訪れる人たちとの談笑を楽しんでいた。政治家や官僚が訪れてその見解を尋ねている光景に、私もなんどか出会った。私はときにアポイントもなしに、事務所を訪れるのであったが、とくに予定がないときは談笑する時間をつくってくれた。机にはいつも四、五冊の政治原論のような書が積んであり、そのなかの一冊をとりだしては、「君、この本を読んだか」と話しかけてくる。私はそのころ直接に仕事に関係ある書しか読まなくなっていたので、首を横に振ることが多かった。

「この本はねえ……」

とときにその内容を説明し、たとえば日米関係の書であれば、「この人の見方は少々独善的すぎるよ」と解説してくれたりもした。八十歳をはるかに超えても、実によく読書をつづけていたことに、私は感服していた。

このころには、毎年十二月下旬の最後の週には事務所を訪れ、今年も御教示を受けたことに感謝し、来年も体調に気をつけてくださいと挨拶するのが常だった。「おう、君もな」と返す答えとその話し方はいまも私の耳朶に残っている。私は自ら師を求めたこともないし、実際に師をもったことはない。だが後藤田氏と話しているうちに、私はこの人を師と仰ごうと自分で決めていた。

新刊の出版パーティや私の授賞パーティ（菊池寛賞）には必ず顔をだして挨拶をしてくれた。その挨拶のなかで、私のような仕事は強い意思と家族・友人の支えと、そして励ましがなければ挫折するはずだが、そうならなかったのは本人の努力より周りの人たちの支えと励ましのためと述べた。

その戒めは私にも強い自省を促した。

二〇〇〇年が明けてまもなく、後藤田氏から連絡があり、「中国でわしのことを知りたいという人が多いらしいので、中国訳に適当な本がないかと言われているんだが、君の本を紹介しといたが……」というのであった。もとより私にも異論はなかった。とくべつに共産主義礼賛でもないし、中国を意識して書いたわけではないし、それでもいいのか、と私は思った。後藤田氏もそれは構わないと言った。こうして本書は二〇〇〇年の初夏にさしかかるころ北京の新華社出版部で訳されて刊行された。

刊行の折り、中国の中日友好協会などからの招待を受け、出版社の編集者も同行して構わないとのことで五人で十日近くをかけて東北部を中心にまわった。招待を受けた折り、後藤田氏のもとを訪ね、「私は共産主義そのものにそれほど関心はないが……」と伝え、招待されることで言論の幅が狭くなるのではとの懸念を伝えた。そのときの後藤田氏の言はいまも私には忘れられないのだ。

「君、中国はいま大きく変わっている。かつての文革のときとはまったく違う。お互いにこれからつきあっていくには、あの戦争の自省の上に築かれた友好関係をつくっていかなければならない。そのような役を君も担ったらどうか」

と勧めてくれた。私は、中国と日本の関係について強い関心は持っているので、そのテーマをこれからは追いかけていきたいと改めて思った。以後、私は、私なりの目で二十世紀の日中関係史に興味を持って現在に至っている。そのことをこの旅行の報告に後藤田氏を訪ねたときに伝えた。いつかその書を書きますと、私は約束した。

二〇〇五（平成十七）年の九月であった。私はある新聞記者から「後藤田さんの容態がすぐれないらしいのだが、なにか知っているか」との問い合わせを受けた。この年の夏は、後藤田氏を訪ねていなかったし、私は八月の暑さがとおりすぎたあとに、事務所を訪ねようと思っていた。事務所に電話をいれて、「後藤田先生がもし入院しているならお見舞いに訪ねたいのだが……」と伝えると、いつもとは違う口調で、別に変わりはなく改めて都合がよくなったらこちらから連絡をします、と女性秘書が話す。のちに知ったのだが、そのときに後藤田氏は死亡していて、家族で密葬をすませたあとに公表することになっていたのである。

後藤田氏は、八月二十三日に病院で検査を受けるために家を出た。糖尿病と闘ってはいたが、そのほかにとくべつに疾患があるわけではなく、いつもと同じ様子で検査に赴いたようだ。そのあとはのちに御家族や秘書にうかがったのだが、肺に影があるとのことで内視鏡を入れて精密検査を行なった。そのときに医師が肺に傷をつけてしまったという。内視鏡を入れての検査に消極的だった家族は、このためにすぐに病院を変えている。そこで治療が行なわれた。

いちどは状態もよくなり、後藤田氏も九月の総選挙のことで関係者に電話をして、その労をねぎらっていた。ところが九月十九日になって容態は悪化、この日の午後八時五十三分に逝去した。九十一歳であった。九月二十一日にその死がメディアでも報じられたが、折しもこの日、小泉純一郎氏が第八十九代首相に選ばれた。そして第三次内閣を組閣している。

私にとって、後藤田氏との最後の会話は、小泉首相の自衛隊イラク派遣、靖国神社参拝の論理への疑問であった。この点で、私はまったく後藤田氏と同意見であった。

二〇〇五年十月三十一日に、ホテルニューオータニの芙蓉の間で二千人もの人が集まっての「お別れ会」が行なわれた。そして後藤田氏が亡くなって三回忌にあたる二〇〇七年九月十八日に『私の後藤田正晴』編纂委員会編で『私の後藤田正晴』が編まれた。五十七人の関係者が証言を寄せた。私も「後藤田正晴の涙　評伝『後藤田正晴』の裏側で」という稿を書いたが、その末尾に万感の想いを込めて次のように書いた。

「後藤田さんが亡くなったあとのお別れ会では、私は涙を抑えることはできなかった。もっといろいろ教えていただきたいこともあった。とくに二十一世紀に生きる人たちへ、後藤田さんの世代の教訓を伝えたい、私はその聞き役になっていずれは本をまとめたいのだがと誘っていたのである。

私は後藤田さんと晩年の十五年ほどの交流であったが、後藤田さんと知りあえたことで、私自身の考えを広め、深めることができたことを自覚している。その人格に触れることができたのは何と僥倖だったろうと、つぶやきつづけている」

ちくま文庫版あとがき

このところ安倍晋三首相の発言に接するたびに、私はなんども後藤田正晴氏が存命していたらとの思いを持った。「こんなことしとったら、日本は壊れてしまうわな」といった台詞を思いだしてもいた。保守の中の、もっとも良識的な姿勢で日本を見続けていた後藤田氏は、社会の基軸が右へ右へと揺れていくことに不安や不満を持ったであろうと思う。

ありていに言って、現在の日本社会はどこに問題があるのだろうか。私はその答は大別して三点に分かれると考えている。

第一は、歴史意識の稀薄性である。第二は先達への畏敬欠如であり、第三は議論を軽視するための感性跋扈《ばっこ》といった現実である。奇妙な言い方だが、コミュニケーションの劣化がはなはだしいということだ。言葉が軽くなり、重厚な話法が軽侮されるといった意味でもある。言葉が有効性を失えば、社会全体がコミュニケーション不在になり、そのゆきつく先は誰もがわかるように暴力への近接性である。こういう道筋はかつての日本が辿《たど》ってきた軍事主導の道であり、後藤田氏の指摘はそのことを踏まえてのことでもあった。

後藤田正晴という人物に、取材で出会って以後、私は歴史体験を踏まえて発言する人の存在はきわめて重要であると知った。ともすれば歴史体験でも特権的な立場しか知らずに、庶民の辛苦に思いを馳せない人の発言のほうがあたかも貴重であるかのように、この社会は受け止めてきた。戦場などまったく体験しない将官が、戦争論をわけ知り顔で論じるほうが、戦場で泥水を飲みながら戦うことを余儀なくされた兵士の証言より重きを成しているかのように錯覚するのはその例であった。しかし真に重要なのは、恵まれた立場にありながら兵士の辛苦を正確に語り続けている人たちのその証言である。そこには真実に近づこうとの強い意思があるからだ。

後藤田正晴をそのような存在と受け止めて、私はこの書を書き続けてきた。その姿勢を諒解していただいた読者からの手紙や伝言に、私は感謝してきた。このたびこうした私の思いが浮び筑摩書房の文庫版として刊行されるのは、なによりもの喜びである。

後藤田氏の志は、たった一点に尽きていると思う。それは〈日本はかつて向う見ずな戦争を行った。その自省を具体的に検討したうえで、何が間違っていたのか、それを明らかにしてから、次の時代に進むべきである〉との一点である。氏はその点でストイックに自らにある役割を課し、戦後社会を生き抜いてきたように思う。

ある世代のこうした生き方が日本社会に定着していったら、安倍首相が口にする歴史的に軽率な発言は出てこなかったであろう。憲法を改正するということ自体が目的化し、どこをどのように変えるのか、この国をどの方向に持っていこうとするのか、その土台から論議を進めていくとの姿勢がまったく見られない。押しつけ憲法、占領憲法といった発言などで現憲法を語るのではなく、どこがどのように誤りであるのかの持説を披瀝すべきなのにそれもない。後藤田氏に与する側の目からみれば、あなたには憲法改正を論議する姿勢が欠けているということになるであろう。

社会が思わぬ方向に進むのは、政治指導者に理念や信念がなく、政治が単に権力を維持するための手段に堕したときである。もうひとつは指導者がある意図をもって、それを窺わせずに政策を進めていくときであり、国民の知らない間に社会はいつのまにか修正のきかない道に入りこんでいるとの事態になりかねない。

後藤田正晴という人物を総合的に見ていったときに、そういう方向を軌道修正する有為な政治家が必要だと私は痛切に思うのである。そういう政治家が不在の現実自体を、私は不幸だと考えるに至った。

後藤田正晴という政治家の言動を歴史の中に刻みこむ一方で、いつの時代にもその教訓をよみがえらせるべきであり、本書がその役を果たせればと強く思う。新たに文庫版の労をとっていただいたちくま文庫編集部の伊藤大五郎氏には幾重にも御礼を言いたい。

二〇一七年(平成二十九年)七月

保阪正康

年　譜

大正		
3年8月9日	0	徳島県麻植《おえ》郡東山村（現・吉野川市美郷）の古土地《こどち》地区に父・増三郎と母・ヒデの四男として誕生
9年4月	5	東山小学校入学
11年5月11日	7	父・増三郎が腎臓病のために死去
13年8月27日	10	母・ヒデが腎臓病のために死去
15年3月 (昭和1)	11	姉・好子の嫁ぎ先である那賀郡富岡町辰巳（現・阿南市）の井上晴巳宅に身を寄せる。 富岡町立西路見小学校に転校
昭和		
2年4月	12	県立富岡中学に入学
7年4月	17	旧制水戸高等学校文科乙類に入学
10年4月	20	東京帝国大学法学部法律学科に入学。一学期終了後、政治学科に転科
12年秋	23	高等文官試験を受験し不合格
13年10月1日	24	高等文官行政科試験に合格
14年4月10日		内務省に入省。土木局道路課兼港湾課見習いとなる
12月	25	高等官に任官される
15年1月		富山県の警察部労政課長に赴任
3月		兵役のため、富山県を去る
4月8日		台湾歩兵第二連隊（台南市）補充隊

		に二等兵として入営
16年 5 月	26	台湾歩兵第一連隊（台北市）に転属。甲種幹部候補生に合格し軍曹に昇進。
5 月〜		東京の陸軍経理学校で 5 カ月間教育を受ける
10月 1 日	27	司令部付の主計少尉に任官され、台北の台湾軍司令部に戻る
20年 3 月20日	30	休暇をとり、徳島で吉見勢之助の養女・侑子と結婚
4 月27日		台湾に戻る
8 月15日	31	終戦
8 月20日		台湾司令部の主計大尉となる。後に台湾に進駐してきた中国の国民党軍の捕虜収容所に送られる
21年 4 月		日本に帰還し、徳島の自宅にて静養した後、妻・侑子の徳島の実家の別荘に住む
6 月		内務省に復帰。神奈川県庁経済部商政課長に就任
12月	32	本省に異動。地方局職員課に勤務し、地方公務員法の条文づくりに勤しむ。その傍ら、内務省の職員組合の委員長も務める
22年 8 月12日	33	警視庁保安部生活課経済第二課長に就任
23年 5 月		警視庁警務部警務課長に就任
24年 3 月 7 日	34	東京警察管区本部刑事部長に昇進

25年 8月30日	36	警察予備隊本部の警備課長兼調査課長に就任
27年 8月	38	国家警察本部警備部警邏《けいら》交通課長に就任
年末		自由党の青年代議士・田中角栄を訪ねる
30年 7月 1日	40	警察庁会計課長に就任
34年 3月	44	警察庁を離れ、自治庁官房長に昇進
10月13日	45	自治庁税務局長に就任
35年 7月 1日		自治庁が自治省に昇格
37年 5月	47	警察庁の官房長として再び警察行政に戻る
38年 8月 2日	48	警察庁警備局長に就任
40年 3月12日	50	警察庁警務局長に就任
5月19日		警察庁次長に昇進
44年 1月	54	東大の安田講堂事件で警察庁総指揮を執る
8月12日	55	警察庁長官に就任。着任当日、人事院ビルの講堂に警察庁の課長以上を集めて訓示を行う
46年 9月25日	57	沖縄青年委員会の皇居乱入事件発生。警察庁長官として進退伺いを提出
47年 2月19日		連合赤軍による浅間山荘事件。28日、機動隊が突入し、警察官2人が殉職。人質は救出され、犯人5人を逮捕
6月22日		退任を表明し、24日、退任

7月7日		田中内閣の官房副長官に就任
48年11月25日	59	田中内閣の改造の日に官房副長官を辞任。その後、徳島にて過ごす
49年7月7日		第10回参議院選挙に徳島地方区から出馬し落選。それからの2年間を徳島で過ごし、県内の支持固めに入る
51年12月5日	62	第34回総選挙が行なわれ、徳島全県区から出馬し、第2位で初当選(一期目)。衆議院議員となる
52年4月29日		日中友好国会議員団の一員として初の訪中
12月	63	日中国交回復のため、二階堂進と大村襄治とともに訪中。中国共産党副主席の鄧《とう》小平らと会談
53年7月		ユーロコミュニズムの視察のため、イギリス、フランス、西ドイツ、チェコ、アメリカなどを2週間余にわたって訪問
11月	64	自民党の総裁予備選の東京地区の責任者となり、大平内閣実現に努める
12月7日		大平内閣成立
54年10月7日	65	第35回総選挙に徳島全県区で最下位当選（二期目）
11月9日		第二次大平内閣で自治大臣、国家公安委員長、北海道開発庁長官として初入閣

55年 6月22日		第36回総選挙に徳島全県区で三木に次いで第2位の当選（三期目）。党の行政調査会副会長として行政改革の研究に専心する
56年11月30日	67	鈴木内閣改造にともない、党選挙制度調査会長に就任。
57年11月27日	68	中曾根康弘内閣発足にあたり、官房長官に就任
58年12月18日	69	第37回総選挙で徳島全県区のトップ当選（四期目）
12月26日		第二次中曾根内閣の行政管理庁長官に就任
59年 7月 1日		改組により、総務庁長官に就任
60年12月28日	71	総務庁長官を退任
61年 7月 6日		衆参両院同日選挙で衆議院議員に再選（五期目）
7月22日		第三次中曾根内閣の官房長官に再任
62年10月末日	73	中曾根内閣解散任期切れに伴い、官房長官を降り、徳島に戻る
63年秋	74	PKOで活躍しているスウェーデンを視察
12月		竹下登内閣が「政治改革委員会」を発足。委員長に就任
平成		
1年 5月23日		政治改革委員会が「政治改革大綱」（＝後藤田ビジョン）をまとめる

6月		自民党内に「政治改革推進本部」が設置され、本部長代理となる
2年2月	75	第15回参議院議員選挙で再選（六期目）
3月		党政治改革本部副本部長に就任
9月	76	自民党総務会でPKOについて検討
3年12月	77	PKO協力法案、衆院本会議を通過（参院で不成立、継続審議に）法案に派遣命令の国会の事前承認なく、その他内容に異論をもつため、本会議を欠席
4年12月10日	78	伊東正義と共に宮沢喜一首相に、政治改革推進本部がまとめた答申を手渡す
12月12日		宮沢改造内閣に法務大臣として入閣
5年1月11日		内閣総理大臣臨時代理に就任
4月8日		宮沢喜一首相から要請されて、副総理に就任
6月18日		宮沢内閣の不信任案が成立し、解散とともに退任。翌日、徳島に戻る
7月8日		妻・侑子と共に東京サミットに出席した各国の要人を招いての宮中晩餐会に出席。その夜、救急車で日赤医療センターにはこばれ、脈や血圧、呼吸に異状があると診断される。転院の後、16日午後、退院
7月18日		第40回総選挙で衆議院議員選挙で

		再選（七期目）
7 月 20 日		三井記念病院に再入院
7 月 22 日		宮沢首相退陣表明
7 月 25 日		午後、三井記念病院を退院
6 年 3 月 1 日	79	日中友好会館理事に就任
3 月 23 日		日中友好会館会長に就任
10 月 4 日	80	社団法人日本塩工業会会長に就任
8 年 10 月 20 日	82	第 41 回総選挙に不出馬。政界から引退
9 年 3 月 28 日		社団法人アジアフォーラム日本会議（AFJ）会長に就任
5 月 7 日		勲一等旭日大綬章受章
10 年 2 月 26 日	83	財団法人日本ゴルフ協会会長に就任
16 年 4 月 25 日	89	TBS「時事放談」に出演（以降、17 年 8 月 21 日まで計 17 回出演）
17 年 7 月	90	「靖国問題勉強会」に出席（小泉首相の靖国参拝に再考を求める）
9 月 19 日	91	永眠

本書は一九九三年一〇月に文藝春秋より刊行され、その後一九九八年一月に文春文庫、二〇〇八年十二月に中公文庫として刊行された。

ちくま文庫

定本《ていほん》 後藤田《ごとうだ》正晴《まさはる》
異色官僚政治家《いしょくかんりょうせいじか》の軌跡《きせき》

二〇一七年八月十日 第一刷発行

著 者 保阪正康（ほさか・まさやす）
発行者 山野浩一
発行所 株式会社 筑摩書房
東京都台東区蔵前二―五―三 〒一一一―八七五五
振替〇〇一六〇―八―四一二三
装幀者 安野光雅
印刷所 株式会社精興社
製本所 株式会社積信堂

筑摩書房サービスセンター
埼玉県さいたま市北区櫛引町二―六〇四 〒三三一―八五〇七
電話番号 〇四八―六五一―〇〇五三

ISBN978-4-480-43459-3 C0123